AF435640

Seguridad marítima
Teoría general del riesgo

Jaime Rodrigo de Larrucea

Con la colaboración de:

www.logisnet.com

Colección: Biblioteca de logística
Director: David Soler

Seguridad marítima. Teoría general del riesgo
1.ª edición, 2015

© 2015, Jaime Rodrigo de Larrucea
© de esta edición, incluido el diseño de la cubierta, ICG Marge, SL
Ilustraciones de la cubierta (de izquierda a derecha): Jaxport, Repsol, Jaxport, Kees Torn, CMA-CGM, Pete Markham

Edita: Marge Books
Avda. Alcalde Moix, 28 - 08207 Sabadell (Barcelona)
Tel. 931 429 486 - marge@margebooks.com
www.margebooks.com

Gestión editorial: Hèctor Soler, Neus Piñol
Colaboración editorial: Mariana Fernández
Compaginación: Mercedes Lara
Impresión: QP Print Global Services (Molins de Rei, Barcelona)

ISBN edición impresa: 978-84-16171-00-2
ISBN edición digital: 978-84-17313-41-8
Depósito Legal: B-14988-2015

 El papel empleado en este libro no ha sido blanqueado con cloro elemental (CI$_2$).

A los grandes exploradores árticos:
Roald Amundsen, Robert F. Scott y Ernest Shackleton,
que me fascinaron de joven y de los que tanto aprendo…

Índice

El autor 11
Preámbulo 13

Capítulo 1
Introducción 19
1 Antecedentes 19
2 Estado de la cuestión 21
3 Los avances tecnológicos. 27
4 Teoría de la seguridad marítima 29

Capítulo 2
Normativa marítima 35
1 Evolución histórica 35
2 Relación entre la normativa y los siniestros marítimos 39
3 Convenios más relevantes de la OMI 41
4 La normativa de seguridad marítima europea 43
5 La contaminación marina 46

Capítulo 3
El proyecto del buque: el diseño para la seguridad 47
1 El proyecto del buque basado en los riesgos 47
2 El proyecto del buque: la perspectiva tradicional. 48

3 Antecedentes: la aplicación del cálculo probabilístico a la estabilidad
   de los buques   57
4 Directrices para la aprobación de los proyectos de buques basados
   en los riesgos MSC86/5/3 (2009)   60
5 Aplicación de las directrices   64
6 El proyecto Safedor: el diseño para la seguridad   66

Capítulo 4
El control preventivo de la seguridad marítima   69
1 El control por el Estado del pabellón *(Flag State Control)*   70
2 El desplazamiento del control a los estados ribereños. El control por
   parte del Estado del puerto   73
3 Las sociedades de clasificación *(class)*.   77
4 Otras inspecciones: el *vetting*   82

Capítulo 5
La gestión operacional de la seguridad marítima   91
1 Introducción   91
2 El Código internacional de gestión de la seguridad operacional del buque . .   91
3 La persona designada: el enlace buque-tierra (artículo 4) 100
4 Documentación e incumplimiento del Código IGS 103
5 Política de seguridad de la compañía naviera 105
6 Integración de los sistemas de gestión náutica: relación entre
   el Código IGS y las normas ISO 9001, 14001, 18001 y 50001 106
7 Los indicadores objetivos de gestión: la utilización de los KPI
   (Key Perfomance Indicator). 108

Capítulo 6
El factor humano. 113
1 Introducción 113
2 El factor humano en el medio marino. 113
3 El Convenio sobre el trabajo marítimo y sus efectos en el derecho español . . 122
4 La cualificación profesional de la «gente de mar». Especial referencia
   a las enmiendas del Convenio SCTW 78/95 de Manila 2010 125
5 La primacía del criterio profesional del capitán 126

6 El derecho español. El trato justo: de estándar jurídico a obligación legal . .   126
7 La figura del capitán: un modelo de liderazgo a partir
  de las enseñanzas de Shackleton   127

Capítulo 7
La protección y seguridad del buque y del puerto: el Código
de protección del buque y las instalaciones portuarias   129
  1 Definición de protección marítima.   129
  2 La OMI y la protección marítima. El Código PBIP   130
  3 Las empresas concesionarias de instalaciones portuarias   134
  4 Consideraciones a la interfaz buque-puerto   134
  5 Aspectos jurídicos de protección portuaria   137
  6 Medidas de protección del buque   145
  7 Elementos personales de la protección   154
  8 Coordinación del plan de emergencia interior y los planes
    de protección portuaria   159
  9 Vinculación y coherencia formal de la protección en el sistema
    portuario español.   160
 10 Medidas de control y protección de las mercancías en el Código Aduanero   161
 11 La protección en la logística, las normas ISO 28000
    y la seguridad de riesgos en la cadena de suministro   161
 12 La protección en los tráficos en EEUU.   162
 13 Conclusiones.   162

Capítulo 8
Crisis y emergencias marítimas   165
1 Introducción   165
2 El Sistema nacional de respuesta ante un suceso de contaminación
  marina (SNR 2012).   166
3 Estructura y objetivos (2012)   167
4 Contenido de los planes de contingencias   168
5 Fases y situaciones de la emergencia. Comparación con el modelo
  británico MCA (Maritime & Coastguard Agency)   170
6 Órganos de dirección de la emergencia. Comparativa con el National
  Contingency plan for marine pollution MCA (Maritime & Coastguard
  Agency)   175

7 El Plan marítimo nacional de respuesta ante la contaminación
del medio marino (2014)   180
8 Puertos de refugio   182
9 Programa de información de seguridad marítima (Prisma) y delimitación
de lugares refugio.   184
10 Juicio crítico   185

Capítulo 9
La contaminación marina

La contaminación marina   187
1 Antecedentes históricos   188
2 Normativa en materia de contaminación marina   190
3 Contaminación ocasionada por el transporte de productos químicos . .   209
4 Contaminación ocasionada por el transporte de sustancias perjudiciales
en bultos   212
5 Contaminación por las aguas sucias de los buques   215
6 Contaminación por las basuras de los buques   216
7 Contaminación atmosférica   217
8 Contaminación por las operaciones de los buques   226
9 El Convenio internacional de Nairobi sobre la remoción de restos
de naufragio, 2007   230

Capítulo 10
La investigación en la seguridad marítima

La investigación en la seguridad marítima   233
1 Introducción   233
2 Teoría de los accidentes: modelos secuenciales, epidemiológicos
y sistémicos   233
3 La investigación de los accidentes marítimos   246
4 La teoría de los riesgos *(models risks)*.   254
5 La evaluación formal de seguridad (EFS)   258
6 Normas basadas en objetivos *(Goal Based Standards,* GBS)   270
7 Relaciones EFS-GBS   275

Conclusiones.   277
Abreviaturas   289
Bibliografía.   293

El autor

Jaime Rodrigo de Larrucea es doctor en Derecho y en Ingeniería Náutica, profesor de Derecho Marítimo en la Universidad Politécnica de Cataluña (UPC), Coordinador del Área Legal y de Derecho Marítimo de la Facultad de Náutica de Barcelona, presidente de la Sección de Derecho Marítimo del Ilustre Colegio de Abogados de Barcelona, miembro de la Asociación Española de Derecho Marítimo, jurista referenciado en los mejores repertorios internacionales, Cruz Distinguida de San Raimundo de Peñafort (2008).

Es académico numerario de la Real Academia de Doctores y autor de numerosas publicaciones sobre Derecho Marítimo y Seguridad Marítima. Parte de sus trabajos pueden ser consultados a través de internet en el repertorio OAI de la UPC: UPCommons. Es autor y coautor de diversas monografías: *Manual de comisario de averías* (1994); *Transporte de contenedores: terminales, operativa y casuística* (2003); *Seguridad en los puertos* (2005/2013); *Transporte en contenedor* (2007/2013) y *Hacia una teoría general de la seguridad marítima* (2014).

Preámbulo

El origen formal de esta obra se encuentra en mi discurso de ingreso en la Real Academia de Doctores, que tenía por título: *Hacia una teoría general de la seguridad marítima.* Las formalidades propias del acto y sus especiales características, limitaban necesariamente el tratamiento de la seguridad marítima a sus rasgos más esenciales.[1]

Nos encontramos ante un tema de naturaleza poliédrica, en el que se combinan los aspectos técnicos, matemáticos y jurídicos, entre otros. En esencia, el planteamiento teleológico es que tras cada catástrofe marítima surge la reacción normativa. Es decir, el derecho sigue al hecho. En este sentido, resulta sumamente ilustrativo el accidente del *Titanic* (1912), que dio lugar al primer Convenio internacional para la seguridad de la vida humana en el mar, y supuso el arranque de toda la normativa de seguridad marítima. En este contexto, los nuevos métodos de investigación permiten analizar, descubrir tendencias previas al siniestro y, en definitiva, generar políticas de prevención y de anticipación al mismo.

Formuladas las técnicas preventivas del riesgo marítimo y sus acciones correctoras, se proponen las bases para la elaboración como sistema total de la seguridad marítima, cuyo objeto de conocimiento definimos como: «como todo lo relativo a la protección de las vidas y los bienes a través del desarrollo de la normativa, la gestión y la tecnología de todas las formas de transporte por agua y no sólo el mar». De manera más precisa, podríamos referirnos al subsistema de la seguridad marítima, en el marco del sistema general del transporte marítimo.

---

[1] *Hacia una teoría general de la seguridad marítima,* colección Real Academia de Doctores-Fundación ESERP, Barcelona, 2014.

Sobre esas bases se formula la teoría de la seguridad marítima y conviene precisar sin embargo, que cuando hablamos de *teoría* lo hacemos en el sentido amplio de Morin:[2] «Una teoría no es el conocimiento que permite el conocimiento. Una teoría no es una llegada, es la posibilidad de una partida. Una teoría no es una solución, es la posibilidad de tratar un problema».

Por otra parte, desde una perspectiva más ontológica, se tiene la firme convicción de que respecto a la seguridad marítima sólo es posible una aproximación holística, en el sentido aristotélico del término: «el todo es mayor que la suma de sus partes». El holismo es el tratamiento de una cuestión de manera tal que se consideren todos sus componentes, incluyendo sus relaciones invisibles pero igualmente evidentes o existentes. Íntimamente ligada a esta definición, aparece el llamado principio de emergencia: un «todo» no es un simple agregado. Sucede que a partir de un cierto umbral crítico de complejidad, aparecen nuevas propiedades en los sistemas, las conocidas como propiedades emergentes. Éstas se vuelven observables cuando van en el sentido de una nueva autoorganización. Por estos motivos, se tiene la convicción de que sólo es posible una aproximación científica a la seguridad marítima a partir de su formulación como sistema, en el que sus diferentes elementos interactúan entre sí: modelización matemática de riesgos, factor humano, normativa jurídica, ingeniería estructural y de sistemas, etc. Cada una de las partes vincula al todo y el todo afecta a cada una de las partes. La aproximación a la seguridad marítima sólo es viable desde una perspectiva integral.

El elemento central del discurso es el tratamiento del riesgo. Sabiendo que el riesgo, en cualquier actividad humana, nunca es 0, la seguridad se reduce a una opción entre riesgos. Cuando hablamos de «riesgo», debemos abordarlo desde una triple dimensión: el análisis del riesgo *(risk analysis),* la evaluación del riesgo *(risk assessment)* y, de manera principal, la gestión del riesgo *(risk management).* La seguridad siempre es una opción de riesgo.

Centrados en el riesgo de las actividades marítimas, se realiza un análisis a partir de los elementos que han configurado históricamente la seguridad marítima, ordenados por razones formales e históricas, desde los aspectos normativos *(safety regulations)* desarrollados mayoritariamente por la OMI, que en muchos casos constituyen auténticos estándares técnicos positivados jurídicamente. Los elementos centrales de la teoría son presentados como capítulos en la presente monografía: la normativa de seguridad marítima, el proyecto del buque y el diseño para la seguridad;

---

[2] Véase Morín, E. *et al., Educar en la era planetaria. El pensamiento complejo como método de aprendizaje en el error y la incertidumbre humana,* 2002, Unesco-Universidad de Valladolid.

el control preventivo de la seguridad marítima; la gestión operacional del buque; el factor humano; la protección del buque y las instalaciones portuarias; las crisis y emergencias marítimas; la contaminación marina y, por último, la investigación de la seguridad marítima. La comprensión de todos estos elementos y su sistematización justifica el apelativo de general.

Entre todos estos elementos conviene destacar el factor humano, quizá el elemento de mayor complejidad. Tenemos la impresión de que el desarrollo de la tecnología ha dejado atrás a la persona, por lo que conviene en el momento actual prestar una especial atención a las tripulaciones, atendiendo a sus condiciones laborales, la fatiga, la formación, etc. La seguridad, por otra parte, es una actitud y nunca es fortuita; siempre es el resultado de una voluntad decidida, un esfuerzo sincero, una dirección inteligente y una ejecución cuidadosa. Sin lugar a dudas, siempre supone la mejor alternativa.

Resulta pertinente en estas páginas iniciales advertir de la importancia de la actitud. Podemos aprender de los análisis de riesgos, del cálculo de probabilidades o de la teoría del valor extremo, pero no tanto como pensamos. En este sentido, es saludable tener presente que siempre es posible la aparición de un *cisne negro,* entendido como un suceso impredecible, que genera un gran impacto, y después de que ha ocurrido se crean teorías para explicar y justificar su existencia. El suceso improbable existe, conviene no olvidarlo nunca. No sabemos que no sabemos y el olvido de esta premisa fundamental provoca que caigamos una y otra vez en la ilusión de que, como sabemos o creemos saber, podemos prever cualquier circunstancia, especialmente los grandes acontecimientos. Esta llamada a la prudencia, la humildad y al sano escepticismo formulada por el profesor Taleb, no impide que debamos estar preparados. Lo esencial es aleatorio, pero en cualquier caso debemos tener presente los factores que inciden sobre la seguridad y trabajarlos.[3] Sobre esa base se formula la *teoría,* no como instrumento predictivo y explicativo del universo de la seguridad, sino como elenco de factores que inciden sobre ella. No es incompatible la asunción que no podamos predecir el futuro y que siempre sea posible la aparición de un *cisne negro* con el hecho de que no podamos construirlo desde el presente y que estemos preparados para ello. Conviene recordar la frase de H. Ford, «La única seguridad que un hombre puede tener en este mundo es su conocimiento, experiencia y habilidad».

---

[3] De lectura imprescindible, Taleb, N.N. en *El cisne negro: el impacto de lo altamente improbable.* Ed. Paidós, 2011. Se reproducen, con carácter ilustrativo las siguientes citas: «La probabilidad no se encarga de las excepciones, sino de la creencia en la existencia de un resultado, causa o motivo alternativo», «Mientras que en teoría, la aleatoriedad es una propiedad intrínseca, en la práctica, es información incompleta».

El núcleo esencial del presente estudio es sentar las bases para un modelo de gestión proactiva de la seguridad marítima, basada en el estudio del riesgo. Desde la aproximación clásica a la seguridad marítima, tendremos siempre una política parcial, cada nueva normativa intenta evitar la reincidencia de un suceso particular, pero no modifica la probabilidad del resto de sucesos posibles. Probablemente no podamos acotar todos los riesgos, ni su determinación y cuantificación exacta, pero sí podemos acotarlos y reducirlos a límites razonables. A este fin pretende colaborar el presente estudio.

Todos estos elementos básicos se presentan como un modelo sistémico: cada una de las partes vincula al todo y el todo vincula a cada una de las partes. En términos más lógico-matemáticos, siempre en referencia al riesgo, se citan los principales trabajos científicos de interrelación entre los elementos, entre ellos, con carácter ilustrativo, la relación entre el control del Estado del puerto y la siniestralidad marítima. Los aspectos laterales del concepto de seguridad marítima, como la contaminación marina y la protección, sólo son objeto de una remisión parcial.

Se hace un especial hincapié en la teoría del accidente y los modelos de riesgo, en este último caso se destacan la relevancia y actualidad de las matemáticas bayesianas, a través de las redes e inferencias bayesianas y sus aplicaciones prácticas: especialmente la evaluación formal de seguridad (EFS) y las últimas tendencias de regulaciones finalistas, como son las normas basadas en objetivos (GBS) y el diseño del buque basado en el riesgo. Se parte de la convicción de que a pesar de estar centrados en un modelo lineal de los accidentes marítimos, ya nos encontramos en un periodo de transición a un modelo sistémico.

Conviene precisar que cuando hablamos de seguridad marítima, la vinculamos con las actividades clásicas a las que se ha asociado tradicionalmente: transporte marítimo, navegación deportiva, pesca, etc. Sin embargo, se quiere aportar en estas líneas de presentación nuevas perspectivas de futuro, como son las actividades ligadas a los nuevos fenómenos y a los últimos desarrollos tecnológicos.

En el primer aspecto aludimos a la nueva navegación ártica originada por el calentamiento del planeta, la cual se institucionaliza con el Código Polar de la OMI. Hacemos aquí referencia también a un fenómeno clásico que ha vuelto a irrumpir, la piratería *(piracy)*, en las costas de Somalia y en otros lugares, que muestra una variante de seguridad: la referida al orden público y la integridad de personas y bienes, conocida con la expresión anglosajona de *security*. Podemos afirmar que en la actualidad la seguridad en el mar encierra un doble concepto: seguridad marítima *(maritime safety)* y protección marítima *(marine security)*.

En el segundo, los avances tecnológicos que reformulan el espacio marino no sólo como una vía de navegación, sino como un campo de actividades industriales totalmente desarrolladas: ingeniería marina, ingeniería minera marina, ingeniería *off shore,* parques eólicos, etc. Abordamos este siglo con un nuevo reto para la humanidad: el descubrimiento del mar como fuente de riqueza, agotadas o mermadas las riquezas terrestres. En este escenario, la ingeniería afronta nuevos retos e igualmente la seguridad de tales actividades. La consideración de la seguridad de estas actividades es sumamente relevante, piénsese en el vertido e incendio de la plataforma semi sumergible de extracción *Deepwater Horizon* de BP en las costas de Florida (2010) o, de forma más reciente y cercana, la plataforma depósito Castor en la costa de Tarragona (2012).

Por último, debo agradecer expresamente a todo un conjunto de amigos y compañeros, a los que durante varios meses he comentado, consultado y –me atrevería a decir– molestado, trasladándoles todas mis inquietudes, cuestiones, reflexiones, etc. A todos ellos, que saben perfectamente quienes son, mi más sentido agradecimiento. En igual sentido a mi familia a la que he privado de muchas horas de mi atención personal.

La presente publicación excede con mucho las potencialidades del autor, que únicamente pretende aportar una modesta contribución al estudio y difusión de la cultura de la seguridad marítima. Si contribuye mínimamente al debate científico sobre la seguridad marítima y sirve, además, como modelo docente, el objetivo de la presente publicación se habrá logrado plenamente.

Jaime Rodrigo de Larrucea

Capítulo 1

Introducción

1 Antecedentes

La catástrofe del *Titanic*, en la noche del 14 al 15 de abril de 1912, supuso el punto de arranque de la actual normativa de seguridad marítima, en la que destaca el Convenio internacional para la seguridad de la vida humana en el mar o Convenio SOLAS (International Convention on Safety of Life at Sea) y demás normas jurídicas dictadas por la Organización Marítima Internacional (OMI).

Los cien años transcurridos desde el hundimiento del *Titanic*, coincidentes con el accidente del *Costa Concordia*, nos permite plantear una pregunta fundamental: los grandes avances tecnológicos y el desarrollo e implementación de una ingente normativa de seguridad marítima durante estos cien años, ¿no descartan racionalmente la posibilidad de un gran accidente marítimo?[1]

Un somero análisis comparativo de ambos siniestros, arroja resultados sumamente llamativos:

El *Costa Concordia* se quedó sin energía eléctrica y sin luz inmediatamente, mientras que el *Titanic* se hundió con las luces encendidas y con las bombas de achique funcionando, a costa del sacrificio vital de los fogoneros. A pesar de tener la misma eslora (longitud), sus instrumentos de navegación eran muy diferentes. El *Titanic* no tenía ni radar ni sonda, ni tan siquiera los vigías disponían de prismáticos. Sin embargo, en el caso del *Costa Concordia* todos los oficiales que se encontraban de

---

[1] Véase del autor: «Reflexiones sobre seguridad marítima: Del *Titanic* al *Costa Concordia* (1912-2012)»; Transporte XXI, núm. 438, 1 de mayo de 2012.

guardia en el puente de mando escucharon las alarmas de las sondas indicando el fondo, pero ninguno hizo caso.

En los cuatro días que duró la navegación del *Titanic* se realizaron tres ejercicios obligatorios para tripulantes y pasajeros, lo que fue especialmente relevante durante la evacuación, mientras que en el *Costa Concordia* ninguno para los últimos pasajeros embarcados.

El comportamiento de ambas tripulaciones y no digamos sus capitanes E. Smith y F. Schettino, nada tienen que ver. En el *Titanic* su comportamiento fue ejemplar, muriendo además 685 de sus 898 tripulantes, a diferencia del *Costa Concordia*, donde fallecieron treinta pasajeros y sólo dos miembros de la tripulación.[2]

En ese sentido, toda la doctrina científica y de manera muy particular los informes de las comisiones oficiales de investigación de siniestros marítimos, apuntan al factor humano como determinante directo del 30 % de los accidentes e, indirectamente, del 80 %. El tratamiento del factor humano aparece como esencial en todo siniestro marítimo. Dos circunstancias inciden directamente sobre el mismo: un sector laboral desregulado hasta la entrada en vigor en agosto de 2013 de la Convención de Trabajo Marítimo 2006 (OMI/OIT) y las presiones comerciales ejercidas por las empresas navieras. En el campo de las actividades humanas, ninguna persona abarca tanta responsabilidad como el capitán del buque. En el *Titanic* viajaban 2.227 pasajeros, mientras que en el *Costa Concordia* 4.200; vidas que en último término dependían de los respectivos capitanes.

Toda la normativa de seguridad marítima en vigor dictada por las Naciones Unidas (OMI), por la Unión Europea (UE) (directivas Erika) y por los estados nacionales, suponen un avance fundamental e importantísimo (en el sector de cruceros, en el año 2011, de 14 millones de pasajeros sólo perdieron la vida once personas) pero no suficiente. Se impone un cambio de mentalidad importante en cuanto a la atención a los capitanes y a las tripulaciones: sus condiciones laborales, su formación y, de manera particular, la gestión operacional de la seguridad marítima. Se requiere, en definitiva, una cultura preventiva del riesgo. Los avances tecnológicos parecen obviar el elemento esencial: la persona.

Ni toda la normativa ni la tecnología más desarrollada pueden suplir a la persona: se podrán automatizar las máquinas o dictar cada vez normativas más exigentes, pero nunca un ordenador, por muy avanzado que sea, podrá suplir al capitán del buque y la complejidad de sus funciones.

----

[2] El 16 de abril 2014 se produjo el naufragio del buque coreano *Sewol*, en el que perecieron alrededor de 300 personas; en unas circunstancias que también apuntan al fallo humano y a una negligencia grave del capitán.

2   Estado de la cuestión

En los cien años transcurridos desde el naufragio del *Titanic,* la flota mundial de buques mercantes ha crecido hasta superar los 100.000 buques y los naufragios anuales han pasado de uno por cada cien buques en 1912 a uno por cada 670 en el año 2009.

Junto a decisivas mejoras tecnológicas y jurídicas, que han determinado la disminución de los accidentes marítimos, el informe de Allianz *Safety and Shipping 1912-2012*[3] constata la aparición de nuevos riesgos causados por la construcción de buques de tamaño cada vez mayor y la presiones económicas que empujan a las empresas armadoras a contratar tripulaciones de países subdesarrollados con una formación marítima muchas veces por debajo de los estándares mínimos.[4]

A esos nuevos factores de riesgo hay que añadir la tendencia a reducir el número de tripulantes embarcados, justificada en parte por una mayor automatización de los sistemas, con el consiguiente aumento de la fatiga y de los errores operacionales y de navegación, el incremento de los deberes burocráticos a bordo, la amenaza cada vez más extendida de asaltos piratas en diversas zonas del planeta y la navegación por zonas polares.

Comentando las conclusiones del informe, S. Gerhard, director de los seguros de casco y de responsabilidad civil de la división marítima de la compañía aseguradora Allianz, afirmó que «aunque los mares son hoy más seguros que nunca, el sector marítimo necesita afrontar los nuevos riesgos con diligencia. Por ejemplo, la tendencia a construir buques cada vez más gigantescos supone unos riesgos extraordinarios ante fallos estructurales y operacionales no previstos. El creciente tamaño de los buques introduce riesgos hasta ahora no contemplados en caso de accidente, tanto a las sociedades de salvamento como a los responsables de gestionar las emergencias».

El informe pone el acento en el factor humano. El 75 % de los accidentes, según las estadísticas que ha manejado el informe, se deben a errores humanos causados por la fatiga, una inadecuada gestión de los riesgos, una presión

---

[3] *Safety and Shipping 1912-2012, From Titanic to Costa Concordia, An insurer's perspective from Allianz Global Corporate & Specialty AG, dirigido por Gerhard S. y editado por Carly Fields (2014), con la colaboración de Seafarers International* Research Centre (SIRC) y la Cardiff University.

[4] Sobre otros informes relevantes desde la perspectiva europea, véase *El Plan de acción de EMSA 2014-2019* (disponible en www.emsa.europa.eu/publications/corporate-publications/item/2050-emsa-s-5-year-strategy-2014-2019.html).

competitiva extraordinaria y, por supuesto, por una deficiente formación y experiencia del personal embarcado. En palabras de Gerhard, «a medida que las mejoras tecnológicas reducen los riesgos, el factor humano, eslabón débil de la cadena de seguridad, cobra mayor importancia, de modo que la industria debería ocuparse preferentemente de la formación y la cultura de seguridad del personal».

2.1 Datos relevantes del informe de Allianz

Del informe *Safety and Shipping 1912-2012,* editado por la aseguradora Allianz, merece destacarse los siguientes aspectos:

- Desde 1910, el tonelaje mercante mundial se ha multiplicado por 23, de modo que en 2010 se acerca a los mil millones de toneladas de registro bruto (GT).

- El transporte marítimo ha aumentado desde 1970 hasta alcanzar la cifra de 8.400 millones de toneladas transportadas por año.

- Los pasajeros transportados por vía marítima han contemplado un aumento espectacular en los últimos años, con un crecimiento previsible del 7,4 % anual entre los años 1990 y 2015. En ese año, la previsión ascendía a 22 millones de pasajeros, mientras que en 2011 se contaron 19, 2 millones (pasaje más cruceristas).

- El transporte marítimo presenta unos niveles de siniestralidad muy inferiores al transporte por carretera.

- Los accidentes laborales a bordo de los buques mercantes han disminuido sensiblemente en los últimos años, al menos en los países desarrollados. Por ejemplo, en el Reino Unido, en 1919, había 358 accidentes mortales por cada 100.000 tripulantes, mientras que en el período 1996-2005 esa tasa se había reducido a 11 tripulantes por cada 100.000. Sin embargo, esa tasa es todavía doce veces mayor que el índice general de los trabajadores de Reino Unido. Conviene recordar que en 2014 fallecieron en España 24 pescadores, sólo en las costas de Galicia.

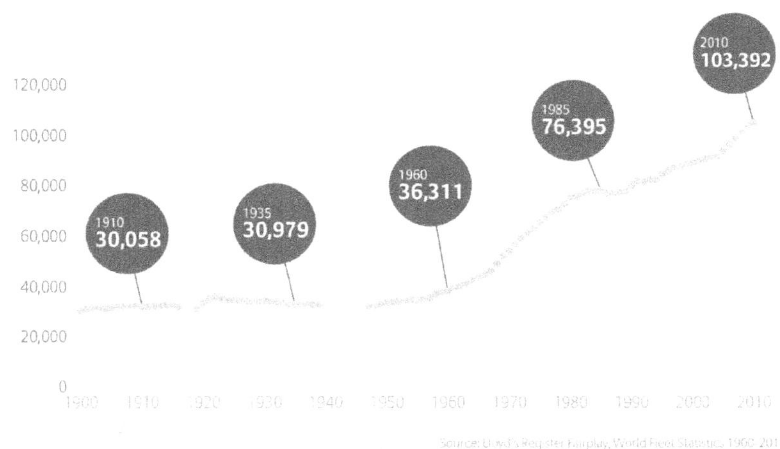

World fleet size by tonnage: 1900-2010

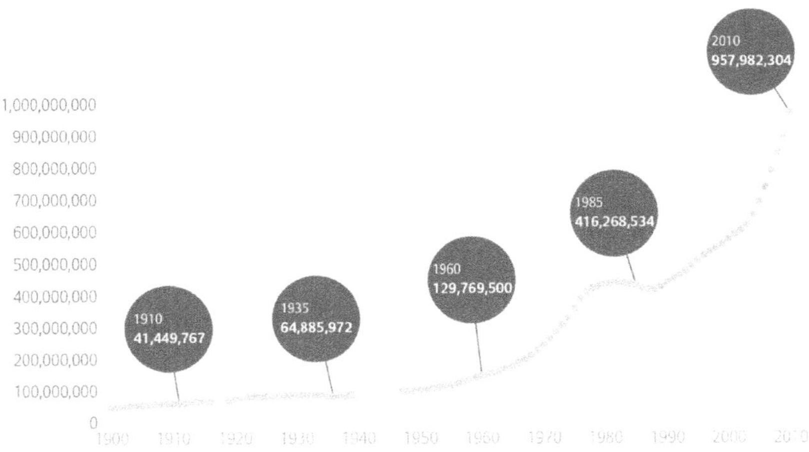

Figura 1.1. **Tamaño de la flota mundial 1900-2010 por número de buques y tonelaje (fuente: Lloyd´s Register-Fairplay).**

Knock Nevis

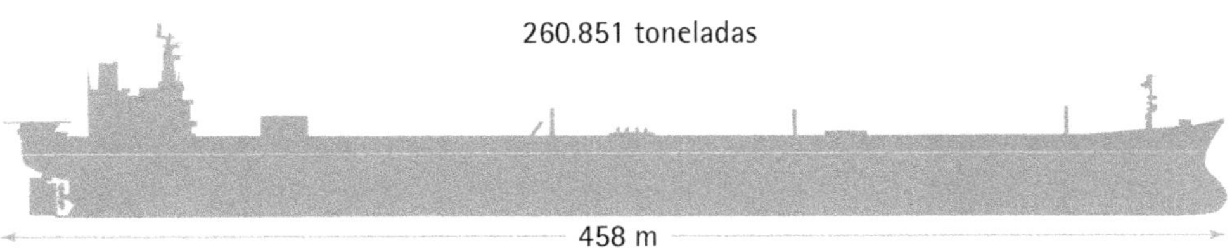

Emma Maersk

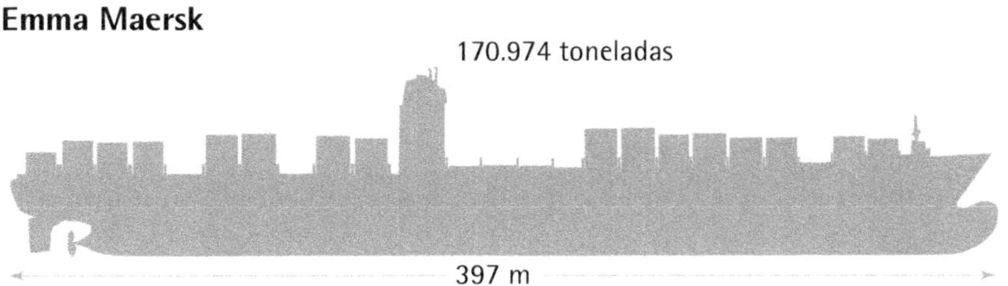

Valemax

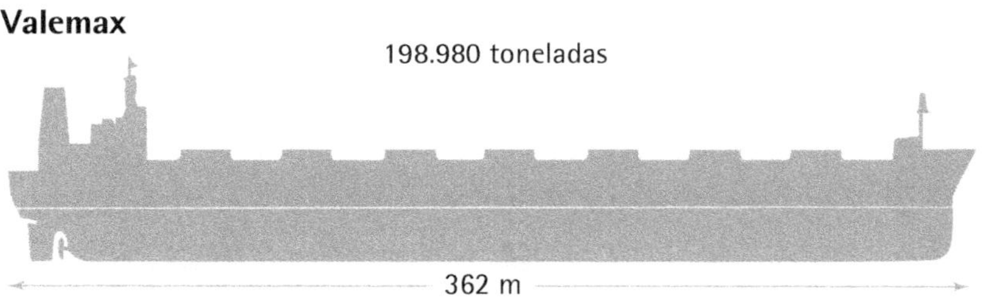

Queen Mary 2

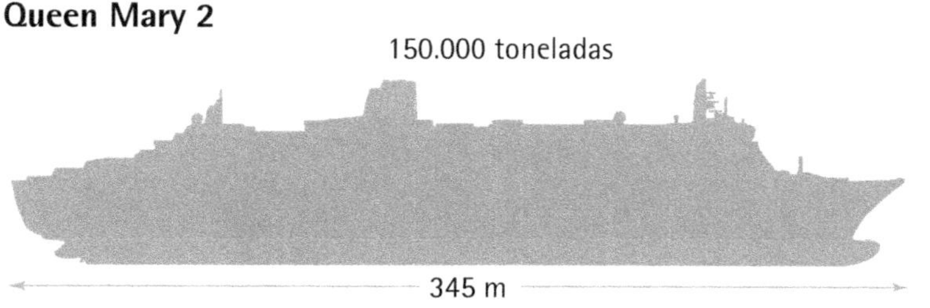

Titanic

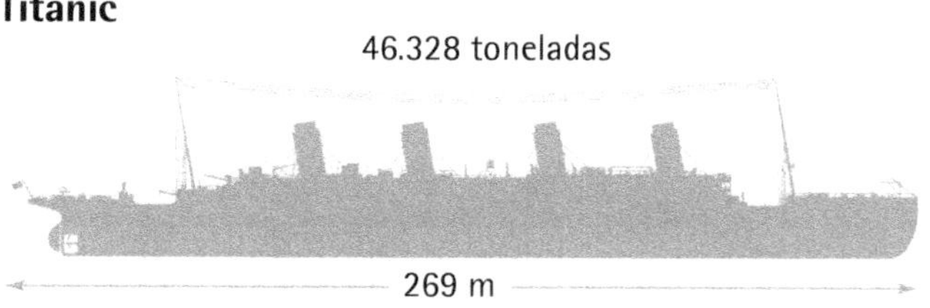

Figura 1.2. Comparación del tamaño del *Titanic* con otros buques (tonelaje bruto).

Millones de toneladas transportadas				
Año	Petróleo	Granel	Carga seca	Total
1970	1442	448	676	2566
1980	1871	796	1037	3704
1990	1755	968	1285	4008
2000	2163	1288	2533	5984
2010	2752	2333	3323	8408

Tabla 1.1. Millones de toneladas transportadas en el período 1970-2010, por tipología de la carga.

Pérdidas por tipo de buque 2000-2010

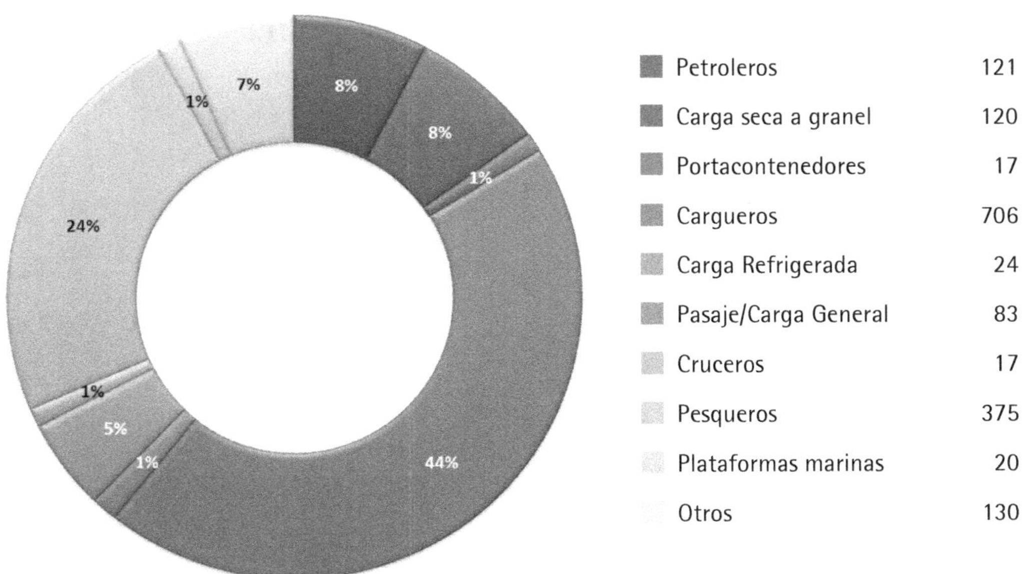

Figura 1.3. Toneladas transportadas por vía marítima. Elaboración propia a partir de los datos del informe de Allianz Safety and Shipping 1912-2012.

Tipo de buque	Pérdidas totales 2000-2010	Flota promedio 2000-2010	Porcentaje de flota	Porcentaje de pérdidas
Petroleros	121	12056	13%	8%
Carga a granel	120	7173	8%	8%
Cargueros	706	18915	20%	45%
Portacontenedores	17	3683	4%	1%
Carga refrigerada	24	1265	1%	2%
Pasaje/Carga general	83	6021	6%	5%
Cruceros	17	449	0%	1%
Pesqueros	375	23815	25%	24%
Plataformas marinas	20	4284	5%	1%
Otros	103	16359	17%	6%

Tabla 1.2. Total de pérdidas por tipo de buque en el periodo 2000-2010, a partir de los datos del informe de Allianz Safety and Shipping 1912-2012.

Causas de las pérdidas totales (2000-2010)

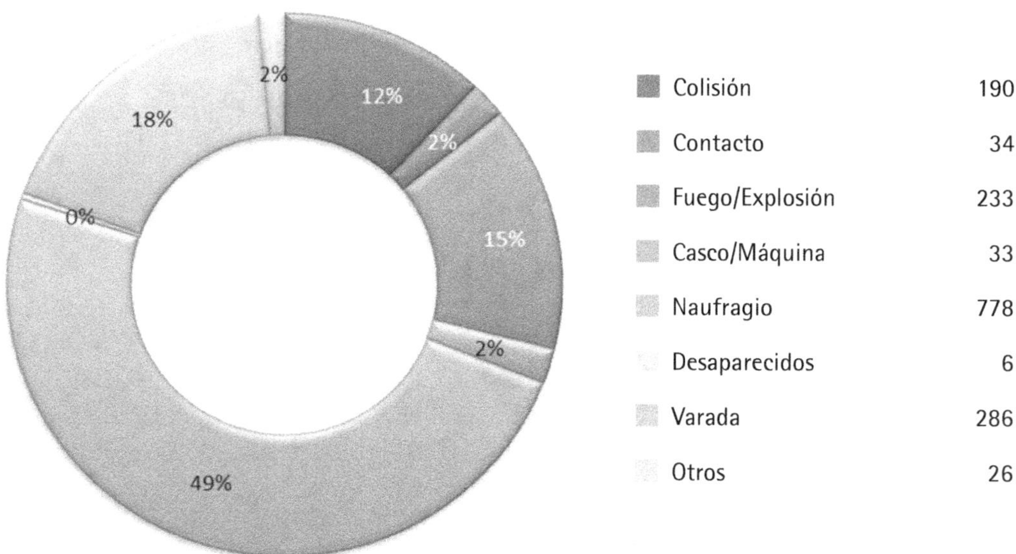

Figura 1.4. Causas de las pérdidas totales en el periodo 2000-2010.

	Por cien millones de pasajeros/hora	Por cien millones de pasajeros/kilometro
	2	0,07
	8	0,25
	14,8	0,46
	16	0,035
	2	0,035
	25	0,7
	25	6,4
	75	5,4
	440	13,8

Tabla 1.3. **Tasas de mortalidad de pasajeros por modos de transporte en Europa.**[5]

3   Los avances tecnológicos

En los últimos doscientos años, la industria marítima ha sufrido importantes transformaciones, entre ellas destacan el paso de las construcciones en madera a las de acero, que permite ensamblar buques de mayor tamaño, al principio con remaches y posteriormente con soldadura, obteniendo cascos estancos de gran solidez y flotabilidad. Otras hechos significativos han sido la paulatina sustitución de las velas por la máquina de vapor, los motores de combustión interna y las turbinas; así como las mejoras en los sistemas de navegación, con la sustitución o complementación en la navegación costera de los medios visuales por los sistemas de radio-faro, el LORAN y el DECCA, la sustitución de la navegación astronómica por los sistemas de navegación por satélite como el NAVTEX o el GPS y el empleo del radar y la carta digital.

....

[5] Imágenes extraídas de la publicación de la aseguradora Allianz, anteriormente citada.

Estos avances, han permitido superar la dependencia del viento como elemento motriz y prevenir o evitar otros efectos meteorológicos adversos, que durante mucho tiempo habían limitado (no impedido) la navegación y el desarrollo del comercio internacional.

El aumento de tamaño de los buques, manteniendo los estándares de estabilidad y el incremento de velocidad, unido a los avances de la navegación no dependiente de la astronomía, han propiciado una mayor regularidad en los trayectos y han dado lugar al ingente tráfico de mercancías que conocemos.

La tabla 1.4 señala los hitos clave en la seguridad marítima durante el periodo comprendido entre 1870 y 2012.

1860-70	Promoción de las marcas externas de máxima carga o flotación conocidas como disco Plimsoll». Obligatorio en Reino Unido desde 1876
1914	Primer Convenio Sevimar, antecedente del Convenio internacional para la seguridad de la vida humana en el mar (SOLAS)
1914	Se inicia la vigilancia aérea de icebergs. Patrulla Internacional del Hielo (International Ice Patrol)
1922	Ecosonda aplicada a bordo que permite conocer la profundidad bajo quilla
1930	Convenio internacional de líneas de carga, que aborda temas sobre carga y estabilidad *(load lines)*
Década 1940	La soldadura comienza a reemplazar el remachado. Más tarde sigue la prefabricación y el aumento de la calidad en la construcción de buques
Década 1940	LORAN *(Long Range Navigation)*, sistema de navegación por radio que permite la exacta localización de la posición en alta mar hasta 900 millas de la costa
1944	DECCA (Decca Company), sistema de navegación que determina la posición precisa hasta 400 millas mar adentro
1948	Creación de la Organización Marítima Internacional (OMI), que comenzó sus actividades en 1958
Década 1960	El diseño de buques asistido por ordenador supone una revolución en los métodos de trabajo
Década 1960	Se generaliza el uso de las radio frecuencias muy altas MAF (VHF), que mejora las comunicaciones buque-buque y buque-costera
1965	Radar obligatorio bajo Convenio SOLAS 1960
1967	Transit, Sat Nav System, primer sistema de posicionamiento de buques mercantes por satélite

4 Teoría de la seguridad marítima

En esta obra formulamos con carácter original la teoría de la seguridad sarítima, si bien conviene precisar que cuando hablamos de «teoría» lo hacemos en el sentido amplio de Edgar Morin: «Una teoría no es el conocimiento que permite el conocimiento. Una teoría no es una llegada, es la posibilidad de una partida. Una teoría no es una solución, es la posibilidad de tratar un problema». Se es totalmente consciente que el ideal de toda teoría científica es su posible formulación en términos lógico-matemáticos axiomatizados. En ese sentido, el astrofísico y cosmólogo Stephen Hawking manifiesta que «una teoría es buena si satisface dos requeri-

1969	*Automatic Radar Plotting Aid* (ARPA), sustituye el trazado manual de los movimientos. Obligatorio desde 1989
1972	Reglamento internacional para prevenir los abordajes en el mar (COLREG). Establece las reglas de circulación para la navegación
1973	Convenio internacional para la prevención de la contaminación por los buques (MARPOL)
1978	Convención internacional sobre normas de formación, certificación y guardias para la gente de mar (STCW). Establece requisitos básicos de capacitación y certificación
1993	Código internacional de gestión de la seguridad (IGS), adoptado por la OMI. Establece los estándares para la gestión de la seguridad en las operaciones del buque
1994	Sistema de posicionamiento global (GPS), en pleno funcionamiento. Permite precisar la posición del buque
1999	Sistema mundial de socorro y seguridad marítimos (SMSSM), establece protocolos para buques en peligro y en situaciones de rescate. Obliga a incorporar en todos los buques determinados equipos de comunicación
2000	OMI aprueba enmiendas al SOLAS para incorporar en los buques grabadoras de datos de la travesía (VDR) o caja negra. Obligatoria para buques de nueva construcción
2004	Sistema de identificación automática *(Automatic Identification System* o AIS) para identificar y hacer seguimiento de buques. Reduce el riesgo de colisión
2004	Código Internacional para la protección de los buques y de las instalaciones portuarias (Código PBIP). Mejora la seguridad en los puertos
2012	Sistema de visualización e información de cartas electrónicas (ECDIS) obligatorio. Proporciona posición continua e información para la navegación

Tabla 1.4. Relación de los avances técnicos de la seguridad marítima en el periodo 1860-2012.

mientos: debe describir con precisión una extensa clase de observaciones sobre la base de un modelo que contenga sólo unos cuantos elementos arbitrarios, y debe realizar predicciones concretas acerca de los resultados de futuras observaciones».[6] En el momento actual, con los modelos actuales de análisis de riesgos podemos obtener predicciones sobre los fenómenos observados. Preferimos por prudencia adoptar el primero de los sentidos y describir y formular sus elementos básicos.

Creemos, por otra parte, que la seguridad marítima debe ser abordada de una forma global, en un sentido holístico. Sin embargo, la perspectiva tradicional en relación a la ingeniería naval, el cálculo estructural, la seguridad y demás aspectos se han tratado, en la mayoría de los casos, de manera aislada y, después de deliberaciones, se han desarrollado normas prescriptivas independientes para cada área específica de la seguridad. No creemos que esto hoy sea efectivo. Tenemos el sincero convencimiento que el tratamiento de la seguridad marítima e inclusive de sus normas reguladoras sólo es posible desde una perspectiva integral.

En materia de seguridad todo se reduce al riesgo: el análisis del riesgo, la evaluación del riesgo y, de manera principal, la gestión del riesgo. La seguridad es una opción de riesgo.

De acuerdo con la Guía OMI (MSC Circular 1023):

- *Riesgo* es la combinación de la frecuencia con la gravedad de la consecuencia.

- *Análisis de riesgos (risk analysis)* es el uso sistemático de la información disponible para identificar los peligros y estimar el riesgo para las personas, los bienes o el medio ambiente.

- *Evaluación de riesgos (risk assessment)* es revisar la aceptabilidad de riesgo que se ha analizado y evaluado basándose en la comparación con los estándares o criterios que definen la tolerabilidad al riesgo.

- *Gestión de riesgos (risk management)* es la aplicación de la evaluación con la intención de informar el proceso de toma de decisiones con las medidas de reducción del riesgo (opciones de control del riesgo) adecuadas y su posible implementación.

---

[6] Morín, E. et al. *Educar en la era planetaria. El pensamiento complejo como método de aprendizaje en el error y la incertidumbre humana.* Op. cit.; Hawking S., *Una breve historia del tiempo.* Ed. Grijalbo, 1988, Barcelona.

En la figura 1.5 se describe un modelo dinámico con todos sus elementos básicos interactuando entre sí y retroalimentando el concepto de seguridad marítima. Estos elementos son los siguientes:

- la normativa de seguridad marítima;
- el proyecto del buque y el diseño para la seguridad;
- el control preventivo de la seguridad marítima;
- la gestión operacional del buque;
- el factor humano;
- la protección del buque y las instalaciones portuarias;
- las crisis y emergencias marítimas;
- la contaminación marina; y por último
- la investigación de la seguridad marítima.

Casi todos estos factores contienen estimaciones o evaluaciones de riesgo que, con carácter ilustrativo y no exhaustivo, son las que se describen en los capítulos de este libro:

- **La normativa marítima** (capítulo 2). Por razones formales e históricas (precedentes ya comentados: disco de Plimsoll, *Titanic,* primer Convenio SOLAS), la primera reacción ante el accidente fue siempre legislativa. Sólo a partir del desastre de la plataforma *Piper Alfa* (1988), se empezaron a desarrollar los trabajos basados en el riesgo, de manera particular a través de la evaluación formal de la seguridad EFS-FSA. En la actualidad, por lo que hace referencia a la OMI, casi todo su desarrollo legislativo está influenciado por las EFS, que incorporan el tratamiento del riesgo como elemento básico de política legislativa.

- **El proyecto del buque: el diseño para la seguridad** (capítulo 3). Con carácter experimental y el antecedente de las regulaciones sobre estabilidad basadas en cálculos probabilísticos, en sustitución de los cálculos deterministas, se han desarrollado las directrices para la aprobación de los proyectos de buques fundamentados en los riesgos MSC86/5/3 (2009). El planteamiento del diseño basado en la seguridad radica en incorporar, en las fases iniciales del proyecto de diseño, un tratamiento particularizado de los riesgos y peligros del buque *(Hazard Identification* o HAZID; en español, estudios de identificación de riesgos y peligros) y de sus aspectos operativos y funcionales *(Hazard and operability* o HAZOP; en español, análisis funcional de operatividad o AFO).

- **El control preventivo de la seguridad marítima** (capítulo 4). Realizado a partir del control del Estado del pabellón *(Flag State Control* o FSC), se ha ido deslizando al control por las sociedades de clasificación y al control por el Estado del puerto *Port State Control* o PSC). La inspección priorizada Thetis en el ámbito europeo y la del US Coast Guard, parten de la consideración *targets factors*, basados en perfiles de riesgo del buque o del operador.

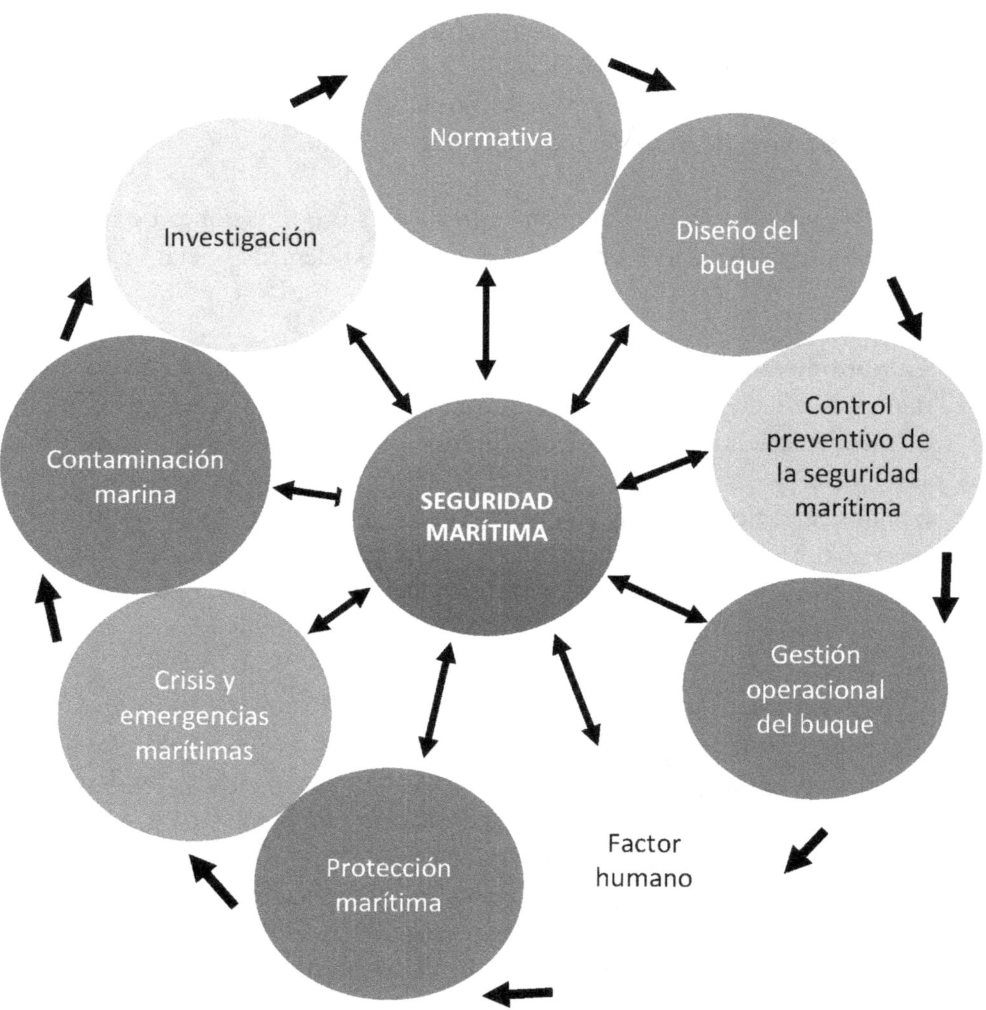

Figura 1.5. Modelo dinámico de los factores que inciden sobre la seguridad ordenados a partir de la normativa de seguridad marítima (safety regulations).

- **La gestión operacional del buque** (capítulo 5). El Código IGS/ISM señala dentro de sus objetivos (apartado 1.2.2) la obligación de: «evaluar todos los riesgos señalados para sus buques, su personal y el medio ambiente, y tomar las oportunas precauciones».

- **El factor humano** (capítulo 6). Las técnicas análisis de la fiabilidad humana *(Human Reliability Analysis* o HRA) y el HFACS *(The Human Factors Analysis and Classification System)*. Básicamente, existen dos modelos de análisis de la fiabilidad humana: la evaluación del riesgo probabilístico *(Probabilistic Risk Assessment* o PRA), que ha dado lugar a instrumentos como el *Technique for Human Error Rate Prediction* (THERP) y la teoría cognitiva del control *(cognitive theory of control)*, centrada en el modo «fallos» del sistema y sus opciones de control. En ambos casos, se recurre al análisis de los riesgos a través del cálculo probabilístico.

- **La protección marítima** (capítulo 7). El Código PBIP incorpora la evaluación de protección del buque y de la instalación portuaria, para la formulación de los respectivos planes de protección del buque y de la instalación portuaria a través del análisis de riesgos de actos ilícitos.

- **Las crisis y emergencias marítimas** (capítulo 8). En España, el Sistema Nacional de Respuesta ante la contaminación marina SNR 2012, a diferencia del Plan Nacional de Contingencias por contaminación marina accidental (2001), incorpora como novedad el análisis de los riesgos y las áreas vulnerables.

- **La contaminación marina** (capítulo 9). Más allá de la previsión del Código IGS o el plan de emergencia de hidrocarburos, el estudio del análisis del riesgo se emplea en multitud de supuestos considerando el uso de modelos numéricos para estudiar la evolución de los contaminantes, teniendo en cuenta las condiciones hidrodinámicas más probables y los diferentes escenarios de derrame.

- **La investigación en la seguridad marítima** (capítulo 10). Se fundamenta, básicamente, en la teoría de los accidentes e incidentes marítimos *(accident models)* y en el modelo del riesgo *(risk models)*. El cierre del sistema: los resultados de la investigación, cuando se estiman relevantes, se transforman en normas jurídicas a través de la implementación legal (capítulo 2).

Nada impide por otra parte la asignación de valores matemáticos al modelo, en línea similar a la utilización de los indicadores de desempeño o de rendimiento *(Key Perfomance Indicators* o KPI) por las compañías navieras u otras empresas (capítulo 5), adaptados al escenario concreto. Por ejemplo, en España: número de muertos y heridos en accidente marítimo; número de emergencias con contaminación; buques de pabellón español detenidos por deficiencias PSC; posición en la lista MOU París, etc. Sin duda, sería un instrumento objetivo y objetivador, además de un elemento imprescindible de la política marítima.

Capítulo 2

Normativa marítima

1 Evolución histórica

Bajo el concepto de régimen jurídico de la seguridad marítima *(maritime safety)*, se integran el conjunto de regulaciones y normativas *(safety regulations)*, que surgen inicialmente en el siglo xix y que tienen por objeto la seguridad en la navegación marítima.

Resulta una de las primeras expresiones de la actividad de control administrativo sobre una de las actividades clásicas del comercio: la navegación comercial, y constituye uno de los primeros precedentes significativos del fenómeno, por demás conocido en la actualidad, de la «publicitación del derecho privado».

Dicha relación ha estado sujeta a una tensión dialéctica, no siempre pacífica, entre los operadores y los intereses del mercado frente a las autoridades administrativas y la sociedad civil que representan. En este sentido, resulta sumamente expresiva la siguiente argumentación de Fayle, en relación a la primera regulación de las líneas de máxima carga en Inglaterra:[1]

«En sus esfuerzos por aumentar el nivel de seguridad y de las condiciones de trabajo a bordo, el Ministerio de Comercio se vio envuelto en frecuentes disputas con los navieros durante el último cuarto del siglo xix. Se le acusó de obstaculizar el desarrollo del sector al establecer reglas estrictas que, al aplicarse, penalizaba a todo el sector por los pecados de una pequeña minoría y de poner trabas al sector marítimo británico para competir en el mercado internacional, al imponer

---

[1] Véase *Boletín Anave*, febrero de 2003, «El marco normativo de la economía marítima», adaptación y actualización de *Maritime Economics*, Stopford Martin, 2.ª ed., Routledge, Londres, 1997.

limitaciones que no afectaban a los buques extranjeros, ni siquiera en los puertos británicos.»

Dicha normativa tuvo en sus inicios históricos un carácter eminentemente estatal, integrando uno de los aspectos centrales de lo que se ha venido en denominar Derecho Administrativo Marítimo.[2]

Otro enfoque, que puede caracterizarse de *self-regulation,* surgió de la propia comunidad marítima a través del esfuerzo de los aseguradores para comprobar que los buques que aseguraban se encontraban en buen estado. Este planteamiento dio lugar a las llamadas sociedades de clasificación, surgidas en el siglo xviii, cuyas *rules* han pasado a formar parte del entorno normativo marítimo, bien por su inclusión en derechos nacionales o, en algunos casos, por la eficacia civil que proporcionan a ciertas administraciones, normalmente carentes de administración marítima propia, a sus certificados e inspecciones, incluso las ligadas al acto de abanderamiento de los buques. La actividad de las sociedades de clasificación *(class)* ha llegado a estar tan estrechamente ligadas a la actividad normativa de los estados, que resulta difícil en muchas ocasiones su diferenciación.[3]

El tratamiento de dichas sociedades en el plano jurídico privado constituye un tema clásico en el derecho marítimo. Sin embargo, es en el momento actual y tras los siniestros del *Erika* y del *Prestige,* en el que aparecen inmersas en los procedimientos judiciales y cuestionada la actuación de dos importantes sociedades de clasificación: RINA (Registro Italiano Navale) y ABS (American Bureau of Shipping), cuando se ha puesto en cuestión esa «delegación» de funciones públicas que hacen ciertos estados en sociedades mercantiles privadas, así como la propia realización y verificación de sus trabajos. Resulta, por otra parte, difícil de comprender la necesa-

---

[2] La relación entre el derecho público (derecho administrativo o derecho internacional público) y el derecho privado ha sido calificada de interrelación. En este sentido, véase Pontavice, E. Du en «La evolución del Derecho del Mar y del Derecho Marítimo», *ADM,* vol. I, pág. 67 y ss.: «esa intromisión del derecho público en los dominios hasta ahora reservados al derecho privado, se explica por el interés creciente de los estados hacia el mar, que ya no es una simple superficie plana reservada a los transportes, por la creación de organizaciones especializadas de las Naciones Unidas y con vocación de regular jurídicamente las actividades marítimas (OMI, UNCTAD, UNCITRAL, etc.). Esa intrusión se explica con mayor claridad si se advierte el llamamiento hecho a los estados para organizar imperativamente las relaciones privadas entre los particulares sobre un bien codiciado, el agua y la costa del mar».

[3] En 1764, a partir del Lloyd's Coffe House, se creó por el Comité de Aseguradores el primer registro de buques que «clasificaba» a los mismos en función de su calidad, dando lugar al llamado Libro Verde. En 1799, los armadores discreparon de los criterios técnicos de clasificación creando un Libro Rojo *(New Register Book of Shipping).* En 1834, se dirimieron las diferencias y se creó una nueva sociedad para elaborar un registro de buques el Lloyd's Register of British & Foreign Shipping, que fuese aceptable para todo el sector marítimo.

ria independencia y objetividad de las mismas cuando dependen económicamente de sus clientes, en un mercado con una alta competencia comercial.[4]

La perspectiva de los derechos estatales resultaba claramente insuficiente para una actividad intrínsecamente internacional como es el transporte marítimo, en la cual las legislaciones nacionales sólo afectan a los buques de su pabellón (Estado de pabellón o *flag State)*. La catástrofe del *Titanic,* elemento fáctico precursor del primer Convenio de la seguridad de la vida humana en el mar, planteó de forma ineludible la creación de una normativa internacional marítima.[5] Sin embargo, sólo tras la Segunda Guerra Mundial, con la creación de la OMI, en 1948, como agencia especializada de las Naciones Unidas para el ámbito marítimo, fue posible la creación de una normativa uniforme, de marcado carácter técnico, para toda la comunidad marítima internacional. Los convenios de la OMI suponen un punto de referencia por el alto nivel de firmas y ratificaciones que normalmente obtienen, y porque las legislaciones estatales y demás organismos marítimos la tienen en cuenta en su propia producción normativa.

Con carácter reciente (finales del siglo xx), tras la aparición de organismos supranacionales y, de manera específica, la Unión Europea, ha surgido el Derecho Comunitario de la Seguridad y Contaminación Marítima. Este derecho de nueva creación expresa la voluntad política de la UE de crear un marco más riguroso y estricto, menos tolerante con las prácticas comerciales de los esquemas legales de la OMI, que con independencia de su calidad técnica y solidez, son frecuentemente sacrificados por soluciones de compromiso político en el marco de la Asamblea General y las conferencias preparatorias de los convenios, en las que aparecen representados estados con intereses contrapuestos: países con fuertes intereses navieros frente a países «cargadores», países en desarrollo frente a países desarrollados, países exportadores de tripulaciones frente a países productores de tecnología, etc. Otro problema, igualmente importante, es la diferente sensibilidad en la aplicación e

---

[4] En origen, gran parte de ellas han tenido un estatuto público o semipúblico que han ido perdiendo gradualmente, como es el caso de RINA o de Germanisher Lloyd. Igualmente, Lloyds Register Of Shipping mantiene su personalidad jurídica de entidad sin ánimo de lucro *(charity institution).* Lo cierto es que en el momento actual todas ellas compiten en el plano comercial y sufren las presiones de las navieras con importantes flotas. Las doce *class* más importantes están agrupadas en la International Association of Classification Societies (IACS), creada en 1968.

[5] El primer precedente histórico se sitúa en una Conferencia Internacional promovida por el Gobierno norteamericano en 1889, en la que participaron 37 estados. A pesar de su voluntad de tratar diversos aspectos de la seguridad marítima, sólo se alcanzaron acuerdos en materia de prevención de abordajes. Tal precedente no empaña el dato fáctico de la importancia del accidente del *Titanic* en los trabajos preparatorios del primer Convenio SOLAS.

interpretación de la normativa de la OMI por los diferentes estados de pabellón y estados ribereños, lo que produce una aplicación heterogénea y absolutamente dispar de la misma.

La afectación a importantes estados de pabellón con una importante flota y la importancia comercial de la UE en el ámbito comercial internacional proporcionan a los reglamentos y directivas comunitarias una proyección superior al marco territorial europeo. La ampliación de la UE a nuevos miembros con importantes flotas y la existencia del compromiso asumido con otros estados con los que la UE tiene firmados importantes acuerdos de asociación, implica el compromiso de armonización y adaptación de sus legislaciones con lo que se ha venido en denominar el «acervo comunitario». En igual sentido, resulta destacable la importancia de los trabajos de la Agencia Europea de Seguridad Marítima (EMSA), creada en el 2002.

Por otra parte, el tratamiento de la seguridad, sea cual sea la actividad de riesgo, es siempre muy complejo, debido a las numerosas interrelaciones que existen según las circunstancias y condiciones de la situación. El éxito de cualquier política de seguridad marítima está condicionado al grado de rigor con que se aplica, los procedimientos utilizados en su seguimiento y la voluntad de alcanzar los objetivos definidos.

Desde la perspectiva científica, resulta escaso y difícil el tratamiento de esta rama jurídica, creada a partir de diferentes organismos normativos, con políticas legislativas propias y en permanente causalidad creativa con la realidad de los siniestros marítimos, donde el hecho precede siempre al derecho. Las opiniones doctrinales han dispensado en la materia un tratamiento fragmentario y asistemático de la cuestión, que en atención a la importancia actual y su complejidad debe requerir un mayor esfuerzo de estudio y profundización al que el presente trabajo pretende contribuir.[6]

De manera paralela y en íntima conexión con la seguridad marítima, ha surgido el derecho de la contaminación marina *(marine environment law)*. El carácter reciente de este nueva modalidad de derecho determina su incompleta formulación, la existencia de importantes lagunas y un estado formativo embrionario y muy vincu-

....

6 Véanse en la doctrina española: Pery Junquera, P. «El Derecho y la Seguridad de la Vida Humana en el Mar», *REDM*, 1965, pág. 367 y ss.; Alcántara, J. M. en «La responsabilidad marítima ante el nuevo siglo: del principio de libertad contractual al de la seguridad marítima», RDMA, enero 1999, págs. 6-52.; Martín Osante, J. M. «La normativa comunitaria en materia de seguridad marítima. Sociedades de clasificación y transporte de petróleo», ADM XVIII, 2001, págs. 163-260; Gabaldón, J.L., Ruiz Soroa, J.M. en *Manual de Derecho de la Navegación Marítima*. Ed. Marcial Pons, Madrid, 2005; Zamora Roselló, M.ªR., *Régimen jurídico de la seguridad marítima*, Ed. Netbiblo, Coruña, 2009.

lado por los casos históricos,[7] las decisiones judiciales y la actuación dispersa de las administraciones, tanto de carácter intergubernamental como las gubernamentales, con aportaciones fragmentarias del pensamiento científico, en una evolución muy similar a la normativa de la seguridad marítima.[8]

2 Relación entre la normativa y los siniestros marítimos

De una época en la que los buques mercantes tenían que ser protegidos por la armada del pabellón que enarbolaban, en la que los estados ribereños imponían sus derechos sobre los buques que arribaban a sus puertos o navegaban por sus costas y en la que era usual un derecho indemnizatorio de daños por responsabilidad culpable, se ha pasado a otra época en la que prima un derecho preventivo de autorizaciones administrativas previas. Este hecho encuentra una de sus justificaciones en que las indemnizaciones *ex post* no cubren los inmensos daños generados en vidas humanas y al medio ambiente, y en la que el derecho convencional internacional ha logrado imponer algunos principios básicos, aunque sólo resulten aplicables a los estados firmantes.

El cambio ha sido posible en buena medida por los esfuerzos de la ONU a través de las convenciones sobre derecho del mar (convenios United Nations Conference on the Law of the Sea, UNCLOS I-1958, UNCLOS II-1960 y la actual UNCLOS III-1982) y a la OMI (formada actualmente por 170 estados), en lo que se refiere a la seguridad y la protección del medio ambiente marino. Su convenio fundacional entró en vigor en 1958 y las primeras reuniones se celebraron al año siguiente.

En sus orígenes, la OMI centró todos sus esfuerzos en elaborar un conjunto de convenios, códigos y recomendaciones que luego debían poner en vigor los gobiernos miembros. Desde comienzos de la década de 1980, su actividad se dirige más hacia la

---

[7] La causalidad entre siniestros y esquemas normativos es absolutamente directa. A título de ejemplo, se ha señalado la importancia del naufragio del *Titanic* en la preparación del primer Convenio SOLAS; el desastre del *Torrey Canyon* dio lugar al Convenio CLC de responsabilidad civil por hidrocarburos de 1969; el accidente del *Amoco Cádiz* dio lugar a la nueva edición del contrato de salvamento LOF'80; el accidente en las costas de Alaska del *Exxon Valdez*, en 1989, generó la OPA 90 norteamericana; el desastre del *Erika*, dio lugar a los paquetes legislativos Erika I, II y III.

[8] En este sentido, véanse en Abecassis, «Some considerations in the event of a casualty to an oil tanker», LMCLQ (Lloyd's Maritime and Commercial Quaterly Law), 1979, págs. 448 y ss; Kuffler, «The Water Pollution Control Act», LMCLQ, 1983, págs.45 y ss; Arroyo I., «The Application of CLC to Urquiola case», LMCLQ, 1977, págs. 337-343 y ss.; Hill, M.C. «La contaminación por hidrocarburos, medidas correctoras», *Revista General de Derecho*, 1992; Olivencia, M. «Responsabilidad por contaminación marina», Consejo General del Poder Judicial, Madrid, 1993.

aplicación efectiva de los convenios, pues los más importantes han sido ya aceptados por países cuyas flotas mercantes combinadas representan el 98 % del total mundial.

Algunos de los siniestros marítimos que han provocado importantes modificaciones legislativas se resumen en la tabla 2.1:

Buque	Tipo	Año	Desarrollo legislativo
Titanic	PAX (trasatlántico)	1912	Primera versión SOLAS (1914)
Andrea Doria	PAX (trasatlántico)	1956	Nuevo COLREG 1972 sustituye versión 1960
Castillo de Montjuich	Granelero	1963	Capítulo VI SOLAS-Anexo Transporte de grano
Torrey Canyon	Petrolero	1967	Convenio MARPOL Convenio CLC 1969 Convenio Fondos 1971 Fondos Fidac Constitución del Comité Jurídico de la OMI
Amoco Cádiz *Tanio*	Petrolero Petrolero	1978 1980	Enmiendas SOLAS 1981 Memorandum Paris
Derbyshire	Granelero	1980	Código BLU 1997 Enmiendas SOLAS Código CG Seguridad Bulk Carriers CSM
Herald of Free Enterprise	RO PAX	1987	Enmiendas SOLAS (1988) Código ISM
Piper Alpha	Plataforma	1988	Formal Safety Assessment (FSA)
Exxon Valdez	Petrolero	1989	OPRC Convention USA-OPA Oil Pollution Act
Estonia	PAX (ferry)	1994	Seguridad buques Ropax Estabilidad
Erika	Petrolero	1999	Paquetes Erika I, II Y III
Prestige	Petrolero	2002	Paquete Post Prestige HNS Control
Costa Concordia	PAX	2012	
Sewol	PAX (Ferry)	2014	

Tabla 2.1. Relación entre los siniestros marítimos y los desarrollos legislativos.

3 Convenios más relevantes de la OMI

La primera conferencia organizada por la OMI en 1960 adoptó el Convenio internacional para la seguridad de la vida humana en el mar (SOLAS), que entró en vigor en 1965 y que abarcaba un amplio espectro de medidas concebidas para mejorar la seguridad de la navegación. Se actualizó en 1974 y mantiene un procedimiento de modificación con el que puede actualizarse sin necesidad de convocar una conferencia. Entró en vigor el 25 de mayo de 1980 y ha sido ratificado por estados que representan el 99 % del tráfico marítimo mundial.

El proceso de prevención de la contaminación se inició con una conferencia celebrada en Londres en 1952, de la que resultó el Convenio para la prevención de la contaminación marina por hidrocarburos (OILPOL), de 1954, y según fue aumentando la preocupación por el entorno marino, se vio que era necesario un convenio más amplio sobre contaminación marina. En 1973 se adoptó el Convenio internacional para prevenir la contaminación por los buques (MARPOL).

En la década de 1990, la OMI tomó medidas para regular la gestión de las empresas navieras; así, en la Conferencia SOLAS celebrada en mayo de 1994 se incorporó formalmente a este convenio el Código internacional de gestión de la seguridad (Código IGS) en la forma de un nuevo capítulo IX.

El conjunto formado por el Convenio internacional sobre responsabilidad civil nacida de daños debidos a contaminación por hidrocarburos (CLC), de 1969, y el Convenio internacional sobre la constitución de un fondo internacional de indemnización de daños debidos a contaminación por hidrocarburos (FUND), de 1971, establece un marco indemnizatorio para estos casos de contaminación. Ambos convenios son complementarios y han sido enmendados en 1992.

El Código internacional para la protección de los buques y las instalaciones portuarias o Código PBIP (International Ship And Port Facility Security Code o ISPS Code). Este código pretende establecer un marco internacional que canalice la cooperación entre los organismos gubernamentales, las administraciones locales y los sectores naviero y portuario para detectar las amenazas a la protección y adoptar medidas preventivas. Entró en vigor en 2004.

El Convenio internacional sobre normas de formación, titulación y guardia para la gente de mar (STCW), de 1978, establece unas normas mínimas para la formación y titulación de los oficiales y subalternos, así como sobre los horarios de trabajo y descanso a bordo. En 1995, se introdujeron importantes modificaciones que establecían criterios verificables, una formación estructurada y la familiarización a bordo. Entró en vigor el 28 de abril de 1984.

Por su parte, el Convenio sobre el reglamento internacional para prevenir los abordajes en la mar (COLREG), de 1972, se modificó en 1981.

En 1930, se adoptó el Convenio internacional de líneas de máxima carga, que establecía que todos los buques debían llevar pintadas en el costado unas líneas de máxima carga (disco Plimsoll), normalizadas para los diferentes tipos de buques en diversas condiciones. En 1966 se adoptó un convenio actualizado que entró en vigor en 1968.

Finalmente, cabe también citar el Convenio internacional sobre arqueo de buques, de 1969 que entró en vigor en 1982.

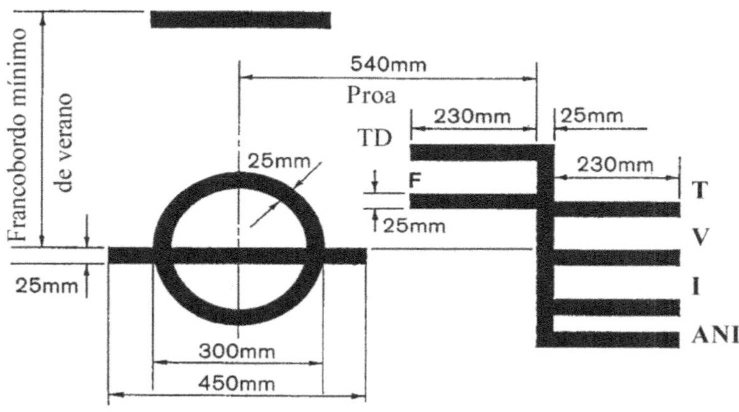

Figura 2.1. Disco Plimsoll. M Líneas de máxima carga para agua dulce y salada.

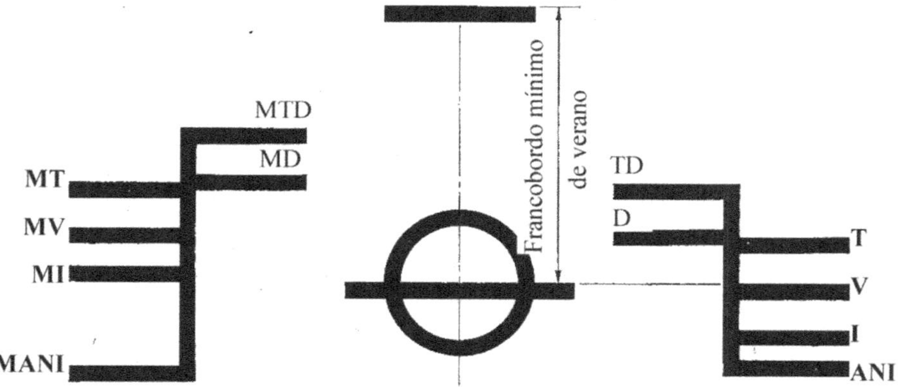

Figura 2.2. Disco Plimsoll. Líneas de máxima carga para cubertadas
de madera, agua dulce y salada (fuente OMI).

Figura 2.3. Disco Plimsoll en el costado del Cutty Sark LR = Lloyd's Register.

4 La normativa de seguridad marítima europea

En un primer momento, la política de la UE estuvo muy centrada en los aspectos liberalizadores y la aplicación de las prescripciones del Tratado de Roma a los servicios de transporte marítimo. Sólo a partir de los casos *Erika* y *Prestige* se diseñó una política común de seguridad marítima y lucha contra la contaminación marina que ha dado lugar, entre otras disposiciones, a los llamados paquetes Erika, originando unas particularidades europeas en el tratamiento de la seguridad marítima, singular y diferente de la normativa de la OMI. Además, se ha creado como organismo especializado la Agencia Europea de Seguridad Marítima (EMSA), encargada de asesorar y coordinar la acción de los estados en la seguridad marítima.

4.1 Paquete Erika I

Comprende las siguientes disposiciones que están en vigor desde el 22 de julio 2003:

- Directiva 2001/106/CE que modifica la Directiva 95/21/CE, relativa al control por parte del Estado rector del puerto (prevé la inspección de todos los buques e incluye requisitos específicos sobre la inspección de los petroleros) y la Directiva 94/57/CE, que establece normas comunes relativas a los organismos autorizados para efectuar la inspección y la clasificación de buques y a las actividades pertinentes de las administraciones.

- Reglamento (CE) 2009/2002 por el que se crea el Comité de seguridad marítima y prevención de la contaminación por los buques (COSS) y se modifican los reglamentos relativos a la seguridad marítima y a la prevención de la contaminación por los buques.

- Directiva 2000/59/CE sobre instalaciones portuarias receptoras de desechos generados por buques y residuos de carga. Esta Directiva tiene por objeto garantizar el cumplimiento de las disposiciones del Convenio MARPOL, según las cuales los puertos deben tener instalaciones de recepción adecuadas.

4.2 Paquete Erika II

Conjunto de medidas que debían completar las tres propuestas legislativas presentadas el 21 de marzo de 2000, con el objetivo de aumentar de manera duradera la protección de las aguas europeas del riesgo de accidentes y de contaminación marina. Incluye una propuesta de directiva y dos propuestas de reglamento.

- Directiva 2002/59/CE del Parlamento Europeo y del Consejo, de 27 de junio de 2002, relativa al establecimiento de un sistema comunitario de seguimiento y de información sobre el tráfico marítimo, que deroga la Directiva 93/75/CEE del Consejo.

- Propuesta de Reglamento del Parlamento Europeo y del Consejo relativo a la constitución de un fondo de indemnización de daños causados por la contaminación de hidrocarburos en aguas europeas y medidas complementarias (Fondo Cope), dirigido a indemnizar a las víctimas de mareas negras en aguas europeas que se superpondría a los sistemas CLC (Convenio de Responsabilidad) y Fipol (Convenio del Fondo), vigentes internacionalmente.

- Reglamento (CE) 1406/2002 del Parlamento Europeo y del Consejo de 27 de junio de 2002 por el que se crea la Agencia Europea de Seguridad Marítima (EMSA).

4.3 Paquete Erika III

El objetivo último de este tercer conjunto de instrumentos es reforzar la legislación comunitaria en materia de seguridad marítima y conservar la integridad ambiental del medio marino. Se pretende incidir en el ámbito normativo que regula la inspección de buques y los mecanismos diseñados para garantizar una respuesta en caso de accidente, a través del desarrollo de un marco común para la investigación de accidentes, para lograr la introducción de normas sobre la indemnización de los pasajeros en caso de accidente y el refuerzo del régimen de responsabilidad de las navieras.

- Directiva 2009/15/CE del Parlamento Europeo y del Consejo, de 23 de abril de 2009, sobre reglas y normas comunes para las organizaciones de inspección y reconocimiento de buques y para las actividades correspondientes de las administraciones marítimas (en vigor desde el 17 de junio de 2009).

- Directiva 2009/16/CE del Parlamento Europeo y del Consejo, de 23 de abril de 2009, sobre el control de los buques por el Estado rector del puerto (en vigor desde el 17 de junio de 2009).

- Directiva 2009/20/CE del Parlamento Europeo y del Consejo, de 23 de abril de 2009, relativa al seguro de los propietarios de buques para las reclamaciones de derecho marítimo (en vigor desde el 29 de mayo de 2009).

- Directiva 2009/17/CE del Parlamento Europeo y del Consejo, de 23 de abril de 2009, por la que se modifica la Directiva 2002/59/CE relativa al establecimiento de un sistema comunitario de seguimiento y de información sobre el tráfico marítimo (en vigor desde el 31 de mayo de 2009).

- Directiva 2009/18/CE del Parlamento Europeo y del Consejo, de 23 de abril de 2009, por la que se establecen los principios fundamentales que rigen la investigación de accidentes en el sector del transporte marítimo y se modifican las directivas 1999/35/CE y 2002/59/CE del Parlamento Europeo y del Consejo (en vigor desde el 17 de junio de 2009).

- Directiva 2009/21/CE del Parlamento Europeo y del Consejo, de 23 de abril de 2009, sobre el cumplimiento de las obligaciones del Estado de abanderamiento (en vigor desde el 17 de junio de 2009).

- Reglamento sobre reglas y normas comunes para las organizaciones de inspección y reconocimiento de buques (en vigor desde el 18 de junio de 2009).

- Reglamento sobre la responsabilidad de los transportistas de pasajeros por mar en caso de accidente (en vigor desde el 29 de mayo de 2009, aplicable para la comunidad del Convenio de Atenas desde esta fecha y, en cualquier caso, no más tarde del 31 de diciembre de 2012).

5 La contaminación marina

Nos remitimos al capítulo 9 del presente estudio, dedicado especialmente a la contaminación marina y a su régimen jurídico.

Capítulo 3

El proyecto del buque: el diseño para la seguridad

1 El proyecto del buque basado en los riesgos

De manera tradicional, la seguridad del buque y de su navegabilidad se asegura en las fases iniciales de diseño y proyecto conceptual del buque, a través de los estándares técnicos fijados en la normativa internacional comentada en los capítulos anteriores y la que cada país promulgue en su ámbito nacional (en España, por ejemplo, el Reglamento de inspección y certificación de buques civiles 2000). Esta normativa, iniciada a partir del desastre del *Titanic* hasta nuestros días, supone la proyección de la experiencia acumulada a través de los diferentes accidentes y su superación por la ingeniería y la propia realidad a partir de los errores asumidos.

Sin embargo, desde inicios del siglo XXI, con una mentalidad proactiva en la gestión de la seguridad marítima, aparecen nuevas aproximaciones que toman la evaluación de la seguridad como parte integrante del proceso de diseño del buque, con todos sus elementos. Entre ellos, cabe destacar los siguientes:

- Fijación de unos objetivos funcionales de seguridad.
- Identificación por tipo de buque de los peligros y riesgos (HAZID).
- Seguridad en la operativa del buque y sus potenciales situaciones críticas (HAZOP).
- Opciones de control de riesgos posibles y probables.
- Costes y beneficios del tratamiento del riesgo en relación al coste total del buque, etc.

Los métodos de análisis de los riesgos y de la fiabilidad están adquiriendo una mayor aceptación como instrumentos de apoyo para la adopción de decisiones en las aplicaciones técnicas. La integración de dichos métodos en el proceso de elaboración del proyecto trae como consecuencia el denominado «proyecto basado en los riesgos». Esto constituye una nueva área de creciente interés para investigadores, ingenieros y profesionales de diversas disciplinas relacionadas con el proyecto del buque y de su construcción, funcionamiento y regulación. En el sector marítimo, las aplicaciones de los enfoques basados en los riesgos comenzaron a principios de la década de 1960, con la introducción del concepto probabilista sobre estabilidad con avería del buque. En las décadas posteriores, tuvieron una aplicación más amplia dentro del sector mar adentro, y hoy en día se están adaptando y utilizando en los sectores relacionados con el transporte marítimo y la tecnología de los buques.

En la actualidad, numerosos convenios de la OMI contemplan la aceptación de alternativas a las normativas obligatorias en muchos aspectos pertinentes al proyecto y a la construcción de buques, lo que permite aplicar nuevas metodologías basadas en los riesgos al proyecto del buque y a su aprobación.

A pesar de compartir enfoques conceptuales similares, conviene diferenciar en este momento inicial entre las normas basadas en objetivos GBS *(Goal Based Standards)*, de las que nos ocuparemos en el último capítulo, aplicables en el momento actual sólo a buques petroleros y graneleros, de los proyectos de buques basados en el riesgo, los cuales vamos a tratar a continuación. A pesar de encontrarnos en una fase en gran parte experimental, la relevancia cualitativa de la toma en consideración de los riesgos en la fase inicial del proyecto del buque, supone y supondrá todavía más en el futuro, una nueva dimensión en el tratamiento de la seguridad marítima.

2 El proyecto del buque: la perspectiva tradicional

Podemos definir el concepto de proyecto como «la combinación de recursos, humanos y no humanos, reunidos en una organización temporal para conseguir un propósito determinado».[1] Entendemos como diseño la etapa de un proyecto en la que se valoran las opciones y estrategias que se han de seguir, teniendo como indicador principal el objetivo que se desea lograr. Obviamente, en nuestro caso estamos hablando de la industria marítima y de la construcción de buques o sus componentes. El proyecto del buque se divide en tres fases: proyecto conceptual, proyecto contractual y proyecto de construcción. En el presente apartado vamos a ofrecer una

---

[1] Cleland Davis, S., R. King W., en *System, Analysis and Project Management,* Ed. McGraw-Hill Book Co, 1975.

somera referencia al diseño del buque y al proyecto conceptual, de acuerdo con las características y finalidades de esta obra.

2.1 El diseño del buque es un proceso iterativo y cíclico

El diseño del buque es sumamente dinámico y contempla, a partir de la idea inicial, diferentes fases y alternativas, que obligan a evaluar los postulados iniciales y a desecharlos o plantear nuevas opciones. En ese sentido, hablamos de un proceso iterativo (del latín *iter,* camino). Como hemos visto, el proceso de diseño puede dividirse en fases, en función de la precisión de la definición del proyecto. Para conseguir los objetivos de cada una de esas fases, es necesario desarrollar cada uno de

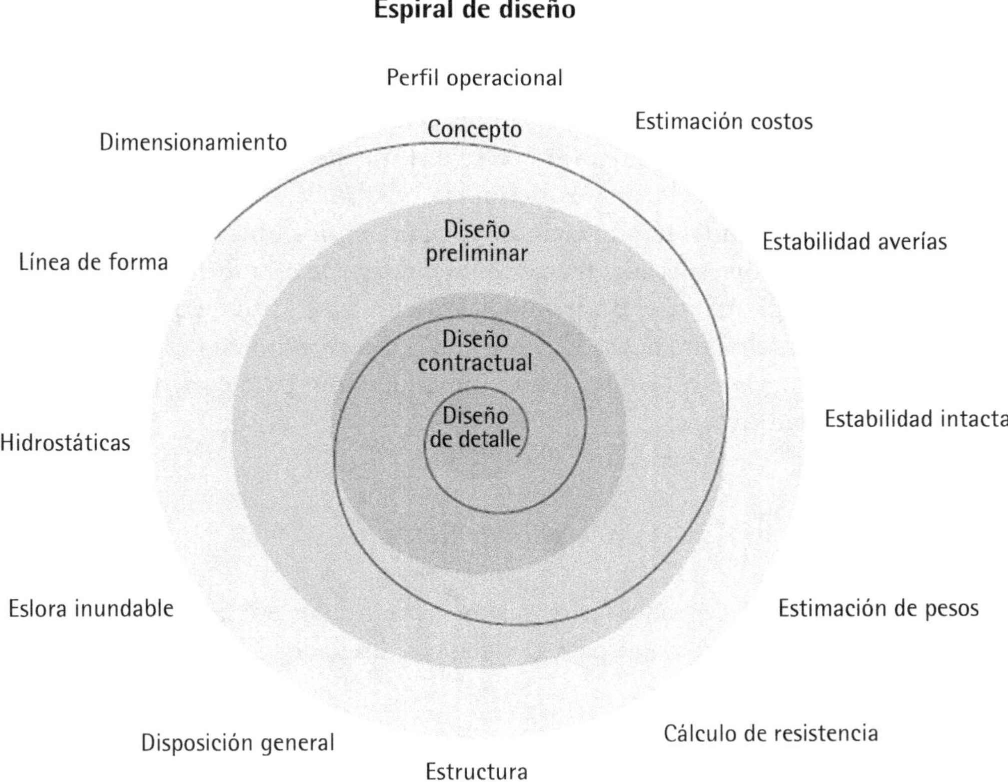

Figura 3.1. Espiral de diseño (fuente: Aranibar L.E.-Callamand R.L., en Ship Science & Technology, vol, 2, núm. 3; Análisis de requerimientos mediante la aplicación de AHP como base para el desarrollo del diseño conceptual de un buque tipo LCU).

los aspectos que componen el proyecto de un buque. En algunos casos, el proceso iterativo puede sustituirse por un análisis de diferentes alternativas o de análisis de opciones. Este tipo de actuación se lleva a cabo en múltiples ocasiones, cuando la complejidad del diseño imposibilita un desarrollo iterativo. Las conclusiones de estos análisis llevarán a elegir la opción óptima de entre las consideradas.

Estas características del proyecto del buque hacen que habitualmente se represente de manera esquemática en forma de espiral, la llamada espiral de diseño, que representa esos dos aspectos de iteratividad y ciclicidad.[2]

2.2 Definición de objetivos

Una de las primeras fases que es vital realizar antes de iniciar un proyecto es la definición de los objetivos. Estos, deben estar ordenados jerárquicamente en forma de lista priorizada que facilite la toma de decisiones en el caso de soluciones contradictorias o cuando se planteen situaciones incompatibles.

Conviene diferenciar entre los aspectos esenciales, las llamadas *especificaciones de diseño*, de otros aspectos accesorios y que, por tanto, pueden ser modificados si su cumplimiento implica un coste excesivo. En general, estas especificaciones de diseño estarán en muchos casos definidas por las características fijadas por la naviera. Es recomendable que cuando se planteen los objetivos, se haga con mentalidad abierta, sin especiales fijaciones mentales. De otra forma, los objetivos limitarían innecesariamente el desarrollo del diseño, en el caso de que el proyecto final no siga el inicialmente pensado. En tecnologías experimentales, es recomendable la utilización de prototipos, que se tomarán como base para determinar la especificación definitiva.

2.3 Principios básicos del proyecto del buque

El proyecto debe satisfacer todos los requisitos especificados por la naviera. En cualquier caso, resulta de gran ayuda para el ingeniero diseñador que aquélla establezca

---

[2] En relación al proyecto del buque, véanse por todos: Vázquez Álvarez, A., *Apuntes de la asignatura de Proyectos,* Universidad de Cantabria, 2014; Alvariño Castro, R., Azpiroz Azpiroz, J.J., Meizoso Fernández, M., en *El proyecto básico del buque mercante,* Ed. Col. Ing. Navales, Madrid, 1997; Watson D.G.M., *Practical Ship Design.* vol. I., Ed. Elsevier Ocean Eng. Book Series, Oxford, 1998; IME en *La Integración de procesos en la construcción naval,* Ed. Instituto Marítimo Español, Madrid, 2006.

un orden de prioridades en las especificaciones, para el caso excepcional en el que se considere inviable el cumplimiento de todas ellas.

El proyecto del buque debe cumplir todos los requisitos legales aplicables, que incluyen convenios internacionales y legislación nacional que tratan sobre diseño, estructura, equipo, propulsión o habitabilidad, entre otros. Asimismo, se deben cumplir otros requisitos definidos por la buena práctica marinera, la inobservancia de la cual puede resultar negativa para la operatividad y seguridad de la tripulación. Se debe considerar prioritario que cada función se realice en el barco de la manera más eficiente posible. Para ello, se elegirá una situación y un espacio adecuados para todos los servicios, de manera que la maniobra sea segura y eficiente en todas las condiciones de navegación, aplicando cuando sean factibles los principios de ergonomía. Es evidente que este requisito obligará a tener que armonizar situaciones u opciones contradictorias. En ese caso, debe darse preferencia al servicio que tenga una mayor contribución al rendimiento global del buque.

Se ha de considerar en todo momento el impacto de las decisiones técnicas en la actuación de la futura tripulación. El rendimiento de un buque depende de manera significativa de la eficacia de las personas que lo manejan, por lo que una característica que pueda ser fuente de problemas, debe evitarse. Para asegurar el funcionamiento eficiente de un buque, los tripulantes deben tener la capacidad de desplazarse, rápida y fácilmente desde sus alojamientos a sus puestos de tra-bajo. Asimismo, los medios de evacuación deben ser lo suficientemente ágiles. No deben existir espacios inútiles. Además, todas las partes del buque deben ser accesibles para los trabajos de mantenimiento. La preocupación social por los aspectos medioambientales se está viendo reflejada en la legislación pero, más allá de su cumplimiento, la búsqueda de la reducción del impacto ambiental en la construcción y operación, así como las posibilidades de reciclaje al final de la vida útil, debe estar entre los objetivos del desarrollo del proyecto desde su fase inicial.

2.4 Las fases del proyecto del buque

El proyecto del buque tradicionalmente se divide en tres fases, algunos autores (por ejemplo, Vázquez Álvarez), hablan de cinco etapas: proyecto conceptual, proyecto preliminar, proyecto contractual, proyecto de clasificación y proyecto de detalle o construcción. En nuestro caso estas dos últimas las integramos en el proceso de construcción:

1) Proyecto conceptual. Tiene por objeto determinar la viabilidad del proyecto y supone el establecimiento de los requisitos funcionales básicos que definen la misión del buque. Se parte de unos datos muy básicos (peso muerto, capacidad de carga, velocidad, dimensiones principales y sus relaciones, coeficientes de carena, entre otros) a partir de los cuales debe definirse una combinación de mayor rendimiento económico. Sus resultados principales son:

   – Determinación de la viabilidad del proyecto.
   – Estimación del coste de la obra (construcción y operación).
   – Definición de las especificaciones de la obra.

2) Proyecto contractual. El desarrollo de esta fase obedece a la necesidad de ofrecer soporte técnico al contrato de construcción del buque. Incorpora las actividades del proyecto encaminadas a comprobar que se cumplen los

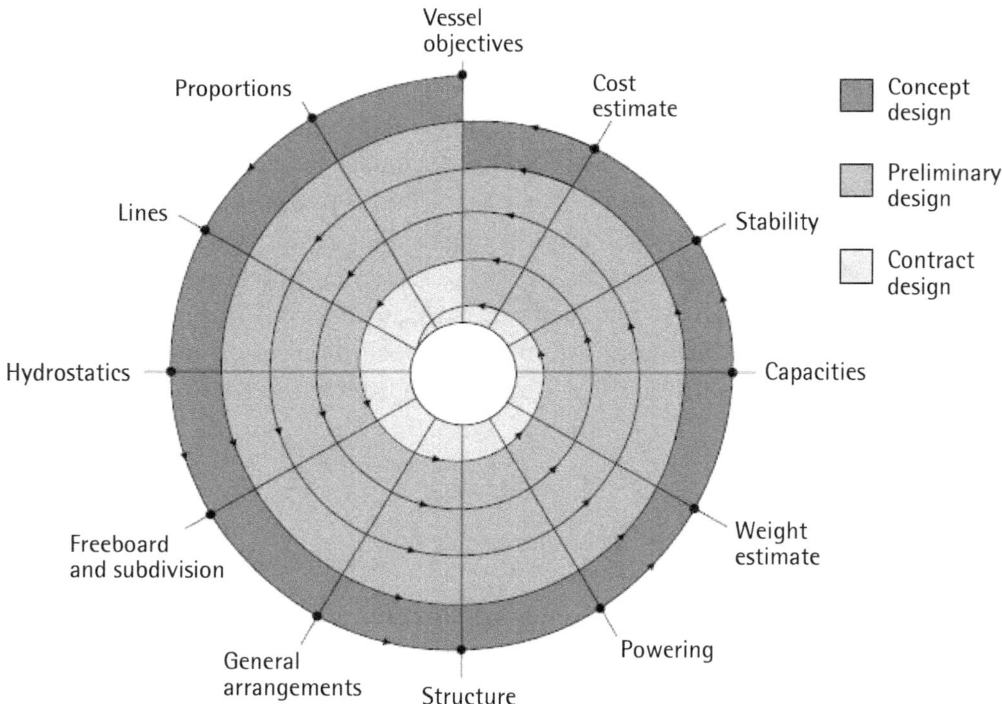

Figura 3.2. Espiral de diseño, con especificaciones contractuales
(fuente: http://arquitecturabuque.blogspot.com.es/).

requerimientos impuestos, tanto comerciales como de seguridad, con unos márgenes adecuados. El resultado de este proceso es el desarrollo de un contrato de construcción.

Es habitual identificar dos partes en la fase de proyecto contractual: el proyecto preliminar, que incluye las actividades de elaboración del diseño necesarias para dar soporte a la oferta del constructor y el proyecto contractual propiamente dicho, que proporciona soporte técnico al contrato.

3) Proyecto de construcción. Ha de contener, una definición suficientemente precisa de las características de la obra (disposición general, potencia propulsora, potencia eléctrica, sistemas de carga, etc.) y las calidades de los materiales, sus costes y la oferta económica del constructor.

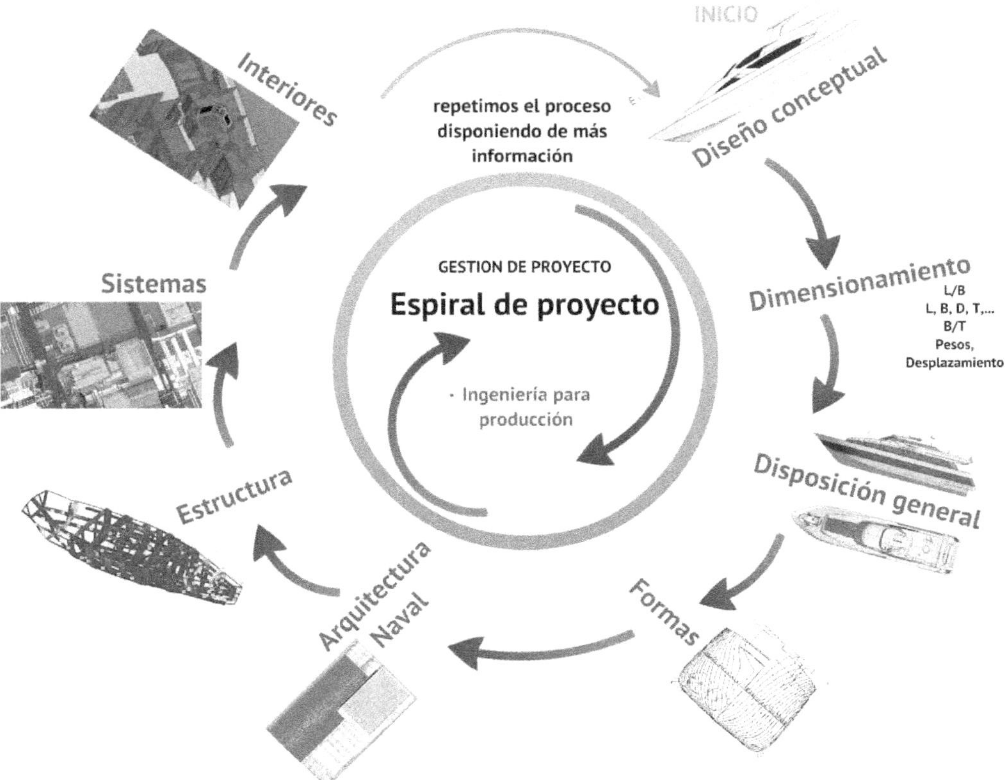

Figura 3.3. Espiral de proyecto e ingeniería para la producción
(fuente: cortesía de William Pegram).

Incluye el desarrollo pleno del proyecto hasta la obtención de toda la documentación necesaria para la construcción de la obra. El resultado de este proceso es:

— Elaboración de todos los documentos que se requieren para la aceptación del inicio de la obra por parte de las autoridades y la aprobación de la misma por la sociedad de clasificación correspondiente u otras entidades reguladoras.
— Planificación y desarrollo del proceso constructivo.
— Elaboración de planos detallados y otro tipo de documentos necesarios para apoyar el proceso constructivo.
— Elaboración de documentación y manuales para el uso y mantenimiento de equipos y sistemas.

Es asimismo habitual subdividir esta fase en:

— El denominado proyecto de clasificación, que incluiría las actividades necesarias para obtener aprobación de la obra por parte de la sociedad de clasificación correspondiente u otras entidades reguladoras.
— El proyecto de construcción propiamente dicho.

2.5 El proyecto conceptual

Como ya se ha indicado, el objeto de esta fase es la determinación de la viabilidad del proyecto. Habitualmente, se parte de unos datos muy básicos (peso muerto, capacidad de carga, velocidad, dimensiones principales y sus relaciones, coeficientes de carena, entre otros) a partir de los cuales se debe definir una combinación de mayor rendimiento económico. En el caso más general, el análisis se hace para una flota de buques, dado un volumen de mercancías que se ha de transportar en unas rutas geográficas determinadas y teniendo en cuenta las limitaciones económicas de la inversión para cada opción. En cada caso se lleva a cabo una simulación, haciendo un cálculo de tiempos (simulación de movimientos, simulación de actividades de carga y generación de un calendario de flota), cálculos de capacidad (cantidad de carga y consumo de combustible) y cálculo de costes (coste de construcción, coste operacional de la flota e ingresos provenientes del flete). Los resultados de este proceso son:

– Determinación de la viabilidad o no del proyecto.
– Estimación del coste de la obra (construcción y operación).
– Definición de las especificaciones.

Las especificaciones resultado del proyecto conceptual, habitualmente incluyen:

– Número de buques.
– Vida útil.
– Rutas contempladas.
– Capacidad de carga.
– Peso muerto.
– Número de tripulantes y pasajeros.
– Sistema de manejo y almacenamiento de carga y su capacidad.
– Autonomía.
– Velocidad en pruebas a plena carga.
– Tipo de planta propulsora.
– Posibles factores limitativos (por ejemplo, limitaciones en calado o fenómenos meteorológicos).
– Reglamentos nacionales aplicables y otras regulaciones que se deban cumplir.
– Sociedad de clasificación y cota a obtener.

Asimismo, el desarrollo del proyecto conceptual implica:

– Estudio de mercado y predicción del flujo de carga entre pares de puertos en el área de navegación.
– Análisis de puertos (congestión, tarifas, velocidad de manejo de carga, equipamiento) y elección de rutas de navegación.
– Llevar a cabo proyectos conceptuales para diferentes tipos de buques. Se puede partir inicialmente de las dimensiones principales, velocidad y una estimación del coste de construcción. A estos datos se debe añadir la experiencia de la naviera y del diseñador y diferentes bases de datos.
– Optimización o elección de una banda (conjunto de configuraciones) óptima. Para ello se requiere la elección de la cifra de mérito (criterio de optimización) adecuada.
– Estudios de sensibilidad.
– Análisis del efecto sobre la cifra de mérito de la variación de las diferentes variables.

La realización de las tareas mencionadas anteriormente, habitualmente se lleva a cabo mediante programas de ordenador capaces de simular la operación de una flota de buques, definidas unas rutas de navegación. Estos programas requieren la automatización del proceso de selección de la mejor alternativa, para lo que se utiliza la cifra de mérito. Esta es un criterio de optimización (decisión) para la elección de la mejor configuración, que puede ser evaluado numéricamente. Los más comunes son:

- *Coste de construcción mínimo.* Es un criterio ventajoso para el astillero, aplicable si el buque ya está contratado o cuando se quiere hacer una oferta muy económica.
- *Inversión total mínima* (coste de construcción + gastos de la naviera). Es un criterio ventajoso para la naviera si sólo le interesa minimizar el coste inicial.
- *Coste de ciclo de vida mínimo* (coste de construcción + gastos de la naviera + gastos operativos anuales actualizados). Es un criterio de la naviera que tiene en cuenta los gastos operativos (pero no los ingresos).
- *Flete requerido mínimo.* Es un criterio de la naviera que elige como mejor opción aquella que requiere el menor flete mínimo para comenzar a dar beneficio.

2.6 Conclusión

Como puede verse en este resumen acerca del proyecto del buque, las referencias a la seguridad marítima se limitan al cumplimento de la normativa preceptiva obligatoria y, en su caso, a las reglas de las sociedades de clasificación. En el tratamiento clásico, el cumplimiento de la normativa de seguridad, opera más como una limitación del diseñador o cuando menos una traba burocrática que hay que conllevar.

El nuevo planteamiento del diseño basado en la seguridad, radica en incorporar un tratamiento de los riesgos y peligros del buque (HAZID) y de sus aspectos operativos y funcionales (HAZOP) en las fases iniciales del proyecto. Obviamente, el tratamiento de los riesgos debe ser particularizado en atención a la tipología y funcionalidad del buque. Con la utilización de un enfoque basado en los riesgos, se podrá optimizar el proyecto de un buque existente mucho más de lo que sería posible mediante un proceso de proyecto convencional. Pasamos de un enfoque limitativo a una perspectiva integradora mucho más estimulante.

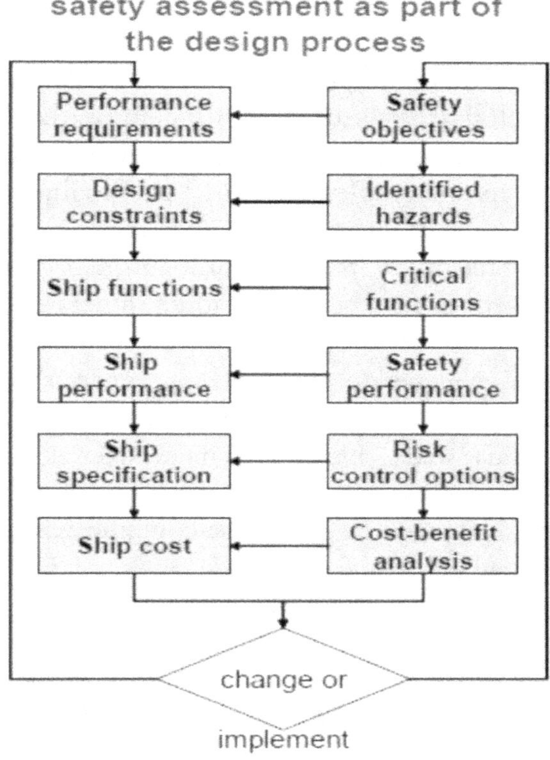

Figura 3.4. La evaluación de seguridad como parte del proceso de diseño
(fuente: DNV www.research.dnv.com/skj/.../2009-10-21-NTNU.pd).

3 Antecedentes: la aplicación del cálculo probabilístico a la estabilidad de los buques

La evolución de los criterios de estabilidad en averías de los buques de pasaje parte tradicionalmente del método de esloras inundables (cálculo a partir de la eslora, calado y formas del buque), vigente desde finales del siglo XIX hasta la conferencia SOLAS de 1929, a partir de la que se complementó con cálculos determinísticos.[3] Estos últimos se basan en cálculos precisos para determi-

---

[3] Véase Míguez González, M., Caamaño Sobrino, P., Díaz Casás, V. y Martínez López, A., en «Implicaciones de la Resolución IMO MSC 194 (80) en el Diseño de Buques Ro-Pax», disponible en www.gii.udc.es/.../Implicaciones_MSC_194_80_RO-PAX_miguez_sobri.

nar parámetros tales como la longitud permisible de compartimentos, requerimientos especiales relativos a la subdivisión, estabilidad en caso de avería y otros factores. La efectividad de estos métodos se puso en cuestión en la conferencia SOLAS de 1960, tras el hundimiento del trasatlántico *Andrea Doria,* entrando en vigor los nuevos criterios probabilísticos para buques de pasaje (Resolución A. 265) en la asamblea de 1974.[4] La Resolución A. 265 usa una aproximación completamente diferente, conocida como método probabilístico, mediante la que se trata de establecer la probabilidad de que un buque no zozobre ante un evento que ocurra con cierto daño para el buque (valor de la relación A/Amáx).[5]

El grado de subdivisión requerido para cada buque se determina por una fórmula conocida en los requerimientos del índice R de subdivisión. Esto es así calculando que el grado de seguridad requerido se incrementa con el número de pasajeros transportados y la eslora del buque. Estas fórmulas pueden ser usadas para calcular el índice A de subdivisión logrado. El grado de subdivisión del buque es considerado suficiente si la estabilidad del buque en la condición de daño cumple los requerimientos de las normas y si el índice A de subdivisión no es menos que el índice R de subdivisión.

Las notas de guía expedidas por la OMI que ayudan a la aplicación de esos requerimientos establecen que el índice A de subdivisión logrado «se basa en el concepto de la probabilidad de supervivencia del buque en caso de colisión».

Las notas establecen que para el desarrollo de este concepto se asume que el buque está dañado. Desde que la localización y el tamaño del daño son al azar, no es posible definir qué parte del buque llegará a inundarse. Sin embargo, la

---

[4] Véase Rodrigo De Larrucea, J., en «Seguridad en buques de pasaje y transbordo rodado-Ro/Pax» (http://hdl.handle.net/2117/2513); «Seguridad en buques de pasaje» (http://hdl.handle.net/2117/2769); «Últimos desarrollos en materia de seguridad aplicable a los buques de pasaje y a los buques de pasaje con transporte rodado. Especial referencia al paquete Erika III» (http://hdl.handle.net/2117/13056).

[5] La relación A/A proviene del inglés *always afloat* siempre a flote, y máx. se refiere al valor máximo. Es un cálculo para evaluar las características de conservación de la flotabilidad de los buques de pasaje de transbordo rodado. La relación A/Amáx no es un índice de supervivencia. Está basado en un criterio probabilístico promulgado por la OMI para la comprobación de la estabilidad después de averías y realmente representa un índice de mérito, que permite comparar un barco con otro y definir una jerarquía en el conjunto, en las fechas progresivas de entrada en vigor. Conviene destacar que no se trata de una norma sobre conservación de la flotabilidad. La relación A/Amáx. está relacionada con la permeabilidad (porcentaje de agua que puede llenarse un compartimento estanco) y la capacidad del buque de mantenerse a flote con un número determinado de compartimentos adyacentes inundados en caso de avería.

probabilidad de inundación de un espacio puede determinarse si la probabilidad de la ocurrencia de ciertos daños es conocida; la probabilidad de inundación de un espacio es igual a la probabilidad de ocurrencia de todos aquellos daños los cuales solamente están abiertos al espacio considerado. Por lo tanto, un espacio es una parte del volumen del barco el cual está rodeado por divisiones estructurales estancas no dañadas.

La probabilidad de mantenerse a flote es la suma de los productos de cada compartimento o grupo de compartimentos, de la probabilidad que un espacio es inundado multiplicado por la probabilidad de que el buque no volcará o se hundirá con el considerado espacio inundado.

El hundimiento del *Herald of Free Enterprise,* en 1987, hizo que se aplicase a los buques de pasaje de transbordo rodado la norma conocida por SOLAS 90, la cual incluye mayores requisitos de brazos adrizantes tras una avería y otros criterios que tienen en cuenta el efecto de viento, el balance, el pasaje y las embarcaciones de supervivencia a una banda. Asimismo, en 1990 se aprobó el método probabilístico de cálculos de estabilidad en avería en buques de carga de más de 100 metros de eslora (que en 1996 se reduciría a 80 metros), que se recoge en la nueva parte B-1 del capítulo II-1 del SOLAS MSC.19 [58]).

En 1992, se endurecieron los requisitos de estabilidad con averías aplicables a los buques de pasaje de transbordo rodado, incluyendo los buques construidos antes de 1990. Y de nuevo, en 1994, tras el hundimiento del transbordador *Estonia*, se produjo un nuevo endurecimiento en los criterios de estabilidad tras averías aplicables a los buques de este tipo, así como de todos los buques de pasaje en 1997.

También se propuso, sin éxito, la adopción de medidas regionales para obligar al cumplimiento de las reglas SOLAS 90 con agua embarcada en las cubiertas garaje. Sin embargo, ocho países europeos firmaron, en 1996, el llamado Acuerdo de Estocolmo, en que se obliga a los buques de pasaje de transbordo rodado a cumplir con las reglas de SOLAS 90, con una cantidad de agua en la cubierta garaje dependiente de la altura significativa de oleaje de la zona donde navegue, para buques que navegasen entre sus puertos. Este acuerdo se elevó a la directiva de la Unión Europea en 2003, para buques de línea regular dentro de la UE, hecho precedido por el hundimiento del transbordador griego *Express Samina* en el año 2000.

El hundimiento del *Estonia* produjo también la reacción de la OMI, que utilizando los resultados obtenidos en el proyecto Harder *(Harmonization of Rules and Design Rationale)* de la UE aprobó, en 2005, la Resolución MSC 194 (80), en la que se recogen los nuevos criterios armonizados de estabilidad con averías para buques de carga y de pasaje.[6] Este conjunto de criterios probabilísticos supone un gran cambio respecto a los criterios utilizados hasta el momento, principalmente en el caso de los buques de pasaje, ya que la mayor parte de ellos se diseñan siguiendo criterios determinísticos. Esta resolución es de aplicación a todos los buques de pasaje y a los de carga de más de 80 metros que sean construidos a partir del 1 de enero de 2009.[7]

4 Directrices para la aprobación de los proyectos de buques basados en los riesgos MSC86/5/3 (2009)

Señalada anteriormente la diferencia conceptual existente con las normas basadas en objetivos (GBS) y a pesar de compartir áreas comunes, procede analizar la resolución de la OMI MSC 85/5/3. Conviene advertir en la actualidad su carácter altamente experimental y la dispersión normativa existente en la propia OMI, lo cual no impide constatar la existencia de una tendencia consolidada y que empieza a obtener resultados prácticos y reales.

4.1 Motivos para la elaboración de proyectos basados en los riesgos

El proyecto del buque basado en los riesgos constituye una metodología que comprende enfoques probabilistas y basados en los riesgos en el proceso de elaboración

---

[6] En el proyecto Harder (armonización de reglas y diseño racional), surgido en marzo de 2000 en el marco del V Programa Marco de Investigación de la UE, participó un consorcio de 19 organizaciones de la industria y el mundo académico. Tenía por objeto investigar sistemáticamente la validez, la coherencia y el impacto de las normas armonizadas sobre estabilidad con avería en la seguridad de los buques existentes y sobre la evolución del diseño de diversos tipos de nuevos conceptos de buques. La edición del Convenio SOLAS, de mayo de 2005, ha tenido en cuenta los resultados del proyecto Harder. Las nuevas enmiendas desarrolladas durante la última década se basan en el método 'probabilístico' para determinar la estabilidad con avería. Debido a que utiliza la evidencia estadística sobre lo que realmente sucede cuando los barcos colisionan o abordan, se cree que el método probabilístico puede ser mucho más realista que el método 'determinista' utilizado anteriormente. El enfoque probabilístico va a tener un impacto significativo en el diseño de los buques futuros. Las nuevas enmiendas al Convenio SOLAS han entrado en vigor en enero de 2009. En línea similar en el VI Programa Marco se desarrolló el Proyecto Cordis.

[7] Véase De Juana Gamo, J., López Pulidor, R. y Pacha Vicente E., en «La estabilidad de buques en la Organización Marítima Internacional y la contribución de España» (2006), disponible en (canal.etsin.upm.es/publicaciones/artículos/PULIDO_ETAL_06.pdf). Analiza la contribución de España en la OMI sobre la estabilidad y la aplicación de esta a buques especiales: pesqueros, remolcadores, etc.

de proyectos, cuando se trata de proyectos de buques individuales y proyectos de sistemas de los buques. En lo sucesivo, ambos recibirán la denominación de proyecto del buque.

Recientemente, se ha incentivado la posibilidad de acelerar la innovación e introducir tecnologías de carácter innovador en el proyecto y la construcción de los buques. Se trata de una tendencia que muy probablemente seguirá creciendo. Por ejemplo, el incremento de los precios de los combustibles, junto con normas más estrictas sobre las emisiones procedentes de los buques, motivarán la elaboración de nuevas soluciones que permitan el ahorro de combustible y la eficacia del transporte marítimo. Esto se puede conseguir, por ejemplo, mediante tecnologías de máquinas de carácter innovador o mediante la reducción del peso del buque utilizando otros materiales en su construcción. Otros factores que impulsan la innovación comprenderían la necesidad de disponer de proyectos nuevos y modificados que satisfagan las nuevas prescripciones operacionales.

Asimismo, cabe la posibilidad de que las innovaciones se necesiten para satisfacer las nuevas prescripciones normativas de forma eficaz en función de los costes. Por ejemplo, las nuevas prescripciones relativas a la estabilidad con avería y a la protección de los tanques de carga pueden incentivar soluciones de proyecto innovadoras. Estas soluciones también podrán resultar importantes en muchas otras áreas relativas a la eficacia, la seguridad, la protección marítima y la sostenibilidad medio ambiental de las operaciones de los buques.

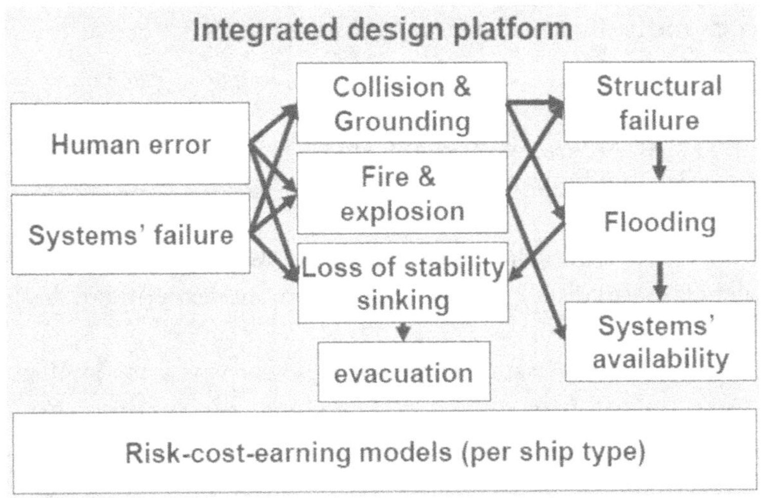

Figura 3.5. Modelo de beneficios coste y riesgo
(fuente: DNV (www.research.dnv.com/skj/.../2009-10-21-NTNU.pd).

4.2 Trabajos de la OMI en relación a los proyectos basados en el riesgo. Marco regulatorio basado en el riesgo

Hoy en día muchos convenios de la OMI contienen disposiciones relativas a la aceptación de alternativas a las prescripciones normativas pertinentes en muchos aspectos al proyecto y la construcción de los buques, lo que permite la aplicación de enfoques basados en los riesgos al proyecto del buque y su aprobación. Por ejemplo:

- En el Convenio internacional para la seguridad de la vida humana en el mar (Convenio SOLAS), 1974, enmendado, existen disposiciones generales relativas a las equivalencias (regla 5 del capítulo I). Además, la nueva regla 17 del capítulo II-2 facilita una metodología relativa a los proyectos y disposiciones alternativos de seguridad contra incendios.

- Las recientes enmiendas al Convenio SOLAS, adoptadas mediante la resolución MSC. 216 (82), que entraron en vigor el 1 de julio de 2010, facilitan metodologías similares relativas a los proyectos y disposiciones alternativos para instalaciones eléctricas y de máquinas (regla II-1/55) y para dispositivos y medios de salvamento (regla III/38). Además, será necesario contar con el uso extendido de análisis de los sistemas, de los riesgos y de la fiabilidad a fin de demostrar el cumplimiento de las normas de funcionamiento para el regreso a puerto en condiciones de seguridad de los buques de pasaje prescritas por las reglas II-1/8-1, II-2/21.4, II-2/21.5.1.2 y II-2/22.3.1 del Convenio SOLAS, adoptadas mediante la resolución MSC. 216 (82).

- En la regla I/5 del Convenio internacional para prevenir la contaminación por los buques (MARPOL) figuran las disposiciones generales sobre equivalencias análogas a las que figuran en la regla 5 del capítulo I del Convenio SOLAS.

- En el Convenio internacional sobre líneas de carga figuran disposiciones sobre equivalencias (artículo 8) y aprobaciones con fines experimentales (artículo 9).

La OMI ha publicado bastantes directrices relativas a los análisis prescritos por dichas reglas sobre proyectos y disposiciones alternativos. En la Circular MSC/Circ.1002 figuran directrices para la seguridad contra incendios, mientras que en la Circular MSC.1/Circ.1212 tratan de los capítulos II-1 y III del Convenio SOLAS, y mediante la Resolución MEPC.110 (49) se adoptaron directrices provisionales para la aprobación de otros métodos de proyecto y construcción de los petroleros. No obstante, todas estas directrices comparten la característica de que únicamente facilitan una orientación limitada respecto del proceso de aprobación de proyectos de buques basados en los riesgos.

En la circular MSC/Circ.1023-MEPC/Circ.392, con una edición refundida que incluye las enmiendas adoptadas por el MSC 80 y el MSC 82 que figuran en MSC 83/INF.2, se facilitan las directrices relativas a la evaluación formal de la seguridad (EFS) para su utilización en el proceso normativo de la OMI. Diversos estudios relativos a la EFS presentados a la OMI han demostrado las posibilidades de aplicación de los enfoques basados en los riesgos para la elaboración de reglas.

Así pues, a nivel de la OMI, existen documentos disponibles relativos al proyecto del buque basado en los riesgos y su aprobación, aunque de un modo disperso. A continuación se presenta una interpretación de la utilización de los enfoques basados en los riesgos en el proyecto del buque y la aprobación basada en los riesgos, a partir de la Circular MSC 86/5/3. Dicha interpretación es aplicable a todos los

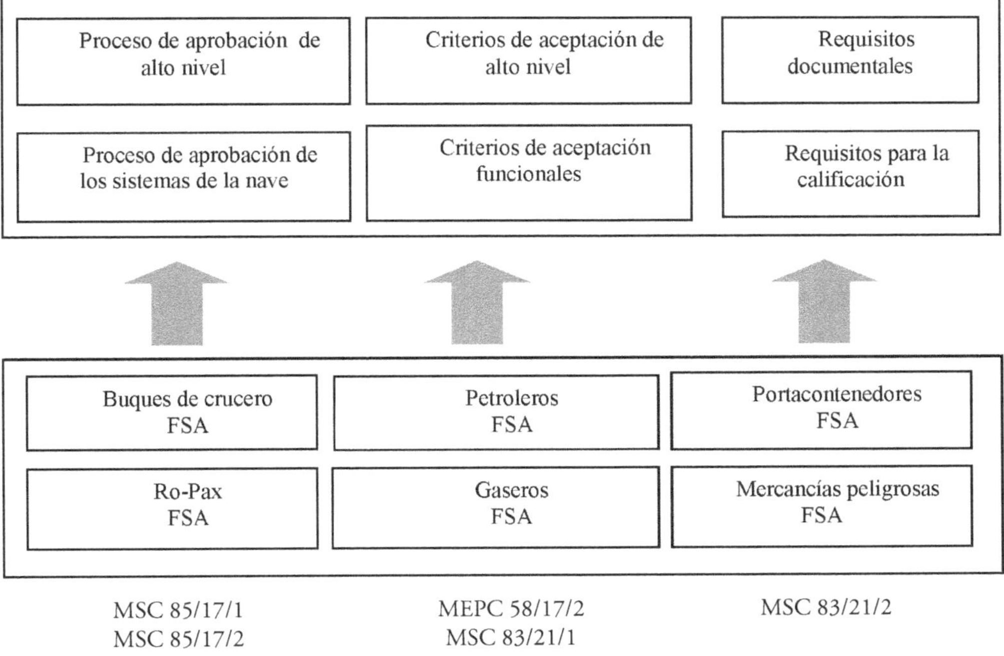

Figura 3.6. Marco regulatorio basado en el riesgo, por tipo de buque y circulares OMI. FSA Formal Safety Assessment o Evaluación formal de seguridad (EFS).

aspectos relativos al proyecto del buque y no se limita a aspectos normativos o técnicos concretos.

La finalidad de las directrices es que sean utilizadas por autoridades y clientes/equipos de diseño del proyecto, llegado el momento de hacer frente a un proceso de aprobación de un proyecto del buque basado en los riesgos, y sirven para ofrecer una orientación sobre diversos aspectos que deben examinarse al entrar a formar parte del proceso. Esto incluye el proceso en general, breves listados de documentos necesarios y consideraciones al respecto, así como evaluaciones de los requisitos necesarios en materia de formación para concluir el proceso de forma satisfactoria. En un capítulo final sobre el funcionamiento de los buques o los sistemas de los buques basados en los riesgos, se plantea un estudio de las exigencias normativas y se formulan sugerencias relativas a los documentos que han de llevarse a bordo.

5 Aplicación de las directrices

Las directrices nacen con la finalidad de que sean aplicadas cuando llegue el momento de aprobar proyectos de buques basados en los riesgos en general y, concretamente, cuando dicha aprobación se realice de conformidad con las disposiciones facilitadas para el proyecto y las disposiciones legales que resulten aplicables. Por ejemplo:

- SOLAS
  - Regla I/5: Equivalencias.
  - Regla II-2/17: Proyectos y disposiciones alternativos.
  - Nueva regla II-1/55: Proyectos y disposiciones alternativos.
  - Nueva regla III/38: Proyectos y disposiciones alternativos.

- MARPOL
  - Regla I/5: Expedición o refrendo de certificado.
  - Regla I/19 5: Prescripciones relativas al doble casco y al doble fondo aplicables a los petroleros entregados el 6 de julio de 1996 o posteriormente.

- Líneas de carga
  - Artículo 8: «equivalencias».

Las directrices sirven para exponer, en líneas generales, la metodología relativa al proceso de aprobación basado en los riesgos cuya aprobación se solicita por tra-

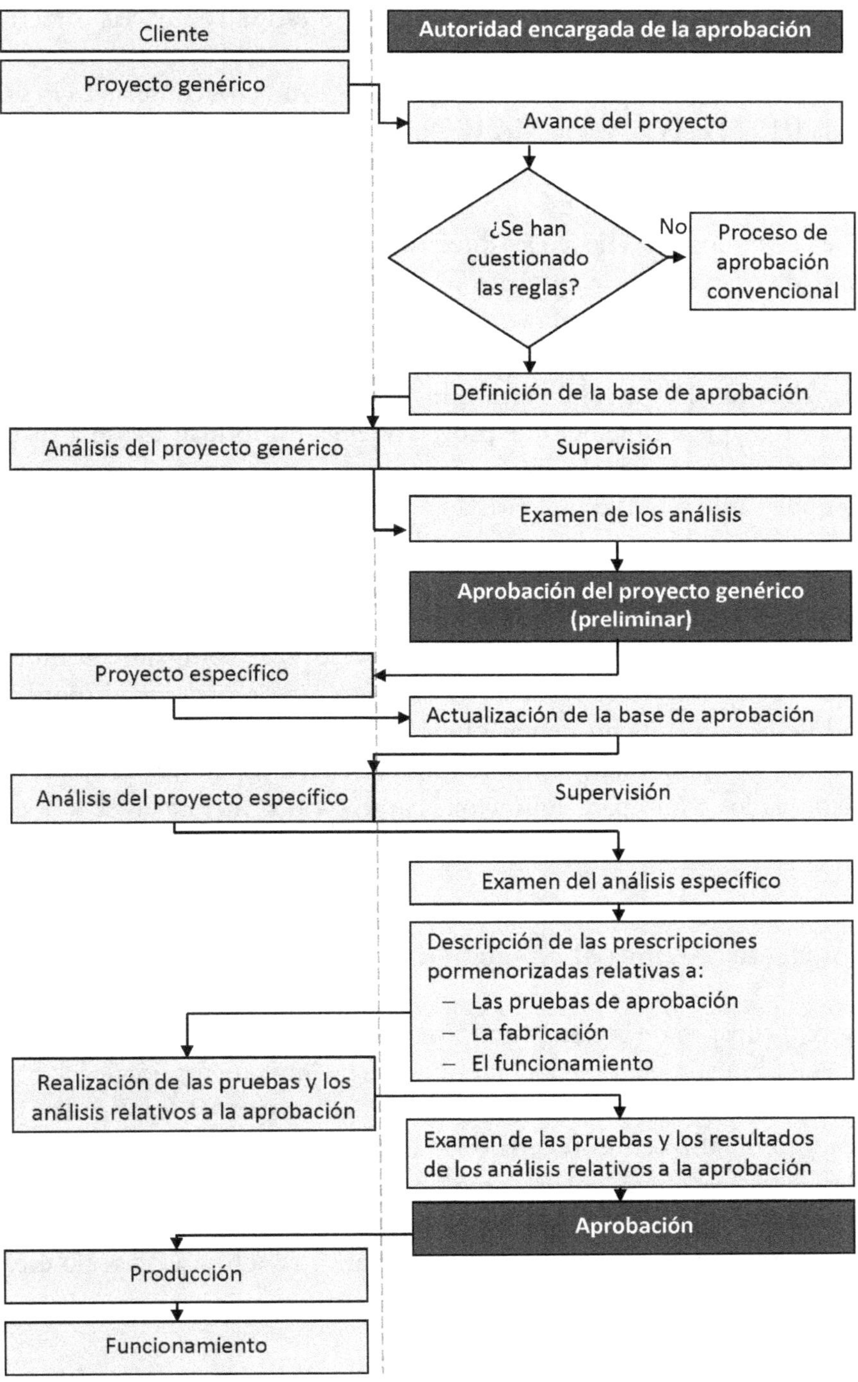

Figura 3.7. Gráfico de aplicación del modelo de las normas basadas en el riesgo.

tarse de un proyecto alternativo que difiere de lo estipulado en las prescripciones normativas.

Para la aprobación de proyectos alternativos de petroleros conforme a lo dispuesto en la regla I/19 5) del Convenio MARPOL, se toma nota de que tales proyectos conceptuales están en principio sujetos a aprobación por parte del Comité de Protección del Medio Marino (MEPC). Esto no significa que la metodología y los procesos expuestos en términos generales en las directrices no sean aplicables pero, en tales casos, la autoridad encargada de la aprobación del proyecto conceptual será dicho comité.

Al aplicar las directrices, habrá que tener en cuenta la sustitución de las medidas de proyecto para reducir el riesgo por las medidas operacionales o de procedimiento. Normalmente, esto no está permitido, y se habrá de actuar con especial cautela para garantizar que las medidas de proyecto tengan prioridad frente a las medidas operacionales o de procedimiento.

Para que la aplicación resulte satisfactoria, todas las partes interesadas, incluidas la Administración o sus representantes designados, las compañías propietarias y las operadoras, los proyectistas y las sociedades de clasificación, mantienen una comunicación fluida desde los inicios de una propuesta específica para utilizar las directrices. Justificado por un mayor rigor técnico, si se compara con un proyecto típico que se rige por las reglas, en este enfoque suele ser preciso disponer de una cantidad de tiempo mucho mayor que se habrá de dedicar a los cálculos y a los documentos. Los posibles beneficios comprenden más opciones, proyectos eficaces en función de los costes para aplicaciones únicas y una mejora en el conocimiento de las posibles pérdidas.

6 El proyecto Safedor: el diseño para la seguridad

El consorcio europeo de investigación Safedor tuvo como objetivo central el diseño de buques en función del riesgo y sus esquemas de implementación legal. Safedor es un proyecto iniciado en 2005, integrado en el 6º Programa Marco de la Comisión Europea, que finalizó en 2009. Bajo la coordinación de la sociedad de clasificación Germanischer Lloyd, participaron 53 empresas (astilleros, consultoras, etc.) y organizaciones (sociedades de clasificación, administraciones, etc.) que representan a todas las partes implicadas en la industria marítima europea. El socio español de referencia fueron los astilleros Navantia.[8]

---

[8] Véase la web oficial, en www.safedor.org.

Safedor ha desarrollado una nueva metodología de integración de enfoques probabilísticos, basada en el riesgo en el diseño y la aprobación de los procesos para el diseño de los buques y sistemas de la nave. La seguridad se incluye y se concibe como un objetivo de diseño adicional y evaluable a los tradicionales requisitos de diseño del buque clásicos como la velocidad, capacidad, resistencia, etc. El riesgo es utilizado como instrumento objetivo para evaluar la eficacia de los cambios de diseño con respecto a la seguridad. La idea principal en el proyecto Safedor fue el concepto *diseño para la seguridad*, el cual describe la integración de la seguridad como un objetivo en el proceso de diseño para minimizar el riesgo, junto con los objetivos tradicionales, como minimizar los requisitos de energía y maximizar la capacidad de carga.

Inicialmente, se decidió centrarse sólo en los cuatro tipos de buques más representativos y de mayor significación económica para Europa: cruceros, ro-ro/ro-pax, gaseros y portacontenedores. Más tarde, se incluyeron también los petroleros. Se espera que estos buques y su tecnología se vean favorecidos por el nuevo enfoque basado en el riesgo y que la eliminación de las restricciones regulatorias abra la puerta a nuevos diseños innovadores y, por lo tanto, a la mejora de la competitividad de las empresas navieras.

La gran aportación práctica y realista de Safedor, a disposición de cualquier interesado, es la elaboración de una tipología de riesgos y peligros (HAZID) por tipo de buque, lo que constituye una referencia imprescindible por su rigor y calidad, de la toma de razón del riesgo del buque y de su operatividad. Resulta un paso fundamental en el tratamiento de la seguridad marítima el tratamiento de los riesgos en las fases de diseño inicial del buque.

Los astilleros y la industria de equipos marinos se beneficiarán de la introducción de enfoques basados en el riesgo. Muchos sistemas del buque y de su proyecto están regulados por las normativas de la OMI o por las sociedades de clasificación, que siguen una guía estricta en el diseño del buque, de sus sistemas y su funcionalidad, basados en los convenios internacionales y las normas de dichas sociedades. Igualmente, los procesos de verificación y aprobación están sujetos a las normativas comentadas en el capítulo anterior. Estas normativas prescriptivas impiden el desarrollo de nuevos diseños con una funcionalidad superior, e incluso desafían las normas o reglamentos actuales y, por lo tanto, son penalizados a través de procesos de aprobación/homologación difíciles e inseguros. En este sentido, uno de los aspectos fundamentales de Safedor es proponer un nuevo marco normativo modernizado para implementar nuevos sistemas e innovaciones tecnológicas con un mayor nivel de seguridad. Se comparten los objetivos de las actuales normativas de seguridad, pero planteando opciones alternativas de cumplimiento.

Otro de los objetivos, de manera más realista en relación con los enfoques basados en el riesgo, es proporcionar a la industria conocimiento sobre los procedimientos de evaluación de riesgos e instrumentos eficaces y prácticos, además de vincularlos a un análisis de costo-beneficio como estándar en el diseño inicial.

En este sentido, resulta de referencia imprescindible la monografía de Papanikolau *Ship Design: Methodologies of Preliminary Design*,[9] sumamente representativa de los trabajos y principios que han animado el proyecto Safedor, en que el autor ha colaborado activamente.

---

[9] Véase Papanikolau, A., en *Ship Design: Methodologies of Preliminary Design*, Ed. Springer, 2014.

Capítulo 4

El control preventivo de la seguridad marítima

El control preventivo del buen estado y de la navegabilidad *(seaworthisness)* del buque se efectúa a través de tres procedimientos:

- *El control del pabellón:* cada Estado controla su flota y los estándares técnicos, y si dispone de Administración propia los inspecciona y supervisa. En caso contrario, delega sus funciones inspectoras y de control en sociedades de clasificación.

- *El control del Estado del puerto:* con independencia del pabellón del buque y con apoyos en el derecho internacional, el Estado ribereño que acoge al buque extranjero se encuentra legitimado para inspeccionar su buen estado y condición, en la medida que si se hunde o contamina el daño lo produce a dicho Estado.

- *Las sociedades de clasificación,* entidades públicas o privadas que mediante la clasificación del buque y la asignación de un resultado de la evaluación (cota), comprueban la navegabilidad y buen estado para los aseguradores de cascos y también para gobiernos y administraciones que, como hemos comentado, no disponen de administración marítima propia y delegan sus funciones de inspección en las mismas.

De manera más reciente, debido a los esquemas legales de responsabilidad solidaria de las empresas fletadoras y la carga, han aparecido inspecciones privadas, denominadas *vetting* (del verbo *to vet,* inspeccionar, examinar) sumamente exigentes y a las que nos referiremos en último lugar.

1   El control por el Estado del pabellón *(Flag State Control)*

Históricamente, los estados han atribuido la nacionalidad a los buques del mismo modo que se la atribuía a sus ciudadanos. El registro del buque, además de permitirle llevar el pabellón del Estado registrador, indicaba que ese buque estaba bajo la jurisdicción de las leyes de ese Estado. Igualmente, era un principio aceptado por el derecho internacional que cada Estado tenía el derecho para establecer las condiciones para la concesión de su nacionalidad a un individuo o buque.

Esta situación, sin embargo, cambió tras el Caso *Nottebohm* (1955), en el que el Tribunal Internacional de Justicia introdujo el concepto de «vínculo genuino» *(genuine link)*, según el cual un país no puede extender su protección a cualquiera de sus nacionales sin ningún tipo de limitación, sino que además de la nacionalidad debe existir entre el Estado y su nacional una conexión genuina. Por tanto, a partir de esta decisión, para saber qué ordenamiento jurídico es aplicable a un individuo, además de examinar su nacionalidad debe estudiarse con cuál de los estados involucrados guarda el vínculo más genuino.

Este concepto de un vínculo genuino, en cuanto a derecho marítimo se refiere, fue plasmado por primera vez en la Convención de alta mar , 1958 (HSC), cuyo artículo 5.1 establecía:

> «Cada Estado fijará las condiciones para otorgar su nacionalidad a los buques, para el registro de buques en su territorio, y para el derecho de ondear su bandera. Los buques tendrán la nacionalidad del Estado cuya bandera tengan derecho a ondear. Debe existir un vínculo genuino entre el Estado y el buque; en particular, el Estado debe ejercer efectivamente su jurisdicción y control sobre los asuntos administrativos, técnicos y sociales de los buques que ondeen su bandera».

Esta inclusión del vínculo genuino como requisito para el registro de un buque bajo cierta bandera dio pie a la siguiente discusión: puesto que la mayoría de registros abiertos *(open registries)* no eran capaces de ejercer dicha jurisdicción y control sobre los buques bajo su bandera, no puede establecerse un vínculo genuino entre éstos y los buques registrados, por lo que inscribir un buque bajo una bandera de conveniencia supone una práctica contraria al derecho internacional. En todo caso, tanto la práctica de los estados como la de la industria contradecían esta postura.

Esta vaguedad e incerteza acerca del registro de buques se mantuvo en la Convención de las Naciones Unidas sobre el derecho del mar de 1982 (UNCLOS), que reproduce el citado artículo 5.1 HSC en sus artículos 91.1 y 94.1, conservando (si no incrementando) la confusión sobre el exacto significado del vínculo genuino.

Esta cuestión tuvo consecuencias en el debate sobre la abolición del sistema internacional de registros abiertos. El registro es la formalidad administrativa que significa el otorgamiento de la nacionalidad del Estado registrador al buque registrado. Esto significa que las leyes de este Estado se aplican totalmente sobre el buque, incluyendo los derechos y las obligaciones del buque y de su propietario, y por ello, los buques que ostenten la bandera de un Estado que tenga un régimen fiscal favorable o requisitos más relajados acerca de los salarios y seguridad social de la tripulación, tienen una ventaja sobre los buques registrados en otros estados con normas más estrictas.

Estas ventajas, junto con el hecho que en estos países sea sencillo ocultar la propiedad real del buque (pudiendo registrar un propietario beneficioso) ha hecho que, desde la década de 1940, los registros abiertos (también llamados banderas de conveniencia) empezaran a atraer hacia ellos un tonelaje considerable (ya fuera nuevo o proveniente de otros registros).

Este incremento en el porcentaje del tonelaje mundial impulsó a la International Transport Workers' Federation (ITF) a desarrollar iniciativas en contra de las banderas de conveniencia.

Para luchar contra esta situación, la ITF creó un certificado azul *(blue card)*, mediante el que se certificaba si los buques cumplían con sus estándares.

Esta situación llevó a la Conferencia de las Naciones Unidas sobre Comercio y Desarrollo (UNCTAD) a convocar un encuentro que desembocó en la Convención de las Naciones Unidas sobre condiciones para el registro de buques (*United Nations Convention on Conditions for Registration of Ships* o UNCCROS), cuyo artículo 1 establece como objetivos:

«Para el propósito de asegurar o, según el caso, reforzar el vínculo genuino entre el Estado y los buques que ondeen su bandera, y con el fin de ejercitar efectivamente su jurisdicción y control sobre dichos buques en cuanto a la identificación y responsabilidad de los propietarios y operadores además de respecto a los asuntos administrativos, técnicos, económicos y sociales de los buques que ondeen su bandera, un Estado de abanderamiento deberá aplicar las disposiciones contenidas en esta convención».

La Convención UNCCROS, a pesar del tiempo transcurrido, no ha entrado en vigor por falta de ratificaciones, lo que expresa la voluntad de la comunidad internacional de tolerar los pabellones de conveniencia.

Con carácter ilustrativo, la normativa del Estado español sobre certificados obligatorios del buque, se resume en la tabla 4.1.

Ejemplo de certificados obligatorios del buque	
El cumplimiento del buque con la normativa nacional e internacional aplicable se acreditará mediante la presentación de los certificados que le correspondan según su tipo, clase y características principales, en período de validez*	
1	Certificado de navegabilidad
2	Acta de estabilidad
3	Certificado de arqueo
4	Certificado de francobordo
5	Certificado de seguridad, de seguridad de construcción o de seguridad de equipo según corresponda al tipo de buque
6	Certificado de seguridad radioeléctrica
7	Certificado de máquinas sin dotación permanente
8	Certificado del valor de la relación A/Amáx
9	Certificado del número máximo de pasajeros
10	Certificado de gestión de la seguridad
11	Certificado de prevención de la contaminación del mar por hidrocarburos
12	Certificado de prevención de la contaminación para el transporte de sustancias nocivas líquidas a granel
13	Certificados de recepción de residuos
14	Certificado de material náutico
15	Certificado de reconocimientos de las balsas salvavidas
16	Certificado de reconocimiento de los medios de carga y descarga
17	Certificado de reconocimiento de la instalación frigorífica
18	Certificado de aptitud para el transporte de mercancías peligrosas
19	Certificado de seguridad para el transporte de grano
20	Certificado de aptitud para el transporte de productos químicos peligrosos a granel
21	Certificado de aptitud para el transporte de gases licuados
22	Certificado de seguridad para naves de gran velocidad

	También se acreditará el cumplimiento de las condiciones citadas en el apartado anterior mediante la presentación de los siguientes documentos, adecuadamente cumplimentados y según corresponda al tipo de buque en cuestión y a sus principales características:
1	Resolución relativa a la dotación mínima de seguridad
2	Títulos relativos al convenio de formación, titulación y guardia para la gente de mar 1978/1995/2010
3	Permiso de operación para naves de gran velocidad
4	Libro de registro de hidrocarburos
5	Plan de emergencia a bordo en caso de contaminación por hidrocarburos
6	Plan de gestión y libro de registro de basuras
7	Archivo de reconocimientos mejorados para buques petroleros y graneleros

* Disposición Transitoria Segunda del RD 1837/2000, de 10 de noviembre, por el que se aprueba el reglamento de inspección y certificación de buques civiles.

Tabla 4.1. Relación de certificados obligatorios en un buque español.

2 El desplazamiento del control a los estados ribereños. El control por parte del Estado del puerto

A pesar de que el buque tiene la nacionalidad del Estado cuya bandera enarbola, a lo largo del tiempo, el derecho internacional ha establecido ciertas restricciones a este poder absoluto del Estado de abanderamiento. Actualmente, la jurisdicción sobre el buque no sólo viene determinada por la ley nacional del Estado de abanderamiento, sino también por el estatus de la zona de navegación donde el buque se encuentre en aquel momento.

La soberanía de un Estado ribereño se extiende a su mar territorial (artículo 2.1 UN-CLOS 1982), es decir, que cuando un buque extranjero entre en las aguas territoriales de un Estado ribereño, estará sujeto, al igual que aquellos que se encuentren en su interior, a la jurisdicción de ese Estado. Sin embargo, esta protección de los legítimos intereses de los estados ribereños debe ser compatible con el «derecho de paso inocente» (el cual es la piedra angular de la libertad de navegación de buques por aguas territoriales).

Por «paso inocente» se entiende la navegación a través de las aguas territoriales (ya sea con el fin de llegar, o no, a las aguas internas o de salir a alta mar desde estas) siempre que no se perjudique la paz, el orden público o la seguridad del Estado ribereño ni se vulneren sus leyes y normas pesqueras.

El Estado ribereño tiene el derecho de impedir el paso de cualquier buque a través de sus aguas territoriales si este paso no es o deja de ser inocente. La pérdida del carácter de inocente expone al buque a la total jurisdicción del Estado ribereño.

Asimismo, el Estado ribereño puede, en el ejercicio de su soberanía, adoptar leyes y regulaciones, en conformidad con el derecho internacional, relativas al paso inocente por sus aguas territoriales en cuanto a, entre otros, la preservación del medio ambiente y la prevención, reducción y control de la contaminación marina procedente de buques extranjeros, siempre que no se excedan los estándares internacionales (artículos 21.1.f y 211.4 UNCLOS 1982). Los buques extranjeros que ejerzan el derecho de paso inocente deberán cumplir con tales leyes y con las normas internacionales relativas a la prevención de colisiones en el mar.

La principal obligación del Estado ribereño es la de no impedir el paso inocente de buques extranjeros a través de sus aguas territoriales y de informarles de los posibles peligros a la navegación en dichas aguas (artículo 24 UNCLOS 1982).

La jurisdicción del Estado portuario *(port State jurisdiction)* significa la competencia de éste a legislar o procurar aplicar esta jurisdicción sobre los buques que recalen en sus puertos. Comprende todas aquellas dimensiones que constituyan la prerrogativa del Estado a imponer su jurisdicción sobre asuntos en sus puertos bien sea legislando o aplicando dicha legislación, o simplemente aplicando estándares internacionales.

Por su parte, el control del Estado portuario *(Port State Control* o PSC) es una de estas dimensiones y permite a dicho Estado ejercer el control total sobre seguridad marítima, contaminación marina y asuntos de aptitud y condiciones laborales de la tripulación. A este respecto, aunque los estados de abanderamiento son responsables de asegurar que los buques que ondeen su pabellón cumplan con los estándares de la OMI, convenios como el SOLAS, el STCW, el MARPOL 73/78 y el MLC 2006, dan a los gobiernos el derecho a inspeccionar los buques que recalen en sus puertos para asegurar que cumplen con los requisitos de los respectivos convenios.

Previsto como un apoyo a la acción del Estado de abanderamiento, el PSC ha visto incrementado considerablemente su importancia, en parte porque la ejecución en solitario de estos convenios por el Estado de abanderamiento ha demostrado ser incapaz de detectar y eliminar la navegación subestándar.

En cuanto al importante papel de los estados portuarios (aunque complementario al de los estados de abanderamiento) en el esfuerzo por erradicar los buques subestándar, la política de la OMI va encaminada a establecer un sistema global de PSC. Dicho sistema consiste en una serie de sistemas regionales provistos de sus respectivos memorandos de entendimiento o acuerdos que, una vez que son operativos, priven a los buques subestándar de cualquier área de navegación.

Los sistemas de acuerdos regionales de estados portuarios que están operativos en la actualidad son los siguientes:

- El Paris Memorandum of Understanding on Port State Control (Paris MOU 1982).
- El Acuerdo de Viña del Mar (Acuerdo de Latinoamérica), de 1992.
- El Memorandum of Understanding on Port State Control in the Asia-Pacific Region (Tokio MOU), de 1993.
- El Memorandum of Understanding on Port State Control in the Caribbean Region (Caribbean MOU), firmado en Christchurch (Barbados), en 1996.
- El Memorandum of Understanding on Port State Control in the Mediterranean Region (Mediterranean MOU), firmado en Malta, en 1997.
- El Indian Ocean Memorandum of Understanding on Port State Control (Indian Ocean MOU), firmado en Pretoria (Sudáfrica), en 1998.

2.1 *El modelo estadounidense*

Al margen del sistema global de PSC de la OMI, consistente en los citados sistemas regionales, existe el mecanismo de PSC de Estados Unidos (EEUU): el New US Coastguard Programme on Port State Control.

El sistema planteado por este programa funciona con puntos dependiendo del propietario, pabellón, sociedad de clasificación, tipo y antecedentes del buque en cuestión. La prioridad de la inspección obedecerá al resultado alcanzado: a más puntos obtenidos, mayor prioridad de inspección. Se trata de un sistema aparentemente complicado pero que ha resultado ser muy efectivo. Los datos conseguidos en las inspecciones son públicos y accesibles a cualquiera.

Este nuevo sistema le otorga a la US Costguard la condición de agencia más rigurosa en cuanto a control del Estado portuario. Esto es debido a la obligación que tiene cada buque que quiere entrar en la aguas de EEUU de notificar sus intenciones, lo que ha cambiado el concepto de «paso inocente» tal y como se conocía hasta ahora.

Esta postura adoptada unilateralmente por EEUU, junto con el resto de su normativa marítima interna que establece unos estándares muy altos, se halla en el límite del derecho internacional (conviene tener presente que la UNCLOS 82, no ha sido ratificada por EEUU).

2.2 El nuevo programa europeo: THETIS

El paquete legal Erika III incorpora la Directiva 2009/16/CE sobre el régimen de control por parte del Estado rector del puerto que ha supuesto grandes innovaciones. Con el nuevo esquema de *port State control,* que entró en vigor el 1 de enero del 2011, no sólo se facilita una armonización en toda la UE de las normas de inspección por parte del Estado rector del puerto, sino que, además, se implanta por primera vez un sistema plenamente coordinado para todas las inspecciones de seguridad marítima en la UE, evitando situaciones dispares en la inspección, en función de los diferentes puertos/países. Por otra parte, se considera necesario profundizar en la armonización de los criterios para la inmovilización de buques y, en general, de las reglas y procedimientos de inspección, de tal manera que se apliquen de modo homogéneo en todos los puertos evitándose así que los buques/navieras elijan determinados puertos, con el fin de eludir un control riguroso por parte de las autoridades marítimas.

Coordinación y trasparencia en la gestión de la seguridad marítima. Este nuevo esquema de inspección aplicable en toda la UE se verifica por un aplicativo informático llamado, en honor a la diosa griega del mar, THETIS *(The Hybrid European Targeting and Inspection System,* gestionado por la Agencia Europea de Seguridad Marítima, EMSA), que verificará todas las inspecciones de seguridad de los buques llevadas a cabo en los puertos de la UE y generará un perfil de riesgo que determinará la frecuencia y las prioridades de inspección por parte de las autoridades competentes de los estados miembros. Cabe señalar que el programa THETIS está conectado con la red europea SafeSeaNet (SSN), lo que garantiza una aplicación más que exhaustiva. Las disposiciones reglamentarias adoptadas por la Comisión especifican los criterios que permiten determinar el perfil de riesgo de los buques en función de los resultados, tanto de la compañía como del Estado de abanderamiento, que aparecen en THETIS. El programa indica con carácter automático, a la administración marítima y a los inspectores PSC del puerto, las prioridades en la inspección. El legislador comunitario parece querer aprovechar las positivas experiencias estadounidenses al adoptar la «inspección priorizada» con el establecimiento de un «perfil de riesgo» y la determinación de un factor de prioridad *(target factor).*[1]

---

[1] Véase *Target factor* en www.parismou.org/upload/pdf/tf.pdf. Sobre una visión general de los PSC y una visión global del *target factor,* véase Almendros De la Rosa, M., De Larrucea, J.R (Dir.), *Esquemas regionales de Port State Control,* págs. 114 y ss. en (upcommons.upc.edu/.../Esquemas%20regionales%20de%20Port%20State%20Control).

Por su parte, la OMI se ha comprometido a asegurar que el PSC se ponga al día constantemente y se mejore mediante el intercambio de experiencias, intentando estandarizar procesos en la medida que las diferencias regionales lo permitan e intentando el máximo número de ratificaciones de los respectivos acuerdos regionales.

Para ayudar en este proceso, la OMI desarrolla una estrategia global para los PSC y, mediante el trabajo del Sub-Committe on Flag State Implementation ha incorporado en los procedimientos de PSC un perfil riguroso, exigiendo entrenamiento y cualificación específica a los oficiales de PSC.

3 Las sociedades de clasificación *(class)*

Estas organizaciones proporcionan servicios técnicos y de inspección a la industria marítima y a los estados de pabellón. Emiten certificados de clase para el buque a requerimiento de su propietario y pueden llevar a cabo reconocimientos en nombre de los estados que las hayan reconocido previamente para ello.

Las sociedades de clasificación tienen su origen entre los siglos XVII y XVIII, fruto de las necesidades del mercado asegurador, que no disponía de información fiable para el cálculo de las primas. En aquella época, toda la información que obtenían los aseguradores provenía de entrevistas personales con los capitanes y sus tripulaciones, y estas entrevistas solían hacerse en hospedajes, bares o cafés del entorno portuario.

De estos lugares sobresale el café de Edward Lloyd, abierto en 1685, lugar de encuentro de comerciantes, aseguradores marítimos y otras personas relacionadas con el mundo marino que divulgaba informaciones, y comenzaron a circular listas con datos de buques de una manera estructurada. En 1760, sus clientes dieron forma a la sociedad de registro que lleva su nombre y se creó un comité con los principales aseguradores y corredores para examinar y clasificar los buques mercantes de acuerdo con su condición, ofreciendo información básica que incluía las características técnicas de los buques asegurados. El primer registro de buques del que se tiene antecedentes se imprimió en 1764.

Al principio se elaboró el llamado *Libro Verde* bajo las indicaciones de los aseguradores, pero los armadores no estaban de acuerdo y publicaron el llamado *Libro Rojo*. En 1834 se dirimieron las diferencias y se estableció una nueva sociedad para elaborar un registro de buques, el Lloyd's Register of Shipping, que incluía en su consejo de administración a grupos de comerciantes, armadores y aseguradores que representaban al conjunto del sector del transporte marítimo, aunque la influencia y el poder sobre la gestión la mantenían de forma predominante los aseguradores.

Desarrollaron una red territorial de inspectores y se estableció un sistema de inspección regular de los buques, pero su principal objetivo seguía siendo elaborar un registro catalogando a los buques.

De su inicial actividad básica de clasificación, estas sociedades pasaron gradualmente a la certificación, pues a los armadores no les bastaba con asignar una clase y exigían un sistema que fuera válido por un plazo razonablemente largo, después de que el buque hubiera sido inspeccionado y clasificado.

De esta manera se instauró el sistema de emisión de certificados y las llamadas reglas para el mantenimiento de clase *(rules),* que pasó a convertirse en la actividad fundamental de las sociedades de clasificación.

3.1 La actividad de clasificación

Clasificar buques, significa asignar a un buque una clase dentro del registro de buques de cada sociedad, tras efectuar las inspecciones y reconocimientos que les permitan asegurar que el buque está diseñado, construido, equipado y mantenido de acuerdo con sus propias reglas. El certificado de clasificación acredita la condición del buque y es el comprobante de su estado y de su mantenimiento, documento que habitualmente requiere el sector en sus relaciones comerciales.

Ese certificado y mediante unas imágenes, marcas y codificación propia de cada sociedad,[2] se especifican las «cotas» y «notaciones» que describen la clasificación del buque. En el caso de Lloyd's Register of Shipping, todos los buques clasificados figuran con los símbolos y referencias que se detallan en la tabla 4.2.

3.2 Inspecciones

Una vez el buque se encuentra operativo, para mantener la clase, la naviera está obligada a someter el buque a un programa de inspecciones periódicas, llevadas a cabo a bordo del barco por inspectores de la sociedad de clasificación, para verificar que el buque continúa cumpliendo las condiciones establecidas en las reglas[3].

---

[2] La IACS trabaja en la adopción de una simbología común que evite las confusiones.
[3] Véase Reyero, J. A., en *Las sociedades de clasificación*, ed. Gobierno Vasco, Vitoria, 2010; págs. 135 y ss.

Marcas y notaciones para un buque clasificado por Lloyd's Register of Shipping		
Buque	***Dragon of the Seas***	**Buque petrolero**
Class status	LR Classed	Clasificado por Lloyd's Register of Shipping
Classification	+100A1	+ o la cruz de Malta: El buque ha sido construido bajo la supervisión de una sociedad de clasificación; 100: el casco de acero puede durar cien años navegando; A1: el casco, la maquinaria, los sistemas y el equipo cumplen los requisitos de las reglas de Lloyd's Register of Shipping
Survey types	SS 06/12	
Hull notation	*Double Hull oil tanker*	Buque tanque de doble casco
	ESP	*Enhanced Survey Program*, programa de inspección reforzado
	SPM	*Single Point Mooring*, se asigna a buques provistos de sistema de amarre por un único punto de amarre
	*IWS	*In-Water Survey*, inspección a flote cuando el reglamento de Lloyd's Register of Shipping lo admite
	LI	Los instrumentos de carga se han instalado como requisitos de clasificación
Ship right	SDA	Evaluación de diseño estructural. Los cálculos directos se han aplicado de conformidad con los procedimientos *Ship right*
Ship right	FDA	Evaluación de diseño de fatiga. Los comportamientos de fatiga de la estructura del casco se han evaluado según los procedimientos *Ship right*
Ship right	CM	Supervisión de construcción. Notación complementaria cuando se han aplicado y verificado los controles en las tolerancias de construcción que se detallan en los procedimientos *Ship right*
Machinery Notation	+LMC	Máquina principal y auxiliares construidos, instalados y probados bajo inspección que cumplen las reglas de Lloyd's Register of Shipping
	UMS	*Unattended Machinery Space*, máquina desatendida
	IGS	*Inerting Gas System*, sistema de gas inerte

Tabla 4.2. Ejemplo de marcas y notaciones para un buque clasificado por Lloyd's Register of Shipping.

Estas se programan sobre un ciclo de cinco años, con inspecciones anuales, inspecciones intermedias y la inspección especial o de renovación de clase que se realiza al final de dicho periodo.

Cada tipo de inspección tiene un alcance y una cobertura determinada y, en general, son más profundas y rigurosas al envejecer el buque.

La preponderancia de los intereses de las navieras en la expedición de los certificados por las sociedades de clasificación generó en la década de 1960 una fuerte desconfianza por parte de las mutuas aseguradoras *(protection & indemnity insurance* o P&I), que crearon sus propios sistemas de verificación e inspección, conocidos en el sector como inspecciones *full condition survey,* en las que se tienen en cuenta no sólo el estado del buque sino que incluyen también el factor humano, como la titulación de la tripulación y los sistemas de prevención de accidentes instalados.

En el mismo sentido, la Unión de Aseguradores Marítimos (IUMI) criticó abiertamente a las sociedades de clasificación por su excesiva dependencia de las navieras, con el consiguiente conflicto de intereses que podía redundar en un menor nivel de exigencia en el mantenimiento de los buques.

Estas críticas forzaron a las sociedades de clasificación a crear en 1968 la Asociación Internacional de Sociedades de Clasificación (IACS) con el fin de recuperar un diálogo constructivo con las aseguradoras, para representar sus intereses ante organizaciones como la OMI, en la que mantiene el estatus de órgano consultivo, y ofreciendo una progresiva uniformidad de reglas:

- Reglas estructurales comunes *(common structural rules).*
- Requisitos unificados *(unified requirements).*
- Requisitos procedimentales *(procedural requirements).*
- Interpretaciones unificadas *(unified interpretations).*
- Recomendaciones y guías *(recomendations and guidelines).*

Las principales sociedades de clasificación en todo el mundo son miembros de la IACS. En el año 2013 estaba formada por doce miembros (véase la tabla 4.3.).

Los desafíos que enfrentan a la IACS, como se expone en su documento *IACS Objectives, Strategy and Action Plan (2014- 2015),*[4] adoptado por el Consejo C 69 de junio 2014, son los que se abordan en el plan estratégico de la OMI para la industria marítima, que incluye entre otras cuestiones: la globalización, la seguridad marítima y la seguridad, la conciencia ambiental y la eficiencia del buque, la innovación y las

---

[4] Véase http://www.iacs.org.uk/document/public/explained/IACS%20Strategy.

American Bureau of Shipping (ABS)
Bureau Veritas (BV)
China Classification Society (CCS)
Croatian Register of Shipping (CRS)
Det Norske Veritas-Germanischer Lloyd (DNV-GL)
Indian Register of Shipping (IRS)
Korean Register of Shipping (LR)
Lloyd's Register of Shipping (LR)
Nippon Kaiji Kyokai (NK)
Polish Register of Shipping (PRS)
Registro Italiano Navale (RINA)
Russian Maritime Register of Shipping (RS)

Tabla 4.3. Sociedades de clasificación que integran la IACS.

nuevas tecnologías, cambiando el énfasis en las personas, promoviendo la cultura de la seguridad. Estos desafíos se ven por la IACS como oportunidades a fin de promover y mejorar aún más el papel de la clase y sus funciones en el mundo marítimo.

3.3 La responsabilidad de las sociedades de clasificación

El régimen de responsabilidad de las sociedades de clasificación, como organizaciones reconocidas y autorizadas para la realización de inspecciones obligatorias, está regulado en la UE por la Directiva 2001/105.[5]

En España, el artículo 106 de la Ley de Navegación Marítima, en vigor desde el 24 de septiembre de 2014, define el contrato de clasificación, en los siguientes términos: «la sociedad de clasificación certifica que un buque o cualquiera de sus partes o pertenencias cumple con lo establecido en las correspondientes reglas de clase».

---

[5] Transpuesta al ordenamiento español mediante el Real Decreto 90/2003, de 24 de enero, sobre reglas y estándares comunes para las organizaciones de inspección y control de buques y para las actividades correspondientes de la administración marítima.

En relación a su responsabilidad, el mismo precepto establece: «Las sociedades de clasificación responderán de los daños y perjuicios que se causen a quienes contraten con ellas y que sean consecuencia de la falta de diligencia de aquéllas en la inspección del buque y en la emisión del certificado. La responsabilidad de las sociedades de clasificación frente a terceros se determinará con arreglo al derecho común, sin perjuicio de la normativa internacional y comunitaria que sea de aplicación».

3.4　Otras asociaciones

Las asociaciones sectoriales de navieras también realizan a través de sus servicios de estudios importantes aportaciones técnicas y tienen la condición de observadoras para la OMI.[6]

Podemos destacar entre ellas:

- SIGTTO (Asociación de navieras de buques gaseros y operadores de terminal).
- INTERTANKO (Asociación de navieras independientes de buques tanque).
- INTERCARGO (Asociación de navieras de buques graneleros).

El principal objetivo de estas asociaciones es desarrollar informes y material de carácter técnico, constructivo o de otro tipo, que permitan avanzar hacia un desarrollo de la actividad marítima bajo estándares técnicos y procedimientos que ofrezcan mayor seguridad, respeto al medio ambiente y mejor protección para las tripulaciones y la carga.

4　Otras inspecciones: el *vetting*

La influencia de los grandes accidentes (de manera particular el del *Exxon Valdez,* en 1989) en la actividad marítima fue clave para el inicio del *vetting,* como inspección privada. Las empresas petrolíferas, generalmente armadoras de los buques que transportaban sus mercancías, se desprendieron de ellos generando un aumento del

---

[6] The Society of International Gas Tanker and Terminal Operators (www.sigtto.org); The International Association of Independent Tanker Owners (www.intertanko.com/); The International Association of Dry Cargo Shipowners (www.intercargo.org).

mercado de fletamentos por tiempo y en *spot* y el incremento en la flota en banderas de conveniencia. La necesidad de financiar el fondo (Convenio internacional sobre la constitución de un fondo internacional de indemnización de daños debidos a contaminación por hidrocarburos), unido a los costes económicos (y bursátiles) que generaban estos accidentes y a la desconfianza de las empresas petrolíferas respecto de los controles realizados por los estados de bandera, creó la necesidad de una inspección privada denominada *vetting* (del verbo *to vet,* aprobar, examinar), previa al fletamento del buque.

En 1993, el Oil Companies International Marine Forum (OCIMF) creó el programa SIRE (Ship Inspection Report),[7] mediante el cual se inspeccionaron y se hicieron públicos para las empresas fletadoras los informes de inspección *vetting* de los buques. La importancia de este sistema de inspecciones se ha visto incrementada con el paso del tiempo y, como ejemplo, sólo en 2009 se realizaron 22.500 inspecciones a casi 8.000 buques. A estas cifras hay que añadir los inspeccionados por el Chemical Distribution Institute y Rightships.

Actualmente, este tipo de inspecciones carece de una regulación específica, siendo considerado como un contrato privado (ínter partes) de libre adhesión para la naviera, pero existiendo una posición dominante por parte de las grandes petroleras, ya que la no aceptación de esta inspección *vetting* por parte de una naviera, supondrá la imposibilidad de encontrar flete para su buque.

Desde el punto de vista normativo, la inspección *vetting* se justifica por el artículo 10 del Convenio internacional sobre la constitución de un fondo internacional de indemnización de daños debidos a contaminación por hidrocarburos, de 1992. En este convenio se especifica que las contribuciones al fondo las pagarán cualquier persona que durante un año fiscal haya recibido hidrocarburos en cantidades que en total excedan las 150.000 toneladas.

Debido a esto, en el momento en el que los propietarios de la carga, refinerías y terminales están obligados a contribuir al fondo, y que esta cantidad anual se incrementa en función del número de incidentes, las grandes petroleras se ven presionadas a asegurarse que los buques contratados cumplan con el estándar de seguridad.

Desde la creación del *vetting,* la industria marítima ha sufrido unos cambios generados por este tipo de inspección. Las tripulaciones han de poseer unos requisitos de experiencia mínimos para cumplir con los requerimientos de la matriz de cada petrolera. Dentro de las oficinas de las empresas navieras ha surgido la figura del

---

[7] Véase OCIMF, en www.ocimf.org/.

vetting manager, vinculado a mantener y asegurar las aceptaciones de los buques por las grandes petroleras.

A continuación se describen los programas *vetting* de inspecciones más relevantes: SIRE, CID y Rightship.

4.1 Ship Inspection Report Program (SIRE) del OCIMF

El programa SIRE, creado por el OCIMF en 1993, comenzó como un intento para la identificación de empresas subestándar. Actualmente, es un instrumento de estudio de riesgos en el mundo del transporte en buques tanque, dando a las empresas fletadoras un sistema de evaluación de los operadores de buques. Nos encontramos ante una exhaustiva base de datos de gran importancia, con información acerca de buques tanque y gabarras, que tiene como objetivo llegar a un nivel satisfactorio de seguridad marítima mediante un protocolo uniforme de inspección. Para dar muestra de la importancia de esta base de datos y lo que supone la publicación de los informes de las inspecciones *vetting,* baste decir que desde su creación se han realizado y publicado más de 165.000 informes. Durante el año 2014 se realizaron 18.000 informes que abarcan y controlan más de 6.800 barcos, y la media de accesos a la base de datos es superior a 8.000 visitas a informes al mes.

Es de vital importancia lograr un informe positivo del buque tras una inspección *vetting* del SIRE, ya que el cuestionario permanece disponible en la base de datos para la consulta de los miembros durante dos años. Actualmente, son miembros del OCIMF ochenta y dos empresas del sector energético internacional. Quiere esto decir que un informe desfavorable a un barco quedaría a la vista de todas las empresas del sector. Algunos de los miembros del OCIMF son: BP, Chevron, Conocophilips, BG LNG Services, Enel, Cepsa, Ineos, Marathon O Noble;[8] lo que ofrece una idea del alcance de la base de datos SIRE en el sector energético.

A su vez, el sistema ha sufrido diversas revisiones y modificaciones desde su creación:

- 1997: se establece el VPQ[9] y un nuevo procedimiento de inspección.

---

[8] Se pueden encontrar todos los miembros del OCIMF en www.ocimf.com/Organisation/Members.

[9] VPQ revisado de nuevo en 2003 cuando se introduce el HVPQ *(Harmonised Vessel Particulars Questionnaire).*

- 2000: es revisado el *vessel inspection questionnaire.*[10]
- 2004: Se extiende el programa SIRE para la inclusión de gabarras que transporten productos derivados del petróleo, productos químicos o gases.

El SIRE dispone de una web en la que las compañías navieras y las fletadoras tienen acceso a los informes de las inspecciones *vetting* SIRE realizadas a los buques.[11]

El resto de grandes petroleras miembros del OCIMF no involucrados directamente en la inspección, tienen acceso a estos cuestionarios tras el pago de una cantidad económica (cincuenta libras). Desde la web, la naviera del buque tiene acceso al HVPQ y al *officers matrix,* siendo recomendable actualizar este último cada vez que hay un cambio de tripulación entre la oficialidad, ya que cada vez que el barco es nominado para un posible viaje, es necesario enviar el modelo de *officers matrix* del OCIMF.

También a través de esta web la naviera responde y comenta las observaciones recibidas por el buque durante el *vetting,*[12] y es publicado posteriormente el informe con los *owner comments.*

El programa SIRE se divide en dos áreas. Una dedicada a gabarras,[13] que transportan gráneles líquidos de mercancías peligrosas por tráfico fluvial, y otra a barcos, esta dividida entre petroleros, quimiqueros y gaseros.

De estas dos grandes áreas, nos centraremos en la inspección de buques, ya que esta es la que se da en mayor proporción. En cualquier caso, la inspección de gabarras posee gran importancia en determinadas regiones con un intenso tráfico fluvial de mercancías (grandes ríos de Brasil, Argentina y sur de Estados Unidos, por ejemplo).

En cuanto a las inspecciones *vetting* SIRE a buques mercantes. Existen tres cuestionarios, según sea la especialización del buque: gasero, quimiquero o petrolero. En todos ellos los capítulos son similares, excepto el octavo, referente a los sistemas de carga, y el primero, en el cual las exigencias a la biblioteca de a bordo también varían en función del tipo de buque. Estamos ante un formulario con

---

[10] Desde entonces el VIQ ha sido revisado en los años 2004, 2005, 2007. Actualmente, desde el 15 de enero de 2012, está en vigor la cuarta edición en su segunda revisión.

[11] Disponible en www.ocimf-sire.com/.

[12] Disponible en www.ocimf-sire.com/comments. Es práctica común contestar a dichos comentarios en idioma inglés para facilitar su comprensión a potenciales clientes internacionales. A pesar de ello la web nos permite contestar a las observaciones en los siguientes idiomas: castellano, francés, portugués, chino, coreano, alemán, japonés y ruso.

[13] En caso de gabarras sin propulsión propia, el remolcador que tire de ellas también puede ser inspeccionado.

más de cien páginas, doce capítulos y cientos de preguntas, cada una de ellas con el objetivo de asegurar que el buque cumple con determinada norma o recomendación.

Como ejemplo de lo anterior, la pregunta 4.8: *Are auto to manual steering changeover procedures clearly identified?* (¿Está claramente identificado el procedimiento para el cambio del piloto automático a timón a mano?), está destinada a cumplir con los requisitos al respecto del Convenio SOLAS, capítulo V, 26.3.1.

Durante el *vetting*, el inspector debe estar acompañado por el tripulante responsable de las tareas a las que se refiera cada capítulo (véase la tabla 4.4).

En definitiva, nos encontramos ante un cuestionario muy completo, tanto, que podemos asegurar sin temor a equivocarnos que cualquier barco que cumpla el SIRE, debe ser capaz de pasar sin temor cualquier otro tipo de inspección, bien sean de bandera, o del Estado portuario. El sistema de preguntas es simple. El inspector verifica los ítems referentes a cada pregunta y responde con *yes, no, not seen,* o *not applicable*. Además, el inspector se verá obligado a realizar un comentario por cada *no, n/s* y *n/a* que ponga, teniendo libertad para poner comentarios en caso de respuesta afirmativa. Asimismo, el inspector tendrá la potestad de hacer anotaciones adicionales para clarificar cualquier comentario.

4.2 *Chemical Distribution Institute (CDI)*

Es una fundación holandesa sin ánimo de lucro, no comercial e independiente, que opera desde Londres. Su objetivo es el aumento de la calidad y la seguridad del transporte marítimo para la industria química. Está representada toda la industria química.

Existen tres fechas claves en esta organización. En 1994 se creó CDI Marine, que elaboró una base de datos que suministra informes de inspecciones que alcanzan a más de 660 navieras y 3.700 barcos. Además, CDI Marine, gracias a un acuerdo con la Unión Europea, es uno de los más importantes suministradores de datos sobre buques de la base de datos Equasis.

En 1997, las inspecciones se ampliaron a las terminales de almacenamiento de gráneles líquidos, con el fin de aumentar su calidad y seguridad. En la actualidad, 61 compañías participan en el programa CDI Terminals, con más de ciento veinte terminales inspeccionadas.

Esta sección de inspección de terminales cuenta con dos cuestionarios TIR *(terminal inspection report)*, el de gestión y el técnico, encontrándose actualmente ambos en su quinta edición.

Cuestionario de inspección de buques	
Capítulo	**Persona responsable**
1. Información general	Capitán
2. Certificación y documentación	Capitán
3. Gestión de la tripulación	Capitán
4. Navegación y equipos de navegación	Capitán + oficial de navegación
5. Gestión de la seguridad	Toda la tripulación
Ejercicios, entrenamiento y familiarización	Oficial de seguridad
Protección del buque	Capitán + oficial de protección
Procedimiento de entrada en espacios cerrados, cámara de bombas y compartimentos con componentes orgánicos volátiles	Primer oficial
Monitorización de espacios de *no carga*	Primer oficial
Equipos de análisis de gases	Primer oficial
Procedimientos de trabajo en caliente	Jefe de máquinas
Equipos de salvamento	Oficial de seguridad
Equipos contra incendios	Jefe de máquinas + oficial de seguridad
6. Prevención de la contaminación	Primer oficial + jefe de máquinas
7. Condición estructural	Primer oficial
8. Carga y sistemas de lastre	Primer oficial / *Cargo engineer*[14]
Sistema de gas inerte	Jefe de máquinas + primer oficial
9. Amarre	Primer oficial
10. Comunicaciones	Capitán + oficial de radio[15]
11. Máquina y compartimentos del servo	Jefe de máquinas
12. Apariencia general y estado aparente	Jefe de máquinas + primer oficial

Tabla 4.4. Personas responsables de cada capítulo en el cuestionario SIRE.

---

[14] En los barcos LNG debido a la alta tecnología con la que se trabaja es práctica habitual llevar un oficial de máquinas de carga, dedicado al control y mantenimiento de equipos de carga, compresores, etc.

[15] Debido a la cada vez menor presencia de oficiales radiotelegrafistas, el oficial radio se sustituye por el oficial del buque encargado de realizar los chequeos, pruebas y llevar el control del diario de los equipos GMDSS.

Por último, en 2002 se creó el International Marine Packed Cargo Audit Scheme. Con más de doscientos auditores situados en los mayores puertos de contenedores del mundo, su objetivo consiste en auditar toda la cadena logística del transporte de productos químicos en *tanktainers*. Esto incluye desde terminales de contenedores y operadores de contenedores tanque hasta empresas transitarias y agentes.

La peculiaridad de CDI es que sólo inspecciona barcos relacionados con el transporte de químicos, es decir, barcos quimiqueros y gaseros del tipo LPG.

Actualmente, en su base de datos están registrados más de 3.700 barcos químicos y LPG y existen más de 1.800 informes disponibles en su web en todo momento. Actualmente, CDI tiene tres *ship inspection reports* publicados. El informe relativo a gas y químicos se encuentran en su sexta edición, siendo la última revisión de 2007. En cuanto a gráneles secos, se encuentra en su primera edición.

Asimismo, también disponen de su propio *vessel particulars questionaire*. En su segunda edición, con seis revisiones, la última de ellas en 2008.

El objetivo de CDI no es aprobar o suspender el buque, sino hacer un informe detallado del estado real del barco en el momento de la inspección. No es, por lo tanto, un *vetting* al estilo SIRE que pueda abrir las puertas a un posible negocio con una petrolera. Aquí se trata más de una información pública del buque, siendo el estado real de este el que puede cerrar las puertas a su posible contratación.

En la actualidad, el CDI Marine tiene ochenta y seis inspectores acreditados alrededor del mundo. La característica principal de estos inspectores es su total independencia con el CDI, ya que ninguno de ellos tiene relación contractual con la fundación.[16]

El CDI no emplea a los inspectores, ni hace juicios acerca de los informes de inspección que ellos realizan, dejando bajo responsabilidad del usuario el hacer sus propios juicios de valor acerca de los informes. Es más, el CDI admite que la naviera pueda rechazar al inspector de su buque, si esta considera que es poco objetivo o parcial en su valoración. Si esto ocurre, CDI designa otro inspector disponible.

En primer lugar, se constata la gran similitud en gran número de aspectos con el cuestionario SIRE. En cualquiera de sus tres variables, para buques quimiqueros, LPG y gráneles secos, se trata de un cuestionario muy completo, con aproximadamente mil cien preguntas, que dan cobertura a la totalidad de secciones del buque.

Una característica que diferencia al cuestionario CDI respecto al SIRE es la posibilidad de autoevaluación del propio buque en ciertos capítulos. Esta autoevalua-

---

[16] Una lista completa de todos los inspectores acreditados del CDI está disponible en www.cdi.org.uk/Inspectors.asp.

ción previa por parte del buque, puede ahorrar cerca de cuatro horas de inspección. Aspecto importante que se ha de considerar, dado que la inspección CDI ha de realizarse a la luz del día y durante operaciones de carga o descarga.

4.3 Rightship

Con un sistema integral de buques, Vetting Información (SVIS),[17] ayuda a sus clientes a gestionar el riesgo marino mediante la identificación y eliminación de buques deficientes de su cadena de suministro. Está particularmente especializado en buques graneleros.

En primer lugar, conviene señalar los criterios de Rightship para la selección de buques para ser inspeccionados. A diferencia de los otros *vettings,* en que todos los buques han de pasar la inspección,[18] Rightship sólo realiza análisis de riesgos (con información de tipo documental) y hace inspecciones si el barco en cuestión cumple alguno de los siguientes requisitos:

— Que sea considerado un barco de alto riesgo.
— Barcos que hayan sufridos reparaciones mayores (por daños causados por un abordaje, varada, etc.) o modificaciones en su estructura (entrada en astillero para aumentar su eslora, etc.).
— Todos los barcos *capesize* de 18 o más años de edad.[19]
— Todos los barcos *panamax* de 18 o más años de edad.[20]
— Todos los barcos *handymax* de 25 años o más.[21]

Los límites máximos de edad de aceptación del barco serán treinta años para los *handimax* y *panamax* y veinticinco años para los *capesize* (si estos no tienen pasada la inspección de evaluación del estado de las estructuras del casco *[Condition Assessment Program* o CAP]). Habida cuenta de la eslora de estos barcos y los esfuerzos

---

[17] Véase la web www.rightship.com/.
[18] Actualmente algunas empresas están tratando de reducir al mínimo posible el número de inspecciones a buques de menos de cinco años de antigüedad.
[19] Barcos que por sus dimensiones ven imposibilitado el tránsito por el canal de Suez. El nombre les viene otorgado por la ruta alternativa que toman, por el cabo de Buena Esperanza (calado superior a 18.9 m).
[20] Barcos cuyas dimensiones vienen dadas por el máximo tamaño con el que es posible transitar por el canal de Panamá (E = 295 m. M = 32.3 m. Calado: 12 m).
[21] Buque granelero de entre 35.000 y 60.000 toneladas, con una eslora inferior a 190 m.

a los que se ve sometida su estructura, no es arriesgado aventurarse a decir que es una edad bastante madura como para pasar su primera inspección *vetting*. En dieciocho años, el barco puede estar ya en un estado bastante deteriorado, si bien ello dependerá del mantenimiento realizado, las cargas transportadas y el cuidado en las operaciones de carga y lastre del buque. Pero con el ritmo de carga que se impone en algunas terminales de gráneles, es muy difícil mantener dentro de los límites de resistencia a la estructura del buque, ya que en ocasiones las bombas de lastre no disponen del tiempo necesario para vaciar los tanques. Esto supone, cartabones y otros refuerzos doblados o rotos.

En cuanto al cuestionario, cabe comentar que es mucho más breve y, sobre todo, más leve que los de SIRE y CDI descritos anteriormente. Como ejemplo comparativo, el capítulo dedicado a la navegación en el cuestionario Rightship consta de trece preguntas entre gestión y procedimientos de navegación, mientras que el SIRE dedica 78 preguntas y el CDI 74 referentes al mismo asunto.

En cambio, sí que profundiza más en factores tales como la condición estructural del buque y el estado de sus grúas y puntales. En definitiva, hablamos de un cuestionario de catorce páginas que, aun siendo mucho más limitado que el SIRE o el de CDI, posee un enfoque muy específico de la problemática (daños a la estructura del buque por superar el límite de esfuerzos) de este tipo de buques.

Capítulo 5

La gestión operacional de la seguridad marítima

1 Introducción

A raíz de una serie de siniestros ocurridos en las dos últimas décadas del siglo xx, la atención de la seguridad marítima dejó de centrarse exclusivamente en el control del «objeto» y su buen estado (buque y navegabilidad), para adentrarse en los aspectos operacionales y en una dimensión más amplia: la relación entre el buque, las tripulaciones y el medio ambiente. El objetivo conceptual se hizo más ambicioso que la mera supervisión y control de la navegabilidad del buque, para definir un sistema de gestión global de la seguridad, por buque o compañía, que relacionase todos los factores implicados en la seguridad marítima. Los trabajos de la OMI dieron lugar al Código internacional de gestión de la seguridad operacional del buque, conocido como Código IGS (International Safety Management Code o ISM Code), autentica clave de bóveda de la normativa de seguridad marítima. Conviene destacar de él su carácter dinámico, la necesaria corrección de las disfunciones, auditorias y acciones correctoras que conlleva y, asimismo, que es un instrumento de primer nivel en la difusión y el avance de la cultura proactiva de la seguridad marítima.

2 El Código internacional de gestión de la seguridad operacional del buque

El Código IGS es un documento de sólo dieciséis artículos, adoptado por la OMI en 1993.[1] Aunque fue elaborado como un borrador, sus previsiones adquirieron

---

[1] El código fue ratificado por España en 1998 (BOE n.º 122; 22 de mayo de 1998) y sido enmendado para acoger las Enmiendas 2008 (BOE n.º 277; 16 de noviembre de 2010), entrada en vigor de las enmiendas 1 de julio de 2010.

vigencia por la Conferencia SOLAS de 1994, de modo que devino obligatorio bajo el nuevo capítulo IX del Convenio SOLAS. Citando el preámbulo del IGS, su finalidad es «proporcionar una norma internacional sobre gestión para la seguridad operacional del buque y la prevención de la contaminación».

Su artículo primero manifiesta que el objetivo del código es «garantizar la seguridad marítima y que se eviten tanto las lesiones personales o pérdidas de vidas humanas, como los daños al medio ambiente, concretamente al medio marino, y a los bienes». En este sentido, los objetivos en materia de gestión de la seguridad de una compañía deben ser:

- Promover prácticas seguras en la operativa del buque y un ambiente de trabajo seguro.
- Tomar en cuenta todos los riesgos identificados del buque, personal y medio ambiente y establecer las medidas de seguridad apropiadas.
- Mejorar de forma continua las habilidades de gestión de la seguridad del personal a bordo y en tierra, incluyendo la preparación frente a emergencias tanto en seguridad como en protección del medio ambiente.

La obligación de aplicar el Código IGS ayuda a asegurar el cumplimiento de reglas y normativas relacionadas con la operativa segura de buques y la protección del medio ambiente por las administraciones del Estado de pabellón.

El Código IGS pretende dar soporte al desarrollo de la cultura de la seguridad en la industria naval, tanto del personal de a bordo como del de tierra, y a mejorar el cumplimiento de los convenios internacionales.

2.1 Antecedentes

Las recomendaciones que el Departamento de Transportes de Reino Unido incluyó en el informe elaborado como consecuencia del accidente del buque ro-ro *Herald of Free Enterprise,* suelen identificarse como el punto de inicio del proceso de elaboración del Código IGS.

En julio de 1986, la Instrucción M.1118 de la dirección de la Marina Mercante de Reino Unido (Good Ship Management) recomendó la designación de una persona que desde tierra *(Designated Person Ashore* o DPA), debía asegurarse de que la gestión operativa de los buques de una compañía se realizase respetando las normas y los principios de seguridad.

El *Herald of Free Enterprise* se hundió el 6 de marzo de 1987, cuando salía del puerto de Zeebrugge (Bélgica) con las puertas interior y exterior de proa abiertas.

El agua comenzó a entrar rápidamente en las cubiertas y, en pocos minutos, perdió la estabilidad y se hundió, quedando apoyado en el fondo sobre el costado. El accidente causó la muerte de 193 personas, 38 de las cuales eran tripulantes. Las investigaciones concluyeron que las causas directas del accidente habían sido el fallo humano y las deficiencias operativas de la empresa naviera. En diciembre de 1988, Reino Unido impuso a los trasbordadores británicos determinadas reglas, entre las que destaca la designación de una persona responsable de la gestión de la seguridad desde tierra. Se trataba de una medida obligatoria, aunque sólo de carácter nacional.

La varada del *Exxon Valdez*, el 24 de marzo de 1989, provocó el derrame de 37.000 toneladas de crudo en las costas de Alaska. Este suceso fue una de las causas que impulsaron la aprobación de la resolución A. 647 (16) en la 16ª asamblea de la OMI, una guía sobre la gestión de la operación segura de los buques y la prevención de la contaminación. Esta resolución supone el inicio de los trabajos de preparación del Código IGS.

Otro de los accidentes que condicionó el contenido de este código e hizo más evidente la necesidad de la figura de una persona designada en tierra fue el incendio del *Scandinavian Star*, el 7 de abril de 1990. Este accidente motivó que los países nórdicos propusieran al Comité de Seguridad Marítima de la OMI (MSC 59) un sistema de gestión de la seguridad basado en las normas ISO 9000,[2] obligatorio para buques de pasajeros y otros tipos de buque con un registro bruto de más de 500 toneladas. Esta propuesta es el origen de la enmienda a la resolución A. 647 (16), Guidelines on management for the safe operation of ships and for pollution prevention, que incluía la figura de una persona designada en tierra, aprobada con idéntico nombre que la anterior en la 17ª Asamblea mediante la resolución A. 680 (17).

El 4 de noviembre de 1993, en la 18ª asamblea de la OMI se aprobó la resolución A. 741 (18) y, por lo tanto, el Código IGS. En mayo de 1994, la conferencia de países firmantes del Convenio SOLAS (1974) acordó incorporar a éste, como capítulo IX, el contenido del Código IGS para buques de pasajeros y otros buques o plataformas móviles de más de 500 toneladas de registro bruto. Con ello se aceleraba un proceso de entrada en vigor, pues se integraba el IGS en el Convenio SOLAS, que se llevó a cabo por fases, desde el 1 de julio de 1998 hasta julio de 2002. Es importante destacar que, en virtud del procedimiento de aceptación tácita del Con-

---

[2] Norma internacional con los fundamentos y el vocabulario relacionados con los sistemas de gestión de la calidad.

venio SOLAS, cada una de las enmiendas entra en vigor en la fecha indicada a no ser que, antes de esa fecha, un número determinado de partes formulen objeciones a la enmienda. Esta regla de vigencia ha favorecido extraordinariamente la efectividad de dicho convenio y, con ello, del IGS integrado en aquél.

2.2 Contenido del Código IGS

El objetivo del Código IGS es proporcionar un estándar internacional para la gestión de la seguridad y la operatividad de los buques, así como para la prevención por contaminación y la seguridad marítima, por pérdidas o daños a las personas, y por daños en el medio ambiente. El código se refiere al procedimiento de gestión del buque, en la mar y desde tierra, mediante reglas específicas sobre condiciones técnicas del barco y los procedimientos operativos (normas técnicas ligadas a las convenciones ya comentadas en los capítulos anteriores y que incluyen las normas de protección del Código PBIP).

El código formula una serie de principios generales, extendiéndose a todo tipo de buques y propietarios. Recoge expresamente que para cada nivel de gestión se requieren variaciones del nivel de conocimientos y cuidados respecto a la seguridad y las normas medioambientales. Por este motivo, contiene un amplio número de «objetivos para la seguridad» para empresas propietarias u operadoras (artículo 1.2), requiriendo que estas desarrollen, implanten y mantengan un sistema de gestión de la seguridad (SGS) *(Safety Management System* o SMS) que cubra un amplio abanico de aspectos descritos en el artículo 1.4, que se desarrollan y amplían en los subsiguientes artículos del documento.

La compañía naviera debe definir y documentar los niveles de autoridad y los sistemas de comunicación entre el barco y tierra, así como los roles y las funciones de todo el personal relacionado con las normas de seguridad o medioambientales:

- Debe haber en tierra personal adecuado y, tal vez lo más importante, «personas designadas en tierra» para proporcionar un vínculo con el barco, teniendo acceso con los niveles de gestión de la compañía operadora o la propietaria, siendo responsable de los asuntos regidos por el código (artículos 3 y 4).

- La compañía debe definir y documentar todas las cuestiones referentes a la responsabilidad y autoridad del capitán para la seguridad y las cuestiones medioambientales, así como la cualificación y entrenamiento del capitán y la tripulación.

- Hay previsiones clave en el código sobre el desarrollo, la verificación y la auditoría, sobre planes de operaciones de embarque, planes de emergencia, sobre situaciones imprevistas y situaciones de emergencia o accidentes, entre otras. Estas previsiones cubren: *a)* los sistemas que se deben seguir para asegurar las operaciones del barco con seguridad, y *b)*, reportan los procedimientos posteriores al incidente, identificando el problema y asegurándose de que no vuelva a ocurrir, con la toma de acciones correctoras.

- Finalmente, existen previsiones relativas a asegurar el mantenimiento del barco y de su equipo en general.

Todas estas cuestiones deben estar tratadas por escrito en el manual del sistema de gestión de la seguridad y se debe asumir todo el proceso de control de los documentos y datos relevantes para el mismo. Para ello, la compañía naviera deberá llevar a cabo una auditoría interna para comprobar que su SGS se está cumpliendo en la práctica.

La regulación sobre los requisitos y las formalidades de dicho sistema deberá ser detallada con precisión de manera individual por los estados, que deben legislar internamente para dotar al Código IGS de una total efectividad. Sin embargo, la OMI ha advertido del peligro de una regulación excesivamente rígida, consciente de la amplia gama de propietarios y barcos a los que debe aplicarse dicho código. La idea es que cada propietario u operador designe su propio sistema de gestión de la seguridad, en la manera que mejor se adecue a sus particularidades. La tarea de la autoridad es asegurar la aplicación del sistema una vez diseñado, cumpliendo con los requisitos generales del Código IGS.

La OMI emitió un documento denominado *Guía de aplicación del Código IGS,* dirigido a las administraciones, que sirve como formulario para la aplicación de las reglas en cada Estado.[3]

La persona responsable del cumplimiento del Código IGS debe estar identificada nominativamente y registrada ante las autoridades del país de abanderamiento. Normalmente será el propietario, aunque no es un requisito del código. Si la entidad que ha asumido la responsabilidad de las operaciones del barco no es el propietario, tiene la obligación de proporcionar sus datos a las autoridades del país de abanderamiento. Este sería el caso de un gestor náutico *(shipmanagement)* que haya sido contratado para llevar a cabo dichas funciones, o cuando el barco esté sujeto a un

---

[3] Véase resolución A. 788 (19) de 23 de noviembre de 1995.

contrato de *bareboat charter*, esto es cuando ha sido arrendado y se ha trasferido la gestión náutica al arrendatario (operador).

El propietario u operador que asume la gestión náutica debe cumplir con el Código IGS, asegurándose de que todos los miembros de la tripulación con funciones específicas de gestión las realizan en los términos requeridos por la OMI, o bien delegando las operaciones a un gestor cuyos datos hayan sido registrados y sean conocidos por la autoridad.

La certificación de una empresa naviera bajo el Código IGS, consiste en tres tipos de certificados:

- *Document of Compliance* (DOC), definido como «un documento expedido a una compañía que cumple lo prescrito en el Código IGS», certifica la conformidad de la organización y los procedimientos de operaciones en tierra, respecto a lo establecido en dicho código. El capitán deberá tener a bordo una copia del DOC que permita demostrar su posesión ante la autoridad competente en caso de inspección.

- *Safety Management Certificate* (SMC) o certificado de gestión de la seguridad (CGS), se trata de «un documento expedido a un buque como testimonio de que la compañía y su gestión a bordo del mismo se ajustan al sistema de gestión de la seguridad aprobado». Se otorga por la Administración o la organización reconocida por ella a cada barco de la empresa naviera, acreditando el cumplimiento a bordo de la nave de los procedimientos establecidos en el Código IGS. Sólo puede ser expedido una vez que la compañía operadora del buque ha obtenido el DOC correspondiente.

- *Interim Certificate* (IC) o certificado provisional se expide para facilitar la implantación inicial del IGS cuando una compañía se establezca por primera vez, o cuando vayan a añadirse nuevos tipos de buque a un documento de cumplimiento existente, dado que la compraventa de buques es muy usual en la industria marítima.

El Código IGS no afecta a las relaciones contractuales de la empresa propietaria del buque con terceras partes, por lo que cuando la gestión operacional del código haya sido delegada a un gestor náutico, la responsabilidad de la propietaria por obligaciones contractuales concluidas en su nombre continuarán siendo asumidas generalmente por ella.

2.3 Certificación y verificación periódica (artículo 13)

El DOC debe ser emitido por organizaciones reconocidas o por cuenta de la Administración del país de abanderamiento. El DOC implica desarrollar el *Manual de gestión de la seguridad,* libro compendio de los documentos utilizados en la descripción e implantación del sistema de gestión de la seguridad (SGS). Tiene tantos capítulos como prescripciones y el anexo de la resolución 741(18). La citada publicación debe comprender:

- **Operaciones de a bordo (artículo 7, enmiendas 2008)**
  La compañía adoptará procedimientos, planes e instrucciones, así como las listas de comprobaciones que procedan, aplicables a las operaciones más importantes que se efectúen a bordo en relación con la seguridad del personal y del buque y la protección del medio ambiente.
  Se delimitarán las distintas tareas que hayan de realizarse, confiándolas a personal competente:

  - *Operaciones normales.*
  - *Operaciones de puente:* planificación de ruta, navegación, prevención del abordaje, guardias de mar, guardia de puerto, órdenes del capitán, relevos, imprevistos, comunicación interna, etc.
  - *Operaciones de la máquina:* se requieren procedimientos de control de los auxiliares, servo, *bunkering,* gestión de basuras, manipulación y almacenamiento de productos químicos, etc.
  - *Operaciones de carga:* se requieren de procedimientos para operaciones clave de manipulación de la carga y prevención de la contaminación, como preparación de las bodegas/tanques, planes de carga y descarga, informes y gestión de residuos, etc.
  - *Operaciones especiales de cubierta y lastre:* se requieren de procedimientos para operaciones importantes como atraque/desatraque, fondeo, accesos, estanqueidad, estabilidad, gestión de residuos, calados, vigilancia polizones, etc.
  - *Operaciones críticas:* navegación con mal tiempo, transporte de mercancías peligrosas, navegación con visibilidad reducida, trabajos especiales durante la navegación, entre otras.

En general se identificarán y se documentaran todas aquellas actividades que afecten a la seguridad, la salud laboral y el medio ambiente con respecto a la carga y el tipo de buque, donde se deban tomar medidas en relación a los riesgos analizados y evaluados (HAZID y HAZOP).

- **Preparación para emergencias (artículo 8, enmiendas 2008)**

  «8.1. La compañía determinará las posibles situaciones de emergencia a bordo y adoptará procedimientos para hacerles frente.»

  La compañía define la emergencia como la situación que ha ocasionado o puede ocasionar un accidente o situación crítica en la que se ponga en grave riesgo la salud o la vida de las personas, la seguridad del buque y su carga o el medio ambiente.[4] En relación a las emergencias, es necesaria la claridad de los procedimientos, pero lo verdaderamente importante es que el modo automático sea eficaz. Se puede enseñar a actuar de manera automatizada (ejercicios, charlas de seguridad, etc.), pero ante una situación de crisis y de posible bloqueo, ¿cómo se reaccionará? ¿Es posible también enseñar a pensar de manera automática y eficaz? La respuesta a esta difícil pregunta va ligada a una asunción somática de los principios y la cultura de la seguridad.

  Por ahora, los siniestros del *Costa Concordia* y del *Norman Atlantic* cuestionan las actuales normas y reglas de evacuación para los buques de pasaje.[5]

El certificado de gestión de la seguridad (CGS), debe ser emitido por la Administración u organización reconocida para cada barco. Antes de dicha emisión, el

---

[4] La resolución OMI-A.852 (20) establece las normas que deben existir en los buques, de acuerdo con los convenios SOLAS y MARPOL, para un «sistema integrado de planes de emergencia a bordo». Este sistema debe constituir un referente de los planes de emergencia que se elaboren para las posibles emergencias en el marco de una estructura modular uniforme, de acuerdo con la gestión de la seguridad que pone de manifiesto el Código IGS y, posteriormente, el código ISPS. La estructura de este sistema modular ha de facilitar el acceso a la información con un orden de prioridades.

[5] El cuadro de obligaciones y consignas para casos de emergencia *(Muster List* o ML), elemento clave de la organización a bordo para enfrentar un eventual siniestro, establece los deberes de cada tripulante en los casos de emergencia que pueden darse (regla 37 del capítulo III del Convenio SOLAS). Las emergencias más comunes son: incendio, varada, vía de agua o fallo de gobierno y abandono del buque. La dotación mínima de seguridad *(Minimum Safe Manning* o MSM), determina el número de tripulantes que han de garantizar la seguridad del buque y de la vida humana en el mar (regla 15 del capítulo I I-2 y regla 19 del capítulo III del Convenio SOLAS). Aunque se confundan con frecuencia, la MSM y el ML tiene alcances muy diferentes. Quienes forman parte de la MSM han de contar con un certificado de competencia y estar familiarizados (y en su caso certificados) con los elementos y servicios que se le asignen en el ML. En los buques de pasaje, los tripulantes han de haber recibido, además, formación adicional sobre gestión de masas y comportamientos en situaciones de crisis, entre otras materias específicas (regla A-V/3 del Convenio STCW). Esos requisitos no son necesarios para cualquier otro tripulante al que el ML asigne una determinada función en caso de emergencia.

órgano competente de dicha Administración debe verificar que la compañía y su gestión a bordo operan de acuerdo con el CGS aprobado.

Finalmente, el artículo 13.8 faculta a la Administración del país de abanderamiento para verificar periódicamente la correcta aplicación del certificado CGS.

En resumen, cuando el Código IGS y el capítulo IX del Convenio SOLAS se leen unidos, la empresa operadora del barco o la propietaria deberán identificar sus objetivos medioambientales y de seguridad de acuerdo con dicho código, debiendo preparar el SGS, documentándolo e instrumentándolo, para asegurar que se está dando efecto a los objetivos marcados.

El SGS debe proporcionar la creación de otros sistemas, apuntes y documentos que deben mantenerse en continuo desarrollo. Cuando la Administración se asegure de que el sistema es satisfactorio, emitirá el DOC a la compañía y un certificado de gestión de la seguridad para cada barco. Las consecuencias prácticas del Código IGS varían de una compañía propietaria u operadora a otra, por lo que cada una deberá poner al día los sistemas y obtener la documentación necesaria que avale su cumplimiento.

Como se indicó inicialmente, las consecuencias prácticas y técnicas de las operaciones del barco van más allá de la esfera normativa. Sin embargo hay numerosas consecuencias legales que deben ser identificadas, por ejemplo:

- Normativa reguladora concerniente a la estructura de la propiedad del buque, que debe relacionarse con la administración del pabellón y con las autoridades de los puertos donde los barcos van a escalar.
- Grado del incumplimiento y su afectación al beneficio de la limitación de responsabilidad de la naviera.
- Impacto en las coberturas aseguraticias de la propiedad del buque, teniendo en cuenta que si este no cumple el Código IGS no debe navegar.
- Responsabilidad penal.

2.4 *Responsabilidad y autoridad del capitán (artículo 5)*

El Código IGS reafirma expresamente y de manera indubitada la autoridad del capitán y establece del mismo modo que la compañía naviera determinará y documentará las atribuciones del capitán en el ejercicio de las funciones siguientes:

- Implantar los principios de la compañía sobre seguridad y protección medioambiental.
- Fomentar entre la tripulación la aplicación de dichos principios.

> – Impartir las órdenes e instrucciones pertinentes de manera clara y simple.
> – Verificar que se cumplen las medidas prescritas.
> – Revisar el SGS e informar de sus deficiencias a la dirección de la compañía.

3 La persona designada: el enlace buque-tierra (artículo 4)

Uno de los aspectos más controvertidos en la aplicación del Código internacional de gestión de la seguridad operacional del buque (IGS) a escala internacional es el tratamiento de la persona designada en tierra (DPA) en todas sus vertientes.[6],[7] Este apartado aborda uno de sus aspectos más relevantes: la formación y cualificación de la persona designada. Sin ella queda gravemente comprometida la seguridad operacional del buque. El artículo 4 del Código IGS introduce así en la actividad marítima una figura sin precedentes y de extraordinaria relevancia.

La persona designada tiene la gran responsabilidad de asegurar al buque todo el apoyo necesario desde tierra a fin de garantizar la seguridad operacional y el cumplimiento de las previsiones del Código IGS. Es un eslabón vital entre el buque y la naviera, que deberá garantizar en todo momento un óptimo nexo de enlace entre el personal de tierra y el de a bordo. Sus funciones son de tal importancia que, en el caso de no ejecutarse correctamente, peligra la gestión operacional de a bordo.

La persona designada debe atender las denuncias o no conformidades formuladas por los capitanes de los buques a su cargo, en relación al DOC y al sistema de gestión de la seguridad. Por otro lado, la aplicación del Código IGS implica una gran cantidad de información que debe quedar registrada, con una gran trazabilidad documental, que en caso de accidente o incidente marítimo (incluyendo un accidente laboral) permitiera determinar, tras una somera investigación, si la persona designada era consciente de cualquier deficiencia. En los supuestos de innavegabilidad, la naviera no va poder alegar desconocimiento, cuando la misma haya sido debidamente comunicada.[8]

---

[6] Véase en ese sentido al Dr. Phil Anderson, cuya tesis doctoral versó sobre el Código IGS y desde entonces mantiene un foro abierto sumamente interesante sobre el código y su aplicación efectiva (www.ismcode.net/).

[7] El accidente del *Costa Concordia* resulta un ejemplo sumamente ilustrativo: las complejas relaciones entre el comandante Schettino y el Sr. Ferrarini (DPA), es de los puntos más controvertidos del procedimiento penal.

[8] La aplicación del Código IGS ha planteado numerosos casos jurisprudenciales en los países anglosajones. Véanse por todos los casos del *Eurasian Dream* (sentencia de la Commercial Court de 7 de febrero de 2002) y del *Torepo* (sentencia de la Admiralty Court de 18 de julio de 2002 ([2002] 2 Lloyd Lloyd's Rep. 535; *Patraikos 280* (sentencia de la Singapore High Court de 9 de mayo de 2002). En EEUU, véase *Eleanor Eisenberg (Eisenberg Corporation Fla.)* vs. *Carnival Corporation* (2008) WL 2946029 (S.D.Fla.).

Asegurado el nexo de unión entre el buque y la compañía, podría plantearse la duda de la capacidad de la persona designada para solventar los problemas de los que tenga conocimiento. Tal duda no debería existir, ya que el Código IGS especifica claramente que la persona designada será «una o varias personas en tierra directamente ligadas a la dirección, cuya responsabilidad y autoridad les permita supervisar los aspectos operacionales del buque que afecten a la seguridad y la prevención de la contaminación, así como garantizar que se habilitan recursos suficientes y el debido apoyo en tierra», lo que implica, por lo menos en el plano teórico, que deberán tener suficiente capacidad y autonomía para tomar las decisiones que considere oportunas para garantizar una gestión operacional segura.

La realidad, sin embargo, ha mostrado diferentes disfunciones y un gran número de problemas que se pueden resumir en tres grandes apartados:

- La diferente configuración según la empresa naviera. Es decir, las funciones y obligaciones del DPA varían en función de la compañía, la cultura de seguridad, el tamaño y los procedimientos, y abarcan desde:

  - Oficial de seguridad, el inspector o su asistente (perfil operativo).
  - Gerentes, recursos humanos, financieros, etc. (perfil gestor).
  - Departamento propio con personal específico, normalmente en grandes compañías (esta resulta la mejor opción en atención a los objetivos del código).

- La gestión operativa del buque que contempla el Código IGS es sumamente dinámica, con diversos requerimientos funcionales que pueden ser identificados en el SGS: los procedimientos de comunicación de accidentes e incidentes y de comunicación de emergencias. A partir de ellos, se han de adoptar medidas correctoras y realizar su seguimiento, lo que implica una supervisión periódica de inspecciones y procedimientos. La puesta al día requiere una actualización permanente y una gran experiencia.

- Sólo a partir de las enmiendas de Manila (2010) al Convenio SCTW 78/95 se ha contemplado la coordinación entre el Código IGS y el SCTW. La tardanza de su entrada en vigor[9] explica la falta de formación y cualificación en el desarrollo e implementación del código.

---

[9] En España, en el año 2012.

3.1   Formación de la persona designada. Obligación de la empresa naviera

El Comité de Protección del Medio Marino y el Comité de Seguridad Marítima de la OMI, en su 83º periodo de sesiones (3 a 12 de octubre de 2007), señalaron que las personas designadas desempeñan una función clave en relación con el desarrollo y la implantación del sistema de gestión de la seguridad en una compañía naviera. Los Comités (MSC-MEPC) también acordaron que existía una necesidad urgente de proporcionar orientaciones a las compañías navieras sobre la titulación, la formación y la experiencia de las personas designadas en virtud de lo dispuesto en el Código IGS. Sobre esa base y queriendo establecer unas orientaciones mínimas, se dictó la Circular MSC-MEPC.7/Circ.6. Orientaciones sobre la titulación, formación y experiencia necesarias para desempeñar la función de persona designada, en virtud de lo dispuesto en el IGS. La circular establece tres apartados: titulación, experiencia y formación. En relación a la titulación se requiere formación superior; condición de oficial titulado de acuerdo con el SCTW 78/95 y tres años de experiencia en gestión de buques. En relación a la experiencia, se debe tener capacidad y haber desarrollado auditorias de procesos, análisis de riesgos y evaluación de procedimientos.

En relación a la formación, de manera particular:

- Las personas designadas habrán recibido formación sobre los elementos de gestión de la seguridad, con arreglo a las disposiciones del Código IGS, particularmente en lo que se refiere a:

  - El conocimiento y la comprensión del Código IGS.
  - Las normas y reglas de obligado cumplimiento.
  - Los códigos, las directrices y las normas aplicables, según proceda.
  - Las técnicas de evaluación de exámenes, cuestionarios, valoraciones e informes.
  - Los aspectos técnicos u operacionales de la gestión de la seguridad.
  - Un conocimiento adecuado del transporte marítimo y de las operaciones a bordo de los buques.
  - La participación en, al menos, una auditoría de sistemas de gestión relacionados con el sector marítimo.
  - Las comunicaciones eficaces con el personal de a bordo y la dirección de la compañía.

- La empresa naviera tiene la obligación de llevar a cabo cursos que abarquen los aspectos de titulación, formación y experiencia y los procedimientos apropiados relativos al cumplimiento del Código IGS, así como una formación práctica y su actualización continua. La compañía también debe aportar pruebas documentales de que las personas designadas tienen la titulación, formación y experiencia pertinentes para desempeñar las funciones estipuladas en el IGS.

3.2 Aspectos jurídicos

La cuestión crítica a responder es qué ocurre frente a un accidente marítimo o cualquier incidencia cuando el DPA, de manera individual, no reúne los requisitos enunciados por la circular 7/6 de titulación, formación y experiencia, o los mismos no pueden ser acreditados. Más allá del valor jurídico atribuible a las circulares de la OMI, se deben considerar las enmiendas al CGS, resolución MSC. 273 (85),[10] donde se menciona que se delimitarán las distintas tareas que hayan de realizarse, confiándolas a «personal competente». La referencia a personal competente debe ser verificada a partir de los requisitos enunciados en la mencionada circular.

Desde la perspectiva del derecho anglosajón, el incumplimiento de las normas sobre formación, titulación y experiencia supone una falta de debida diligencia *(due diligence)* y de falta de la prudencia razonable *(reasonable precautions)* en relación a la obligación de navegabilidad del buque *(seaworthisness)*.

4 Documentación e incumplimiento del Código IGS

El Código IGS no impone específicamente ninguna sanción por incumplimiento, pero eso no quiere decir que no haya ninguna. Desde el 1 de julio de 1998, todos los barcos y las navieras deben estar en posesión del DOC y del certificado de gestión de la seguridad (CGS). Estos documentos son esenciales si el barco se encuentra operando y, en caso contrario, situarán a la naviera y al barco ante un incumplimiento de las regulaciones impuestas por la Administración del país de abanderamiento, teniendo como resultado la imposibilidad de entrar en cualquier puerto o su detención por el control del Estado del puerto. No disponer de los documentos acreditativos del Código IGS implica de manera clara y rotunda la innavegabilidad del buque.

....

[10] En España, BOE 16 de noviembre de 2010: artículo 7, Operaciones a bordo.

Proceso documental del Código IGS		
Etapa	**Objetivos**	**Actividad**
1	Implementación en tierra	– Establecimiento del sistema de gestión de la seguridad (SGS) – Designación de una persona responsable en tierra (DPA) – La compañía revisa su SGS – Se efectúan las acciones correctivas apropiadas – Se programa la primera auditoría interna en tierra
2	Certificación interina en tierra *Document of Compliance interim* (DOC *interim)*	– La compañía solicita la certificación a la Administración – Una organización reconocida efectúa la verificación interina en nombre de la Administración – Si la verificación resulta satisfactoria, se emite un *document of compliance* provisional
3	Certificación interina a bordo *Safety Management Certificate* (SMC *interim)*	– La compañía en poder del DOC, solicita a la administración el certificado de gestión de la seguridad (CGS) – Una organización reconocida efectuará la verificación interina en nombre de la administración – Si la verificación resulta satisfactoria, se emite el CGS provisional *(Interim Safety Management Certificate)*
4	Certificación permanente En tierra: DOC A bordo: CGS	– Tanto en tierra como a bordo se requiere que ambas unidades pasen una auditoria inicial, la cual determinará si emite o no el respectivo DOC y CGS – Esta verificación se realiza 5-6 meses después de la auditoría inicial
5	Verificaciones externas anuales En tierra: anual	– El DOC debe ser verificado y endosado anualmente. Su duración es de cinco años, sujeto a verificaciones anuales (mediante auditoría externa)
5 bis	Verificaciones externas anuales A bordo (2,5 a 3 años)	– El CGS debe ser verificado y endosado por la administración o una organización reconocida en un periodo que va entre los dos años y seis meses desde la fecha de la auditoría inicial
6	Verificaciones internas anuales En tierra: anual A bordo: anual	– El sistema de gestión de la seguridad (SGS) debe ser auditado por la compañía sobre bases anuales (mediante auditoría interna) – Código IGS, 12.1

Tabla 5.1. Proceso documental del Código IGS (fuente: novaveritasblog.blogspot.com/p/ism-code.htm).

5   Política de seguridad de la compañía naviera

El Código IGS impone reglas para el establecimiento de una detallada estructura de gestión. La asunción de responsabilidades por normas de seguridad debe quedar claramente definida por la compañía naviera, tanto en el barco como en tierra.

De este modo, el código debe asegurar una mayor apertura y transparencia de la organización y estructura interna, en lo que se ha venido en llamar sistema transparente de gestión de la seguridad.

Dentro de sus objetivos (párrafo 1.2.2) se establece: «2. Evaluar todos los riesgos señalados para sus buques, su personal y el medio ambiente, y tomar las oportunas precauciones».

Más allá de la obligación legal establecida y de un sistema de gestión del riesgo y modelización de riesgos *(risk assessment)* sobre los que nos pronunciaremos más adelante, el Código IGS permite a la empresa naviera definir y establecer una política propia de seguridad en la que se deben de considerar los siguientes aspectos:

- *Fijación de objetivos:* cada compañía debe establecer sus propios objetivos de seguridad y la identificación de la tolerancia al riesgo de la organización. Tolerancia al riesgo es el nivel de riesgo que la organización es capaz y está dispuesto a asumir. Cada empresa tiene su propia «cultura corporativa del riesgo».

- *Detectar e identificar eventos:* el objetivo de la gestión del riesgo es tratar de registrar toda la gama de riesgos, incluyendo los ocultos o no detectados.

- *Evaluar y priorizar los riesgos:* se consideran básicamente dos aspectos, la frecuencia esperada del evento y la gravedad esperada de sus consecuencias.

- *Preparar una respuesta al riesgo:* la formulación de respuestas para hacer frente a los riesgos identificados. Para cada riesgo, los gestores deben seleccionar la respuesta apropiada y desarrollar acciones para alinear el perfil de riesgo de la empresa con su cultura del riesgo.

- *Control y verificación:* las políticas y los procedimientos proporcionan un marco de actuación que ayuda a asegurar que las respuestas al riesgo se llevan a cabo con eficacia y se ejerce un control o monitorización de las mismas. La información pertinente debe ser identificada, registrada y comunicada de forma precisa para que las personas afectadas puedan cumplir con sus responsabilidades.

La seguridad nunca es fortuita, siempre es el resultado de una voluntad decidida, un esfuerzo sincero, una dirección inteligente y una ejecución cuidadosa; y sin duda siempre supone la mejor alternativa.

6 Integración de los sistemas de gestión náutica: relación entre el Código IGS y las normas ISO 9001, 14001, 18001 y 50001

Hay muchos aspectos comunes que permiten la interconexión teórica y práctica entre el Código IGS y las normas ISO 9001, 14001, 18001 y 50001. Cualquier combinación de estos sistemas lleva a una forma más eficiente y con criterios unitarios de gestión de la seguridad, la calidad, el medio ambiente, la salud y seguridad laboral y la gestión de la energía. Estas normas y el IGS son complementarias y pueden ser integradas en un único sistema de gestión, en la medida que los trabajos preparatorios realizados para el IGS son aprovechables en su gran mayoría para la implementación de las normas y sistemas ISO. Sin embargo conviene advertirlo, todas ellas tienen su propia especificidad:

* El Código IGS se centra en la gestión de la seguridad operacional del buque y la prevención de la contaminación. Además, cuando ha sido aprobado resulta obligatorio jurídicamente, a diferencia de las normas ISO, que sólo son obligatorias por remisión de una norma legal.

* La serie ISO 9001 está diseñada para asegurar la calidad de los procesos.

* La norma ISO 14001 proporcionan los elementos para un sistema eficaz de gestión ambiental.

* La norma OHSAS 18001 *(Occupational Health and Safety Management System)* establece los requisitos mínimos de las mejores prácticas en gestión de seguridad y salud en el trabajo y permite:

    - Mejorar el desempeño de la gestión de la seguridad y salud en el trabajo y acreditar el cumplimiento de la legislación vigente.

    - Identificar situaciones de emergencia potenciales, determinar deficiencias del sistema de gestión, y facilitar la integración de sistemas de gestión de la calidad, ambiental y de seguridad y salud en el trabajo.

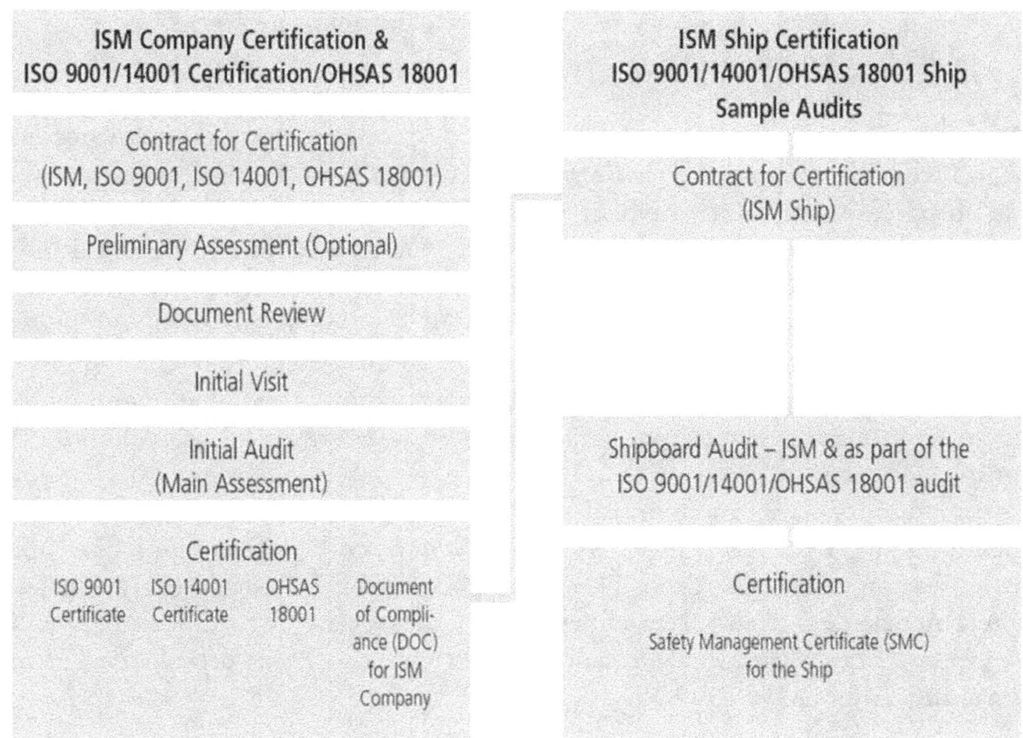

Figura 5.1. Fuente DNV (www. maritimecyprus.files.wordpress.com/2015/03/dnv-integrated-management-systems-onboard-ships.pdf).

- La norma ISO 50001 establece los requisitos que debe poseer un sistema de gestión energética, con el fin de realizar mejoras continuas y sistemáticas del rendimiento energético de las organizaciones.

En muchas ocasiones, se combinan formando un sistema de gestión integrado por buque o compañía naviera, proporcionando un sistema de gestión total. Las sociedades de clasificación han establecido guías de aplicación del proceso, tanto en relación al buque, como a la compañía naviera.[11]

....

[11] Véanse los siguientes enlaces de las sociedades de clasificación: DNV y ABS. DNV, por buque y compañía: https://maritimecyprus.files.wordpress.com/2015/03/dnv-integrated-management-systems.pdf; https://maritimecyprus.files.wordpress.com/2015/03/dnv-integrated-management-systems-onboard-ships.pdf; ABS, en un sólo documento: https://maritimecyprus.files.wordpress.com/2015/03/abs-guide-for-marine-management-systems1.pdf.

7 Los indicadores objetivos de gestión: la utilización de los KPI *(Key Perfomance Indicator)*

Los indicadores de claves de desempeño o de rendimiento, conocidos por las siglas KPI *(Key Performance Indicator)*, sirven para medir el nivel el desempeño de un proceso. Por este motivo, el valor del indicador se debe relacionar directamente con un objetivo prefijado. Un KPI muestra cuál es el progreso o rendimiento en un aspecto concreto. Pueden diseñarse KPI para las distintas áreas de una organización: aprovisionamiento, logística, ventas, atención al cliente, etc. Así, la técnica de los KPI se ha extrapolado a la gestión naviera, y de manera particular a las diferentes áreas de la seguridad marítima: medio ambiente, recursos humanos, seguridad operacional y en la navegación, evaluación de la protección, etc.[12]

El indicador clave de rendimiento (KPI) se construye combinando un conjunto de indicadores de rendimiento *(Perfomance Indicators* o PI). Como un KPI es una combinación matemática de los PI, se requiere la recopilación de datos adicionales. En el modelo de la tabla 5.3 se definen 33 indicadores clave de rendimiento. El KPI se expresa de dos maneras: el KPI valor calculado y una conversión del valor de KPI en una calificación de 0 a 100 KPI.

Environment
HR-crew
Safety
Security
Technical
Navigation
Operation (cargo related)

Tabla 5.2. Áreas sujetas a indicadores de rendimiento en los KPI
(fuente: www. http://green-jakobsen.com/why-kpis-in-a-shipping-company/).

---

[12] Véanse por todos: Shipping KPIs (www.shipping-kpi.org), web exhaustiva y monográfica sobre la utilización de los KPI en la industria marítima. Las imágenes y gran parte de la información están tomados de la citada web.

Definición y establecimiento de KPI
KPI001: infracciones de gestión del agua de lastre
Ejecución del presupuesto: KPI002
KPI003: alumnos por buque
Incidentes relacionados con la carga: KPI004
KPI005: eficiencia de CO_2
KPI006: condición de clase
KPI007: derrames
KPI008: infracciones disciplinarias
KPI009: planificación tripulación
KPI010: planificación entrada en dique seco
KPI011: deficiencias ambientales
KPI012: fallo de los equipos y sistemas críticos
KPI013: fuego y explosiones
KPI014: control del Estado del puerto, deficiencias
KPI015: salud y seguridad, deficiencias
KPI016: deficiencias en recursos humanos
KPI017: frecuencia de accidentes
KPI018: frecuencia Tiempo Perdido por Enfermedad
KPI019: deficiencias de navegación
KPI020: incidentes de navegación
KPI021: eficiencia NOx
KPI022: retenciones
KPI023: Oficiales factor de experiencia
KPI024: deficiencias operacionales
KPI025: relación de lesiones de pasajeros
Relación de deficiencia de control del Estado del puerto: KPI026
Detención de control del Estado del puerto: KPI027
KPI028: emisiones de sustancias
Deficiencias de seguridad: KPI029
Eficiencia SOx: KPI030
Días de formación: KPI031
KPI032: disponibilidad de buques
Deficiencias de control y examen: KPI033

Tabla 5.3. Ejemplo de definición de KPI (fuente: www.shipping-kpi.org).

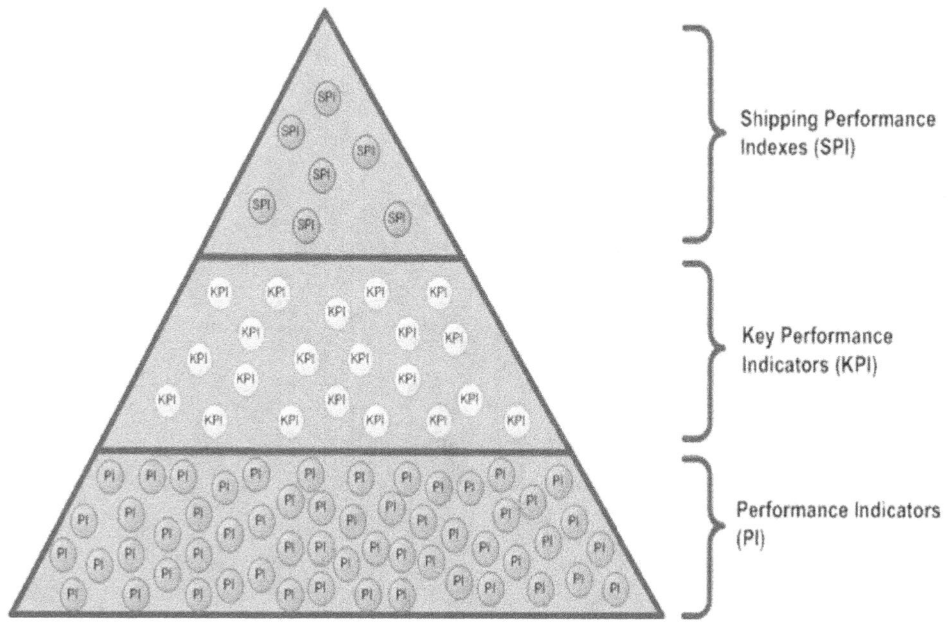

Figura 5.2. Pirámide KPI (fuente: www.shipping-kpi.org).

Monitorizar los indicadores clave de rendimiento en tiempo real se conoce con carácter general como «monitorización de la actividad de negocio». Estos indicadores son utilizados empresarialmente para valorar actividades difíciles de medir, como los beneficios de desarrollos líderes, el compromiso de los empleados, el servicio o la satisfacción del cliente, etc.

El sistema de KPI está constituido jerárquicamente por (n) indicadores de rendimiento de la explotación (SPI), (x) indicadores clave de rendimiento (KPI) y (z) indicadores de rendimiento (PI). Existe una relación matemática entre los SPI (índices de alto nivel), los cuales se calculan desde los índices clave de rendimiento, y los KPI, que se calculan desde los indicadores de rendimiento (bajo nivel). En el nivel más bajo se encuentra los PI, los cuales están basados en la toma de datos (medidas o contadores) directamente del barco o de la gestión de la explotación. Los datos son recogidos una sola vez y se reúsan dentro del sistema de KPI con el fin de evitar una gran cantidad de datos. El nivel de los KPI son ponderados en una escala de 0 a 100, donde 0 es un nivel inaceptable y 100 es un nivel excepcional. Esto facilitará comparar barcos de distintas características y distinta cantidad de recogida de datos, lo que permite un contraste ente las diferentes unidades de flota y la gestión de grandes empresas navieras. Finalmente, en el nivel más elevado, los

KPI se combinan para expresar el rendimiento de la explotación de áreas específicas, dando como resultado los SPI, índices de rendimiento de la explotación.

En el ámbito concreto de la industria marítima, un problema real es la aparición de incentivos económicos *(bonus)* que se asocian al cumplimento de objetivos, lo que puede motivar que algunas tripulaciones puedan tener la tentación de alterar puntualmente la veracidad de los datos.[13]

Los KPI suelen estar ligados a la estrategia de la organización. Pueden analizarse como «vehículos de comunicación» que permiten a la dirección de la empresa transmitir la misión y visión de la misma a todos los niveles, implicando directamente a los trabajadores y colaboradores en sus objetivos estratégicos, en los que se ha de basar, sin ninguna duda, la seguridad marítima. Los KPI se relevan como un instrumento óptimo de evaluación en el cumplimento de las políticas empresariales, entre ellas, especialmente, las de seguridad.

---

[13] Véase una descripción de la metodología del empleo de los KPI: González Forti, J. en *Metodología para la implementación de un sistema de indicadores clave de rendimiento para el transporte marítimo,* disponible en http://upcommons.upc.edu/pfc/bitstream/2099.1/24262/1/KPI%20TREBALL%20gravar.pdf.

Capítulo 6

El factor humano

1 Introducción

El factor humano es determinante en la mayor parte de los accidentes marítimos (véase el capítulo 1). En estas páginas abordamos las características del factor humano en el ámbito marino, su especial relación con el entorno, el medio marino y otros elementos. Posteriormente, abordaremos los nuevos desarrollos legislativos: el Convenio sobre el trabajo marítimo (2006) que entró en vigor en 2013; las enmiendas de Manila (2010) sobre la nueva formación de la gente de mar; la Ley de Navegación Marítima que ha consagrado el criterio profesional del capitán (artículo 184) y el trato justo a la gente de mar, y concluimos con unas notas sobre el liderazgo de los capitanes, figura central de la comunidad marítima y protagonista principal de la gestión de la seguridad marítima a bordo.

2 El factor humano en el medio marino

A pesar de que cada vez es mayor la implantación de la tecnología, la acción del hombre sigue siendo determinante para que los sistemas técnicos de cualquier actividad profesional funcionen correctamente.

Cuando se contempla el trabajo que desarrolla el hombre en la mar, lo primero que destaca es que, a diferencia de cualquier otra actividad, el marino no sólo se relaciona con las máquinas durante su jornada laboral, sino que vive dentro de una máquina en movimiento sobre un medio hostil y cambiante.

Por ello, resulta muy difícil extrapolar los estudios sobre prevención y seguridad desde otros sectores. Es en la actividad marítima donde el factor humano alcanza su mayor relevancia.

El hombre de mar, al finalizar su jornada sigue a bordo y no puede evadirse de los problemas y de las herramientas con las que trabaja. De hecho, se puede decir que se encuentra en una situación de permanente disponibilidad, y cualquier incidencia que ocurra en su empresa (barco) ya no es sólo competencia del personal que en esos momentos se encuentra en su jornada laboral (guardia), sino que le incumbe y, sobre todo, le va a afectar a él también de una forma muy directa.

Podemos decir que la singularidad del factor humano en la mar viene dada por las siguientes circunstancias:

- Nunca está garantizada una jornada laboral fija. Múltiples incidencias (maniobras, averías, situaciones de mal tiempo, etc.) provocan que se sepa cuál va a ser la jornada mínima, pero nunca la máxima.
- No existe la posibilidad de evadirse de los problemas laborales. El hombre de mar vive a bordo y está continuamente implicado en los problemas del buque.
- No existe la posibilidad de comunicarse con personas ajenas al entorno laboral. El hombre de mar tiene obligatoriamente que convivir durante largos periodos de tiempo con un grupo social reducido, y que va a ser el mismo en las horas de trabajo que en las de descanso, teniendo como única alternativa el aislamiento.
- El alejamiento del entorno familiar, que provoca que los problemas familiares se magnifiquen ante la imposibilidad de contribuir a su resolución.
- El descanso está condicionado por circunstancias ambientales. Muchas veces, por ejemplo, las condiciones meteorológicas impiden el normal descanso.
- Entorno multicultural de tripulaciones: diferentes nacionalidades y lenguas y problemas potenciales de comunicación.

Por tanto, el cansancio, la incomodidad, una actividad laboral intensa y discontinua, las relaciones sociales cerradas, los problemas personales magnificados por la incomunicación, son factores normales del trabajo a bordo, que hacen que desde la dirección de la oficialidad del buque hasta la calidad de la comida influyan en el comportamiento de la dotación.

2.1 El error humano y la tipología de errores más frecuentes

Definimos «error humano» como las acciones u omisiones más allá de las tolerancias establecidas por un sistema, aunque no generen un perjuicio de manera inmediata.[1] Entre ellas, cabe destacar:

- Personas que no siguen los procedimientos establecidos para llevar a cabo una tarea o que son negligentes en el cumplimiento de sus deberes.
- Impropio o inadecuado adiestramiento de los trabajadores o tripulantes.
- Errores en el procedimiento escrito que describe las instrucciones de una operación.
- Errores en el diseño, construcción o instalación de un equipo o sistema.
- Impropia o inadecuada inspección, prueba o reparación de un equipo.
- Falta de vigilancia o de implantación de una gestión responsable por parte de la dirección de la naviera en tierra.

2.2 Especial referencia a la fatiga

La relevancia de la fatiga en la producción de los errores humanos es tan significativa que ha motivado el llamamiento del secretario general de la OMI al Subcomité de Personal, Formación y Guardias *(Human Element, Training and Watchkeeping,* HTW) en febrero del 2015: «Para tener en cuenta los problemas a que han de hacer frente los marinos a consecuencia de la fatiga y los resultados catastróficos debidos a errores humanos causados por esta, y adoptar un enfoque pragmático para una revisión integral de las directrices de la organización sobre la misma. Necesitamos desarrollar medidas eficaces para mitigar la fatiga a bordo».

La resolución de la OMI A. 722 (18) la define así: «La fatiga tiene como resultado la degradación del rendimiento humano, la caída de los reflejos físicos y psíquicos, así como el deterioro de la capacidad de elaborar un juicio racional». La afectación del cansancio y cómo afecta la fatiga mental, emocional y físicamente, puede verse en el libro *Directrices sobre la fatiga,* publicado por la OMI en 2002.

La relación entre fatiga y dotación mínima es absolutamente directa. En este sentido, es sumamente relevante la Resolución A. 1047 (27), adoptada el 30 de

---

[1] Véase Iglesias Baniela S., Louzán Lago, F. y Melón Rodríguez, E. en «El factor humano y su influencia en la seguridad marítima», *Medicina marítima,* junio de 2005, vol. V, núm. 1.

noviembre de 2011, que trata sobre Principios relativos a la dotación mínima de seguridad. En la fijación de la dotación mínima de seguridad se han de observar unos principios relativos a la capacidad para poder mantener guardias seguras de navegación y de máquinas, amarrar y desamarrar el buque con seguridad, atender a sus funciones cuando esté estacionario o casi estacionario, mantener los dispositivos de seguridad y de limpieza, prestar cuidados médicos a bordo, garantizar la seguridad del transporte de la carga durante el viaje, inspeccionar y mantener la integridad estructural del buque, así como operar de conformidad con el sistema de gestión de seguridad aprobado para dicho buque (Código IGS).

El trabajo en el mar puede llegar a 98 horas a la semana, ello representa un número de horas muy superior a las 72 por semana establecidas en el Convenio 180 de la Organización Internacional del Trabajo (OIT), y constituye el doble del máximo de 48 horas por semana estipulado en la directiva de la UE sobre la distribución del tiempo de trabajo.[2],[3]

Los límites para el tiempo de trabajo no deben exceder de 14 horas en cada período de 24, ni de 72 por cada periodo de siete días, o bien de 10 horas de descanso por cada periodo de 24 horas como mínimo, o 77 horas por cada período de siete días. Estas horas de descanso podrán agruparse en dos períodos como máximo, uno de los cuales tendrá que ser siempre de al menos 6 horas ininterrumpidas.

Esta organización del trabajo a bordo debe estar expuesta en un cuadro informativo en el que se vea el programa de servicio en la mar y en los puertos, así como el número máximo de horas de trabajo (o el número mínimo de horas de descanso) que se fije en la legislación nacional, en el caso de España, por ejemplo, en jornadas totales diarias de doce horas como máximo, pudiendo llegar de manera excepcional a catorce. Los tripulantes que, por la corta duración de los viajes o el sistema de guardias, tienen excepciones en el tipo de horarios establecidos anteriormente, estarán sujetos generalmente a convenios colectivos autorizados que presentan licencias compensatorias, ya que se han de adoptar medidas para garantizar que la gente de mar disfrute de un período de descanso suficiente. Asimismo, el capitán podrá suspender los horarios normales de trabajo o de descanso para garantizar la seguridad del buque, de las personas a bordo o de la carga, y exigir que un marino preste servicio el tiempo que sea necesario hasta que se haya restablecido la normalidad, momento en que al marino se le concederá un período adecuado de descanso.

---

[2] Fuente: *ITF Seafarers:* Fatiga (www.itfseafarers.org › Recursos › Cuestiones de interés).

[3] En España es de aplicación el Real Decreto 285/2002, de 22 de marzo, por el que se modifica el Real Decreto 1561/1995, de 21 de septiembre, sobre jornadas especiales de trabajo, en lo relativo al trabajo en la mar.

Respecto al Convenio sobre el trabajo marítimo (2006), con independencia de su posterior tratamiento, conviene destacar la referencia a los niveles de dotación, con lo que se quiere asegurar que se cuente con una tripulación suficiente a bordo para poder operar en condiciones de seguridad, eficiencia y protección en todo momento. Para ello, los estados miembros han de requerir a bordo un número suficiente de marinos que garanticen la seguridad, teniendo en cuenta las condiciones que puedan afectar a la fatiga de éstos; razón por la que al determinar o revisar los niveles de dotación se ha de evitar o reducir al máximo el exceso de horas de trabajo y asegurar así un descanso suficiente que limite la fatiga. El mencionado convenio está en línea con el derecho europeo y el Convenio 180 de la OIT.

Esta organización aprobó en el año 2014 unas nuevas directrices en materia de seguridad y salud dirigidas a proteger a la gente de mar, para concretar aún más las previsiones de dicho convenio, y a ayudar a los estados miembros para una implementación más eficaz.

Asumiendo la complejidad del problema, esta es una cuestión capital en el tratamiento de la seguridad y que más allá de las normas requiere la cooperación de todas las partes implicadas: la realidad es la triste observación de un falseamiento sistemático de los registros en ciertos buques, para evitar su detención.

2.3 La OMI y el factor humano. Tratamiento previo del elemento humano: HEAP y HRA. El análisis del factor humano (HFACS)

La OMI ha formulado dos instrumentos en relación al factor humano:

- El HEAP *(Human Element Analysing Process)*,[4] a modo de lista de ítems que deben ser tenidos en cuenta en los proceso legislativos internos de la propia OMI;

- El HRA *(Human Reliability Analysis)*, análisis de la fiabilidad humana, tomado de la industria y con soporte científico se ha incorporado a las evaluaciones formales de seguridad (EFS) que trataremos en profundidad en el capítulo 10.

---

[4] Véase Heap MSC, Circular 878, y MEPC, Circular 346, disponible en la web de la OMI, en el enlace http:// www.imo.org/OurWork/HumanElement/VisionPrinciplesGoals/Documents/878.pdf.

El HEAP es una lista de comprobación práctica y no científica para ayudar a los legisladores a asegurar que todos los aspectos del factor humano relacionados con el buque y su equipo, el capitán y su tripulación, la formación, la gestión en tierra y a bordo y las condiciones del entorno de trabajo, se han tenido en cuenta a la hora de introducir o realizar modificaciones de la normativa de la propia OMI.

El diagrama de flujo se proporciona de acuerdo con la Resolución A. 850 Asamblea (20) Visión humana, principios y objetivos, que establece la necesidad de contar con un enfoque estructurado, para la consideración adecuada de los problemas relacionados con el factor humano para la elaboración de toda la normativa.

Con un carácter más científico se ha abordado el factor humano en la metodología HRA sobre el análisis de la fiabilidad humana,[5] en campos como el transporte, el ejército o la medicina. Téngase en cuenta que la actuación humana puede verse afectada por muy diversos factores, como la edad, el estado mental, la salud física, la actitud, las emociones, la fatiga, la propensión a ciertos errores comunes, los errores y sesgos cognitivos, sensoriales, etc.

La fiabilidad humana es un factor clave, debido a la contribución de los seres humanos a la resistencia de los sistemas y de las posibles consecuencias negativas de los errores o descuidos, sobre todo cuando el ser humano es un elemento crítico de los grandes sistemas socio-técnicos. El diseño centrado en el usuario y el diseño tolerante a errores son dos de los términos usados para describir los esfuerzos en conseguir una tecnología más adecuada para el funcionamiento de la actividad humana.

Básicamente, existen dos modelos de HRA:

- La evaluación del riesgo probabilístico *(Probabilistic Risk Assessment* [PRA]),[6] que ha dado lugar a instrumentos como la *Technique for Human Error Rate Prediction* (THERP).

- La teoría cognitiva del control, centrada en el modo «fallos» del sistema y sus opciones de control.

Al margen de la OMI, como método de investigación de los accidentes basados en el error humano, en el desarrollo de la teoría del queso suizo de Reason, investi-

---

[5] Véase MSC, Circular 1022, y MEPC, Circular 391. Sobre el HRA y su inclusión en la metodología FSA, véase el capítulo 10.

[6] Véase como ejemplo práctico e ilustrativo de cálculo de HRA: http://scientech.cwfc.com/software/spokes/03_HRAcalculator.htm.

gadores norteamericanos han impulsado el llamado análisis de los factores humanos y sistemas de clasificación o HFACS *(Human Factors Analysis and Classification System)*, que desarrollaremos de manera más detallada en el capítulo 10. Su referencia en este apartado se debe a la relevancia que proporciona a las influencias de la organización y las causas de los accidentes.

2.4   El modelo SHEL y la investigación de accidentes

Numerosos estudios científicos atribuyen al factor humano entre el 60 y el 90 % de los siniestros. Debido a esto, en toda investigación de un siniestro se pone una atención especial al estudio del elemento humano, como lo denominan algunos expertos.

Uno de los modelos de estudio del factor humano más utilizado por los organismos investigadores[7] es el modelo SHEL, extraído del mundo de la aviación civil y del estudio de los siniestros aéreos. Este modelo ha sido propuesto por la OMI como uno de los instrumentos principales en la investigación de campo.[8]

Se ha de señalar que la OMI, de hecho, propone un método combinado de investigación del factor humano. Este método incluye el modelo SHEL (Hawkins, 1987), el GEMS, a los que aludiremos en el último capítulo *(Accident causation and generic error, modelling system frameworks* (Reason, 1990) y *Taxonomy of error* (Rasmussen, 1987).

Se trata de un instrumento de recogida de información con el propósito de establecer una cronología de los hechos. Su eficacia está basada en que no analiza un único elemento del sistema para encontrar los fallos. Al contrario, se asume que un fallo del sistema proviene de una mala relación entre dos o varios componentes del mismo.

De acuerdo con esto, el modelo SHEL establece que todos los elementos operacionales de un buque se pueden clasificar en cuatro categorías:

- S: soporte lógico *(software)*
- H: soporte físico *(hardware)*
- E: medio ambiente o entorno *(environment)*
- L: factor Humano *(liveware)*

---

[7] Por ejemplo, entre otros organismos que utilizan el modelo SHEL en sus investigaciones se destaca el US Coast Guard, que ha adoptado este modelo como su instrumento principal de obtención de información en el escenario.

[8] El modelo SHEL fue adoptado formalmente por la OMI al proponerlo como método de investigación del factor humano en el apéndice I de la Resolución A. 884 (21) de la OMI.

- *Soporte lógico.* Se trata de la información y sistemas de apoyo y guía de la tripulación. Como manuales, listas de chequeo, publicaciones, procedimientos, formación a bordo, diagramas, cuadros, cartas, etc.

- *Soporte físico.* Se refiere al buque, la maquinaria, la mercancía, los equipamientos y aquellos materiales con los que trabaja la tripulación. Se incluyen interruptores, pantallas, controles, etc.

- *Medio ambiente o entorno.* Se trata del entorno interno y externo en el que trabaja la tripulación. Esto incluye la meteorología, a nivel externo, y la habitabilidad, a nivel interno (ventilación, temperatura, comodidad, higiene, movimientos del buque, etc.).

- *Factor humano (periférico).* Los tripulantes y otras personas que pudiesen estar relacionadas con el siniestro. El elemento humano incluye todo aquello que relacione directa o indirectamente tripulantes con el siniestro, es decir, aquellas interacciones individuales en el sistema (gestión, supervisión, interacciones entre la tripulación y las comunicaciones).

- *Factor humano (central).* El factor humano lo constituye una persona. Cada persona trae consigo aptitudes y limitaciones que pueden ser de naturaleza:

  – Física: altura, peso, fuerza
  – Fisiológica: fatiga, salud, drogas, alcohol, etc.
  – Psicológica: personalidad, actitud, parcialidad, etc.
  – Psicosocial: relaciones personales, problemas económicos, etc.

El modelo SHEL basa su estudio en aquellas personas que han tenido una relación directa con la producción del siniestro o que se sospecha que la pueden tener. En etapas tempranas de la investigación se estudia las características de estas personas y, según el país, se les realiza un test de drogas y alcohol. En el anexo I de la Resolución A. 849 (20) de la OMI sobre el código de investigación de siniestros y sucesos marítimos, se provee un cuadro tipo para el estudio del estado de la persona el día del siniestro mediante la obtención de las actividades de la persona en las 96 horas previas al mismo.

Cuando se utiliza el modelo SHEL, el trabajo del investigador pasa por el estudio de la interacción de la persona (elemento central del diagrama) con cada uno de los cuatro componentes. Cada interacción constituye un área potencial de investigación, y un tratamiento preventivo del siniestro tendrá que tener en cuenta todos

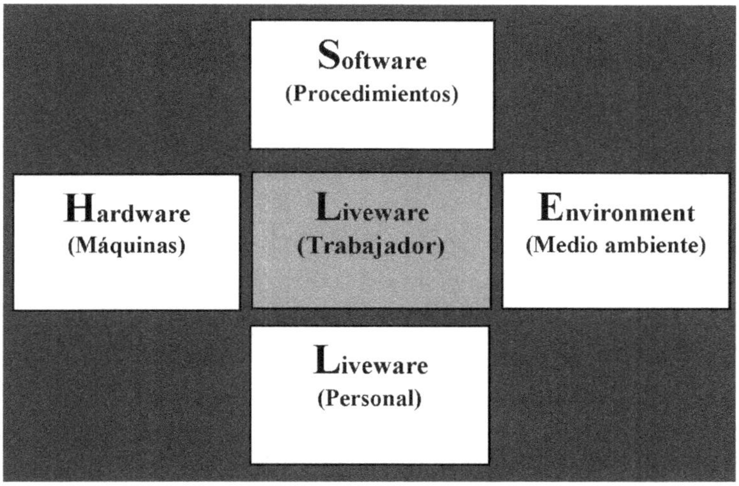

Figura 6. 1. Diagrama del modelo SHEL.

estos aspectos. Resulta un modelo explicativo sumamente relevante de la importancia del factor humano y su relación con el entorno.

El modelo SHEL se representa tradicionalmente mediante un diagrama donde se observa la relación entre las cuatro categorías y el factor humano en el centro (véase la figura 6.1).

2.5 La formación

Particular importancia hay que conceder a la formación, si bien conviene advertir que no acredita la experiencia. En esta dirección, las enmiendas de Manila (2010) al Convenio SCTW 78/95/2010 enfatizan nuevas necesidades formativas para la gente de mar, en concordancia con la tecnología avanzada que emplean los buques. La realidad es suficientemente conocida: entorno multicultural con bajo nivel de inglés, especialmente en los eslabones inferiores, nuevos requerimientos obligatorios, especialmente el ECDIS *(Electronic Chart Display and Information System),*[9] etc. En el contexto actual, con barcos cada vez más grandes y sofisticados, se debe poner un especial énfasis en la formación y cualificación de las tripulaciones, ya que no tiene

[9] El ECDIS es obligatorio para los buques petroleros desde julio de 2015 y para los graneleros desde julio de 2016, hasta su implantación progresiva generalizada.

ningún sentido ni racionalidad económica ahorrar en este apartado, incluso desde una óptica capitalista.

3   El Convenio sobre el trabajo marítimo y sus efectos en el derecho español

La entrada en vigor del Convenio sobre el trabajo marítimo (Maritime Labour Convention o MLC 2006), el 20 de agosto de 2013, plantea el análisis de sus primeros efectos sobre la seguridad marítima y, de manera más específica, las consecuencias legales en el ordenamiento jurídico español.[10]

En cuanto a la estructura del convenio, este consta de tres partes principales: los artículos, en primer lugar, que establecen los principios y obligaciones generales; van seguidos de las disposiciones más detalladas del reglamento y el código, normas (parte A) y pautas (parte B) desglosados en cinco títulos.[11],[12] Estos cinco títulos abarcan esencialmente los mismos temas que los 68 instrumentos anteriores sobre el trabajo marítimo y, de ser necesario, los actualizan. En algunos casos contienen temas nuevos, particularmente por lo que se refiere a la seguridad y la salud en el trabajo, para responder a las preocupaciones actuales en materia de salud de los trabajadores, tales como los efectos del ruido y las vibraciones u otros riesgos en el lugar de trabajo. Las disposiciones del título 5 relativas a las inspecciones por el Estado del pabellón, el recurso a «organizaciones reconocidas», las conocidas sociedades de clasificación y la posibilidad de efectuar inspecciones en puertos extranjeros (control por el Estado rector del puerto) se basan en convenios existentes, pero el Convenio sobre el trabajo marítimo desarrolla a partir de dichos convenios un enfoque más eficaz de estas importantes cuestiones.

....

[10] Durante el primer año de aplicación del Convenio sobre el trabajo marítimo (20 agosto 2013-2014) el 7,4% (3.447) del total de 46.798 deficiencias registradas estaba vinculada a dicho convenio, lo que supone un 17,4% del total. De estas, 160 se consideraron susceptibles de detención y dieron como resultado 113 buques inmovilizados. Las causas se debieron fundamentalmente al pago de salarios (39,5%), los niveles de dotación (28,6%), la salud, seguridad y prevención de accidentes (16,3%), alimentación (15,4%) y alojamiento (10%). Fuente: Memorándum de Paris. Resulta prematuro formular conclusiones a nivel científico, pero si se puede extraer unas orientaciones provisionales.

[11] El Convenio «refunde» el derecho internacional vigente relativo a estas cuestiones. Los convenios sobre los documentos de identidad de la gente de mar se revisaron recientemente en 2003 (Convenios número 108 y 185) y no se incluyen en el nuevo Convenio. Tampoco se han incluido el Convenio sobre las pensiones de la gente de mar, 1946 (núm. 71), y un convenio (Convenio sobre la edad mínima [pañoleros y fogoneros], 1921 [número 15]), totalmente desfasado para el sector.

[12] Véase del mismo autor sobre la cuestión, en repertorio OAI UPCommons: «El Convenio de trabajo marítimo: principios y estructura» (http://hdl.handle.net/2117/13612); «España y la ratificación de la Convención sobre Trabajo Marítimo» (http://hdl.handle.net/2117/8440).

El RD 357/2015 de 8 de mayo (BOE, 9 de mayo de 2015) sobre cumplimiento y control de la aplicación del Convenio sobre el trabajo marítimo (CTM 2006), de la OIT, en buques españoles, tiene por objeto determinar el procedimiento coordinado de inspección y control de los requisitos que han de cumplir los buques civiles a los que sea de aplicación dicho convenio, así como incorporar al ordenamiento jurídico la Directiva 2013/54/UE del Parlamento Europeo y del Consejo, de 20 de noviembre, sobre determinadas responsabilidades del Estado del pabellón en materia de cumplimiento y control de la aplicación del mencionado convenio. Esta directiva establece normas para asegurar que los estados miembros cumplan sus obligaciones como Estado del pabellón, por lo que respecta a la aplicación de las partes pertinentes del CTM 2006 y, concretamente, aborda aspectos tales como los mecanismos de control y supervisión de su aplicación, el personal encargado de efectuar las inspecciones o los procedimientos de tramitación de quejas y medidas correctivas. La coordinación de las inspecciones corresponde a la Dirección General de la Marina Mercante a través del coordinador nacional del CTM 2006, sin perjuicio de posterior consulta a la Inspección de Trabajo o al Instituto Social de la Marina.

El RD 357/2015, en su artículo 8, regula el procedimiento de quejas, explicitando que la gente de mar podrá presentar quejas a bordo del buque donde esté trabajando, respecto a posibles vulneraciones de las disposiciones contenidas en el CTM 2006, sin que sea hostigada en ningún momento por ello. La naviera garantizará la existencia en el buque de un procedimiento de quejas a bordo.

Igualmente, se podrán presentar quejas en tierra respecto a posibles vulneraciones de las disposiciones contenidas en el CTM 2006, por parte de la gente de mar, una organización profesional, una asociación, un sindicato o, en general, por cualquier persona a quien concierna la seguridad de un buque, así como en relación con los riesgos que puedan existir para la seguridad o la salud de la gente de mar a bordo. Las capitanías marítimas serán competentes para la recepción de las quejas en tierra que se formulen respecto a buques de bandera española.

3.1 Ámbito de aplicación del Convenio sobre el trabajo marítimo

Este convenio no se aplica a los buques que naveguen exclusivamente en aguas interiores o en aguas situadas dentro de aguas abrigadas o sus inmediaciones o de zonas en las que rijan reglamentaciones portuarias; los buques dedicados a la pesca; las embarcaciones de construcción tradicional, como los *dhows* y los juncos, y los buques de guerra o unidades navales auxiliares.

Es importante destacar que el Convenio sobre el trabajo marítimo establece mecanismos de control del cumplimiento y la aplicación basados en la inspección por parte del Estado de abanderamiento y la certificación de las condiciones de trabajo y vida de la gente de mar. Esto se ve apoyado por las inspecciones de los buques por parte del Estado rector del puerto con el objetivo de garantizar el cumplimiento del convenio entre una y otra inspección. En tal sentido, la OIT publicó en 2008 las *Pautas para los funcionarios encargados del control por el Estado del puerto que realizan inspecciones en virtud del Convenio sobre el trabajo marítimo, 2006 (Guidelines for port State control officers carrying out inspections under the Maritime Labour Convention, 2006)*.

3.2 El certificado de trabajo marítimo y la declaración de conformidad laboral marítima

Se trata de los documentos básicos acreditativos del cumplimiento del Convenio sobre el trabajo marítimo. Están obligados a disponer de un «certificado de trabajo marítimo» y de «una declaración de conformidad laboral marítima» en vigor los buques cuyo arqueo bruto sea igual o superior a 500 TRB, y que efectúen viajes internacionales o enarbolen el pabellón de un Estado miembro y operen desde un puerto, o entre puertos, de otro país.[13] Asimismo, el certificado y la declaración deberán llevarse a bordo del buque y exponerse en un lugar visible que sea accesible a la tripulación, junto con una traducción al inglés cuando el idioma de la documentación sea otro. La expedición y renovación del certificado de trabajo marítimo y de la declaración de conformidad laboral marítima a que se refiere el CTM 2006, corresponde a la Dirección General de la Marina Mercante. Con carácter previo a dicha expedición o renovación, la Inspección de Trabajo y Seguridad Social, el Instituto Social de la Marina y la Dirección General de la Marina Mercante desarrollarán las correspondientes inspecciones en orden a la verificación, dentro de sus respectivas competencias, del cumplimiento en los buques de los requisitos que establece el CTM 2006 (véase el RD 8 de de mayo de 2015).

---

[13] El certificado de trabajo marítimo es el documento que acredita que las condiciones de trabajo y de vida de la gente de mar a bordo del buque, incluidas las medidas destinadas a asegurar el cumplimiento de las disposiciones adoptadas, han sido inspeccionadas y satisfacen los requisitos previstos en la legislación nacional o en otras disposiciones relativas a la aplicación del Convenio sobre el trabajo marítimo. La declaratíon de conformidad laboral marítima es el documento en el que se indican las disposiciones nacionales por las que se aplica dicho convenio en lo que atañe a las condiciones de trabajo y de vida de la gente de mar, y se describen las medidas adoptadas por la naviera para garantizar el cumplimiento de dichas disposiciones a bordo del buque o de los buques de que se trate.

4 La cualificación profesional de la «gente de mar». Especial referencia a las enmiendas del Convenio SCTW 78/95 de Manila 2010

El convenio internacional sobre normas de formación, titulación y guardia de la gente de mar (SCTW 78) fue aprobado por la OMI en 1978 y entró en vigor en 1984[14]. En 1992, los estados partes formularon diversas críticas, que dieron lugar a la nueva edición de 1995.

4.1 La coordinación entre el Convenio SCTW y el Código IGS

Las edición del Convenio STW de 2010 contempla una novedad cualitativa sumamente importante, la estratificación en tres niveles de la gente de mar, en atención a su funcionalidad, responsabilidad y formación: gestión, operacional y de apoyo. Resulta patente la preocupación por los procedimientos operativos, que están ya presentes desde el Código IGS. Previsiblemente los nuevos DOC de a bordo, contemplarán estos niveles.[15]

4.2 Principales novedades de las enmiendas 2010

La nueva formulación del Convenio STW contempla la formación específica para el marinero de puente y máquinas, estableciendo una carrera profesional. Introduce la figura del operador de radio y establece nuevos requisitos para los buques tanque (incluyendo los de gas licuado) y de pasaje (buques de pasaje de transbordo rodado). Se hace especial hincapié en las normas de protección y seguridad (Código PBIP), incluyendo de manera específica el ataque de piratas. Igualmente, se recogen los aspectos formativos del proyecto de Código Polar, para la navegación en aguas polares.[16,17]

Las nuevas enmiendas 2010 cubren una parte importante de las deficiencias en la aplicación del Convenio 78/95, de manera muy relevante la necesaria coor-

---

[14] En España, BOE de 7 de noviembre de 1984.

[15] En España entraron en vigor el 1 de enero de 2012, las mismas fueron publicadas en el BOE n.º 67, de 19 de marzo de 2012, n.º disp. 3857.

[16] Véase Resolución A 1024 (26), Directrices para buques que naveguen en aguas polares.

[17] Véase del autor, en repertorio OAI Upcommons: «Las Enmiendas de Manila 2010 al Convenio STCW: un nuevo perfil formativo para la gente de mar» (http://hdl.handle.net/2117/18234).

dinación entre los convenios IGS y SCTW 78/95, los avances tecnológicos, los nuevos riesgos de la navegación, los requisitos en materia de formación relativos a la incorporación de tecnologías como las cartas electrónicas y los sistemas de información (ECDIS), etc.

5   La primacía del criterio profesional del capitán

El legislador muestra su decidida disposición para imponer la seguridad y la protección del medio ambiente como criterios superiores frente a otros intereses de la empresa naviera, de la fletadora o de terceras partes. Asimismo, garantiza «la libertad profesional del capitán para tomar decisiones autónomas en materia de seguridad y protección del medio ambiente» (apartado V de la Exposición de motivos). Este aspecto se concreta en el artículo 184, cuando prohíbe a la naviera, la fletadora o cualquier otra persona con interés en el buque poner «impedimentos o restricciones al capitán del buque para que adopte o ejecute cualquier decisión que, según su juicio profesional, sea necesaria para la seguridad de la vida humana en el mar y la protección del medio marino». Y blinda al capitán frente al despido u otras medidas sancionadoras cuando se haya visto «obligado a apartarse de sus instrucciones ante la necesidad de obrar del modo más adecuado para la salvaguardia de la seguridad, conforme al criterio profesional propio de un marino competente».

6   El derecho español. El trato justo: de estándar jurídico a obligación legal

En la disposición final tercera, número cinco de la Ley de Navegación Marítima (2014), se introduce un nuevo apartado 10 al artículo 265 del texto refundido de la Ley de Puertos del Estado y de la Marina Mercante (2011),[18] que queda redactado como sigue: «En todo procedimiento de investigación se deberán respetar sin excepciones los derechos de la gente de mar, de conformidad con las directrices sobre el trato justo de la gente de mar en caso de accidente marítimo». El derecho español ha recogido las Directrices del trato justo a la gente de mar, tanto por la ratificación del Código de investigación de siniestros[19] y las enmiendas del SOLAS, como por la Directiva 2009/18/23 abril 2009 del Parlamento y el Consejo:

---

[18] BOE de 20 de octubre de 2011.
[19] BOE de 11 de noviembre de 2009.

Principios fundamentales en la investigación de siniestros marítimos.[20] Lo cual implica la obligación legal de respetar en ordenamiento español, sin excepciones, los derechos humanos de la gente de mar, especialmente tras los accidentes marítimos.

7 La figura del capitán: un modelo de liderazgo a partir de las enseñanzas de Shackleton

Para concluir el presente capítulo conviene recordar que el capitán de un buque no es un mero «conductor» de un vehículo más o menos sofisticado. Es y debe ser un líder de una comunidad, que ha de velar por su seguridad y no cuenta con ayudas externas. Nadie ha escrito la mejor teoría del liderazgo que el capitán Ernest Shackleton y su *Endurance*. Enseñanzas que se utilizan en las mejores universidades y escuelas de negocio del mundo y que constituyen un modelo de éxito de cualquier aventura humana por sus ocho valores:[21]

- La fijación de objetivos claros y definidos y perseguirlos con todos los medios a su alcance.
- La capacidad de superar las situaciones adversas o resiliencia.
- La conciencia clara del aquí y ahora.
- El autocontrol.
- La perseverancia.
- La energía.
- La mentalidad optimista: ver la botella medio llena y no medio vacía.
- La conexión o interdependencia con los miembros del equipo.[22]

Las enseñanzas de E. Shackleton *(Escape from the Antarctic[23])* deberían ser de lectura obligada para todos los capitanes y patrones y obligatoria en todas las facultades de Náutica. No existe en toda la literatura mundial mejor teoría sobre el liderazgo humano que los principios de Schakelton.

....

20 DOCE de 28 de mayo de 2009.
21 Véase Alcoba González, J., en *La brújula de Shackleton: enseñanzas de un explorador polar*, Ed. Alianza Editorial, Madrid, 2014.
22 En el curso de Liderazgo y gestión de equipos de la OMI se alerta de los capitanes tóxicos *(Toxic Masters)*. Disponible en www.maritime-executive.com/.../Toxic-Masters-The-Bully-on-the-Bridge- 2014-12-04.
23 Véase Shackleton E. en *Escape from the Antartic*, Ed. Penguin Classics, Londres, 2007.

El ejercicio del mando conlleva la toma de decisiones especialmente delicadas en situaciones críticas. En este sentido, resulta sumamente útil que el capitán conozca, de manera previa, los HAZID y HAZOP de su buque y esté familiarizado con los mismos. De manera teórica, cabe suponer que estén reflejados en el SMS (ISM) de a bordo. En cualquier caso, lo estén o no, el capitán debe conocerlos. El proceso de toma de decisiones va estrechamente ligado a la teoría de la decisión, donde las matemáticas bayesianas a las que luego nos referiremos (véase el capítulo 10) pueden ayudar extraordinariamente al capitán, en la medida que permiten la toma de decisiones con información limitada e imprecisa. La decisión que adopte debe: *a)* cuantificar la incertidumbre mediante el cálculo de probabilidades; *b)* cuantificar las opciones mediante utilidades o ventajas; *c)* elegir aquella alternativa que maximice la utilidad esperada (o minimice la pérdida esperada); y *d)* juicio de razonabilidad. Todos estos elementos deben estar contemplados objetivamente en la decisión tomada.

La seguridad es una parte de la cultura de la empresa, y son precisamente sus líderes los que tienen un cierto poder sobre cómo funciona y, de manera particular, en la toma de decisiones, especialmente las que van a determinar si las prácticas y actitudes que muestra una organización representan una auténtica cultura de seguridad.

El capitán no sólo es el responsable máximo de la seguridad de la nave y la tripulación, sino que debe ser un líder humano para su tripulación y conseguir el funcionamiento de la misma como un equipo eficiente, motivado y evitando el trabajo autónomo de sus integrantes. El tripulante debe tener la sensación de pertenencia a un equipo.

Todas estas características deben pesar en el nombramiento y la selección de un nuevo capitán y deben ser tenidas en cuenta por las empresas navieras. No basta un perfil meramente técnico; el perfil humano del capitán es vital en la seguridad de la nave y su tripulación.

La protección y seguridad del buque y del puerto: el Código de protección del buque y las instalaciones portuarias

1 Definición de protección marítima

Como hemos señalado al inicio del presente estudio, en la actualidad, la seguridad en el mar encierra un doble concepto: el clásico de seguridad marítima *(maritime safety)* y el de protección marítima *(marine security)*. Sin embargo, la *security* hay que entenderla como «un amplio conjunto de medidas, enfocadas a garantizar la seguridad marítima, no contra peligros naturales, sino contra acciones voluntarias de alguien que, violando el derecho marítimo, pueda perturbar o impedir la actividad legal en la mar o pueda aprovechar la mar, como espacio libre y sin fronteras, o el propio buque, vulnerable por su aislamiento, para llevar a cabo actividades ilícitas».[1]

Las diferencias son claras: la seguridad marítima se ocupa de los riesgos clásicos de la navegación y del entorno marítimo, mientras que la protección alude al acto ilícito humano voluntario *(attack risk)*.

Tras la aprobación del Código PBIP, en atención a los problemas terminológicos, se ha preferido traducir el concepto de *marine security* por el de protección marítima, para los países de lengua hispana, atendiendo a que también incluye la protección de puertos e instalaciones portuarias.

Conviene recordar que no nos encontramos ante un fenómeno nuevo. La piratería, en sus diferentes vertientes, es conocida desde tiempos remotos.[2] La III

---

[1] Véase Zaragoza Soto, S. en *Cuadernos de estrategia 2008: impacto de los riesgos emergentes en la seguridad marítima*, pág. 12, Ministerio de Defensa.

[2] En la época contemporánea podemos citar los casos: trasatlántico *Santa María* (1961), *Achille Lauro* (1985), *USS Cole* (2000), *Limburg* (2002), *Superferry 14* (2004), Puerto de Ashod (2004), plataformas de Basora y Jor Al Amaya (sur de Irak), etc.

Conferencia de Derecho del Mar (1982) se ocupa en los artículos 100 y ss. y la define en el apartado *a)* del artículo 101 de UNCLOS como «todo acto ilegal de violencia o de detención o todo acto de depredación cometidos con un propósito personal por la tripulación o los pasajeros de un buque privado o de una aeronave privada y dirigidos: *1)* contra un buque o una aeronave en alta mar o contra personas o bienes a bordo de ellos; *2)* contra un buque o una aeronave, personas o bienes que se encuentren en un lugar no sometido a la jurisdicción de ningún Estado».

Tras el secuestro del *Achille Lauro* en 1985, la OMI se ocupó de la cuestión a través del Convenio para la represión de actos ilícitos contra la seguridad de la navegación marítima, hecho en Roma el 10 de marzo de 1988 (Convenio SUA, actualmente en revisión). Este convenio define en su artículo 3.1: «comete delito toda persona que ilícita e intencionadamente se apodere de un buque o ejerza el control del mismo mediante violencia, amenaza de violencia o cualquier otra forma de intimidación».[3]

2 La OMI y la protección marítima. El Código PBIP

El régimen jurídico de seguridad, entendido como protección de personas y bienes *(security & protection)* para el transporte marítimo internacional, entró en vigor el 1 de julio del 2004. Su adopción fue resultado de la conferencia diplomática desarrollada en el mes de diciembre 2002, en que la OMI estableció una serie de medidas destinadas a fortalecer la protección marítima de la nave y de las instalaciones portuarias, y a prevenir y suprimir los actos de terrorismo contra la actividad del transporte marítimo. Estas medidas se añaden a otros programas en funcionamiento, como el CSI *(Container Security Iniciative)* y el C-PAT *(Customs-Trade Partnership Agaisnt Terrorism)* estadounidenses.

La conferencia adoptó varias enmiendas al Convenio SOLAS 1974, de las que la de mayor trascendencia y alcance es la vinculación que se hace con el Código internacional para la protección de los buques y de las instalaciones portuarias

---

[3] Como precedentes inmediatos pueden verse la Resolución OMI A. 584 (14): Medidas para prevenir los actos ilícitos que amenazan la seguridad del buque y la salvaguardia de su pasaje y tripulación; y la Resolución A. 924 (22) del 2001 sobre prevención de actos ilícitos. Es a partir de esta última cuando se comienza a hablar propiamente de «protección marítima».

(Código PBIP), también conocido por las siglas ISPS (Ship and Port Facility Security).[4,5]

Las disposiciones incluyen la modificación del capítulo XI, que ahora se subdivide en dos. En el primero, se recogen las enmiendas al SOLAS,[6] mientras que el segundo prevé la obligatoriedad de adoptar el nuevo Código PBIP, precisamente, aprobado en esa misma reunión. Desde el comienzo mismo de este proceso resultó claro que el punto de referencia y de responsabilidad principal de estas medidas de seguridad serían los gobiernos nacionales. En el contexto del PBIP se citan directa y constantemente las funciones y responsabilidades de «los estados contratantes».

Un examen del texto y las disposiciones del Código PBIP, en lo que se refiere a los deberes y obligaciones de los gobiernos contratantes, evidencia que la iniciación y el mantenimiento de los procesos y procedimientos necesarios para implementar los elementos aplicables del PBIP empiezan y terminan en los gobiernos nacionales, que sean miembros de la OMI y signatarios del código y de las correspondientes convenciones

Este código reconoce el terrorismo como la mayor amenaza que pesa sobre el transporte marítimo. La parte A contiene las disposiciones obligatorias, mientras que la parte B contiene disposiciones con carácter «exclusivamente de recomendación».

----

[4] Conferencia de los gobiernos contratantes del Convenio internacional para la seguridad de la vida humana en el mar, 1974; Resoluciones 1-11 de la conferencia y enmiendas conexas al Convenio SOLAS 1974 y resoluciones 3 a 11 de la conferencia de fecha 9-13 de diciembre de 2002.

[5] En el derecho español, véase BOE núm. 202, de 21 de agosto de 2004.

[6] Las modificaciones más significativas al capítulo V (Seguridad de la navegación) del Convenio SOLAS son las siguientes:

– El nuevo capítulo XI-2 del convenio establece que los buques distintos a las naves de pasaje y petroleros de 300 t y superiores, pero menores de 50.000 t de TRB, deben instalar un sistema automático de identificación (AIS) que pueda determinar la posición de un barco con una precisión de cinco metros, en fecha no posterior a la primera inspección a los equipos de seguridad de la nave que se realice después del 1 de julio 2004 o el 31 de diciembre del 2004, cualquiera de ellas que ocurra antes. Las naves que cuenten con equipos AIS los mantendrán en funcionamiento en todo momento, excepto cuando los acuerdos internacionales, reglas o normas para la protección de la información de la navegación, así lo dispongan.

– La regla XI-1/3 se modificó para requerir la identificación de la nave, con el número de esta con el prefijo IMO seguido por un número de siete dígitos (de acuerdo con la resolución A. 600 (15)), que debe ser marcado permanentemente en un lugar visible del casco del buque y en los mamparos transversales de la cámara de máquinas. Las naves de pasajeros los deben llevar marcados en una superficie horizontal visible desde el aire.

– La regla XI-1/5 introduce el Registro sinóptico de buques (RSB) y prevé que los buques irán provistos de un RSB que contenga su historial, el cual reflejará los datos de sus pabellones, nombres, propietarios, fletadores, sociedades de clasificación, etc. Cualquier cambio se registrará en el RSB, para proporcionar información actualizada al día, junto con la historia de los cambios efectuados. Todas estas modificaciones se incorporaron en el ordenamiento español en el año 2004 (Véase BOE, de 22 abril y 21 de agosto de 2004).

2.1   Marco comunitario la Unión Europea

La UE aprobó el Reglamento (CE) 725/2004 del Parlamento y del Consejo, de 31 de marzo de 2004, relativo a la mejora de la protección de los buques y de las instalaciones portuarias. Los requisitos establecidos en el Reglamento (CE) 725/2004 han sido aplicados a los buques autorizados a enarbolar el pabellón español, obligados a cumplir esta normativa, así como a las instalaciones portuarias afectadas, en el vigente marco de concurrencia de competencias que los distintos organismos y entidades tienen asignadas en el entorno de la protección de los buques y de las instalaciones portuarias.

Este reglamento confirma la obligatoriedad de la aplicación, en el ámbito marítimo europeo de los buques y de las instalaciones portuarias, de las enmiendas al Convenio SOLAS y de la parte A del Código PBIP, que el reglamento incluye en sus anexos, y también declara de obligado cumplimiento determinadas medidas que la parte B de dicho código recoge como meras recomendaciones. Asimismo, el reglamento establece determinadas obligaciones para los estados miembros en materia de mejora de la protección marítima de los buques, sus compañías y las instalaciones portuarias, tales como la identificación de las autoridades designadas y las administraciones, la asignación de responsabilidades, la coordinación, la transmisión de información, y tareas de control de la aplicación de la normativa, estableciéndose un sistema de control por parte de la Comisión Europea para verificar el grado de cumplimiento en esta materia por los estados miembros.

La UE ha considerado que el Reglamento (CE) 725/2004 constituye un conjunto parcial del total de medidas necesarias para adquirir un adecuado nivel de protección para las cadenas de transporte ligadas al transporte marítimo y para las personas, infraestructuras y equipamiento contra incidentes relacionados con la protección, pues el alcance de tal reglamento se circunscribe a las medidas de protección aplicables a los buques y a la inmediata interfaz buque-puerto. A estos efectos, con el objetivo de introducir en el ámbito comunitario medidas para mejorar la protección de los puertos frente a la amenaza de sucesos que afecten a la protección marítima, la UE aprobó la Directiva 2005/65/CE del Parlamento y el Consejo, de 26 de octubre de 2005, sobre la mejora de la protección portuaria, con lo que se asegura que las medidas de protección establecidas por el Reglamento (CE) 725/2004 se beneficien adicionalmente de la implantación de una mejora de la protección aplicada al resto de la zona de actividades portuarias. La Directiva 2005/65/CE establece, para cada puerto en el que exista una o varias instalaciones portuarias afectadas por el Reglamento (CE) 725/2004, la obligación de desarrollar y aplicar un plan de protección portuaria, fundamentado en el resultado de una evaluación de riesgos de amenazas de sucesos contra la protección marítima, incluyendo el análisis de riesgos de las instalaciones portuarias requerido por el citado reglamento.

2.2 El derecho español

El Real Decreto (RD) 1617/2007, de 7 de diciembre,[7] por el que se establecen medidas para la mejora de la protección de los puertos y del transporte marítimo, supuso la trasposición de la Directiva 2005/65/CE al ordenamiento jurídico español.

Con posterioridad, se publicó la Ley 8/2011, de 28 de abril, por la que se establecen medidas para la protección de las infraestructuras críticas; y su reglamento de desarrollo, el RD 704/2011, de 20 de mayo. Entre esas infraestructuras críticas se encuentran determinados puertos marítimos.

La voluntad del legislador queda clara en su preámbulo, en el que se afirma: «Los estados modernos se enfrentan actualmente a diferentes desafíos que confieren a la seguridad nacional un carácter cada vez más complejo. Estos nuevos riesgos, generados, en gran medida, por la globalización, y entre los que se cuentan el terrorismo internacional, la proliferación de armas de destrucción masiva o el crimen organizado, se suman a los ya existentes, de los cuales el terrorismo tradicional venía siendo un exponente».

Por otro lado, su artículo 1, relativo al objeto de la misma, recoge: «Esta Ley tiene por objeto establecer las estrategias y las estructuras adecuadas que permitan dirigir y coordinar las actuaciones de los distintos órganos de las administraciones públicas en materia de protección de infraestructuras críticas, previa identificación y designación de las mismas, para mejorar la prevención, preparación y respuesta de nuestro Estado frente a atentados terroristas u otras amenazas que afecten a infraestructuras críticas. Para ello se impulsará, además, la colaboración e implicación de los organismos gestores y propietarios de dichas infraestructuras, a fin de optimizar el grado de protección de estas contra ataques deliberados de todo tipo, con el fin de contribuir a la protección de la población».

El Centro Nacional para la Protección de las Infraestructuras Críticas (CNPIC) es el órgano responsable de impulsar, coordinar y supervisar todas las actividades derivadas de esta normativa.

....

[7] BOE 304, de 20 diciembre de 2007.

3   Las empresas concesionarias de instalaciones portuarias

La identificación de la interfaz buque-puerto se produce en las superficies e instalaciones portuarias situadas en el marco de las empresas concesionarias por tráfico y actividad.

Antes de las prescripciones del Código PBIP, las empresas concesionarias debían mantener niveles de seguridad similares a las del puerto donde estuvieran ubicadas, de manera que no representaran por sí mismas amenazas individuales desvinculadas de la seguridad global del puerto.

Con el código, la responsabilidad directa de la protección de la instalación vuelve a estar en cada una de las empresas concesionarias, que se verán obligadas a gestionar el correspondiente plan de protección de las instalaciones portuarias que disfrutan en régimen de concesión.

Tanto los planes de seguridad anteriores como el propio PBIP deben ser admitidos como adecuados y suficientes para garantizar la protección de aquellas instalaciones, y en todo momento situarse en la misma línea de eficacia que dispone el puerto en su plan de protección portuaria (PPP).

El mantenimiento de las condiciones operativas de cualquiera de los planes de dicha instalación portuaria debe ser llevado día a día por la concesionaria, independientemente de si lo planes fueran diseñados y desarrollados por ella o acordados con la autoridad portuaria correspondiente.

El caso particular del PBIP también puede pasar por cualquiera de dichas dos alternativas:

– Plan de protección planificado por la propia concesión.
– Plan de protección acordado con la autoridad portuaria.

4   Consideraciones a la interfaz buque-puerto

Un aspecto fundamental para definir el marco de aplicación del PBIP viene dado por la expresión *interfaz buque-puerto*, a la que dicho código no aporta, sin embargo, una definición precisa que permita esclarecer su alcance y sus limitaciones.

Esta falta de concreción no facilita distinguir con claridad y con un criterio homogéneo cuándo se debe iniciar la aplicación del código. Por otro lado, las diferencias que puedan darse en su consideración, pueden significar en la práctica una gran dispersión en la toma de decisiones o en las medidas que se adopten.

En el reglamento del Parlamento Europeo y del Consejo para la mejora de la protección de los buques y las instalaciones portuarias, su artículo 2 define la interfaz buque-puerto como: «La interacción que tiene lugar cuando un buque se ve afectado directa e inmediatamente por actividades que entrañan el movimiento de personas o mercancías o la prestación de servicios portuarios al buque o desde este».

Esta definición viene a considerar el cómo y el cuándo en el modo, pero no facilita la determinación de a partir de qué momento o distancia física, que en la aplicación operativa de la seguridad siempre es necesario establecer; especialmente cuando el propio código establece, en el punto 5 del preámbulo de su anexo, que «…las disposiciones relativas a las instalaciones portuarias se aplicarán únicamente a la interfaz buque-puerto».

El planteamiento lógico sería partir de la figura del buque como objeto principal en torno al cual gira y se estructura el código, pudiéndose establecer que la línea divisoria que marca el límite es la que representa la primera línea de control de la protección a partir del buque.

De plantearse el establecimiento del límite desde tierra hacia el buque, podría encontrarse que dicho límite es el que corresponde al dominio público de la instalación portuaria.

En el establecimiento de criterios para la determinación de la interfaz buque-puerto, se muestra la posibilidad, hoy real, de encontrar una zona de atraque sin interfaz, donde el acceso se realice directamente en el portalón del buque, sin que exista una zona preventiva o restringida donde realizar controles.

Hasta ahora, se ha considerado que el transporte terrestre se realizaba utilizando la red viaria mediante camiones y tractoras que llegan prácticamente al costado del buque para embarcar directamente sus cargas. Pero, si se considera el transporte ferroviario, en la mayoría de las situaciones, el único control sobre sus unidades consiste en el acceso por una puerta sin controles en el límite del dominio público portuario, sin que en ningún momento posterior se pueda determinar otra ubicación de control. Siguiendo los principios aplicados hasta ahora, surge la necesidad de fijar físicamente el punto donde este se debería efectuar, y así definir la interfaz buque-puerto.

Una nueva indefinición aparece cuando el buque se encuentra en aguas del dominio público portuario, debiéndose de considerar distintas situaciones posibles:

- Fondeado.
- Fondeado operando.
- En maniobras.
- En navegación.

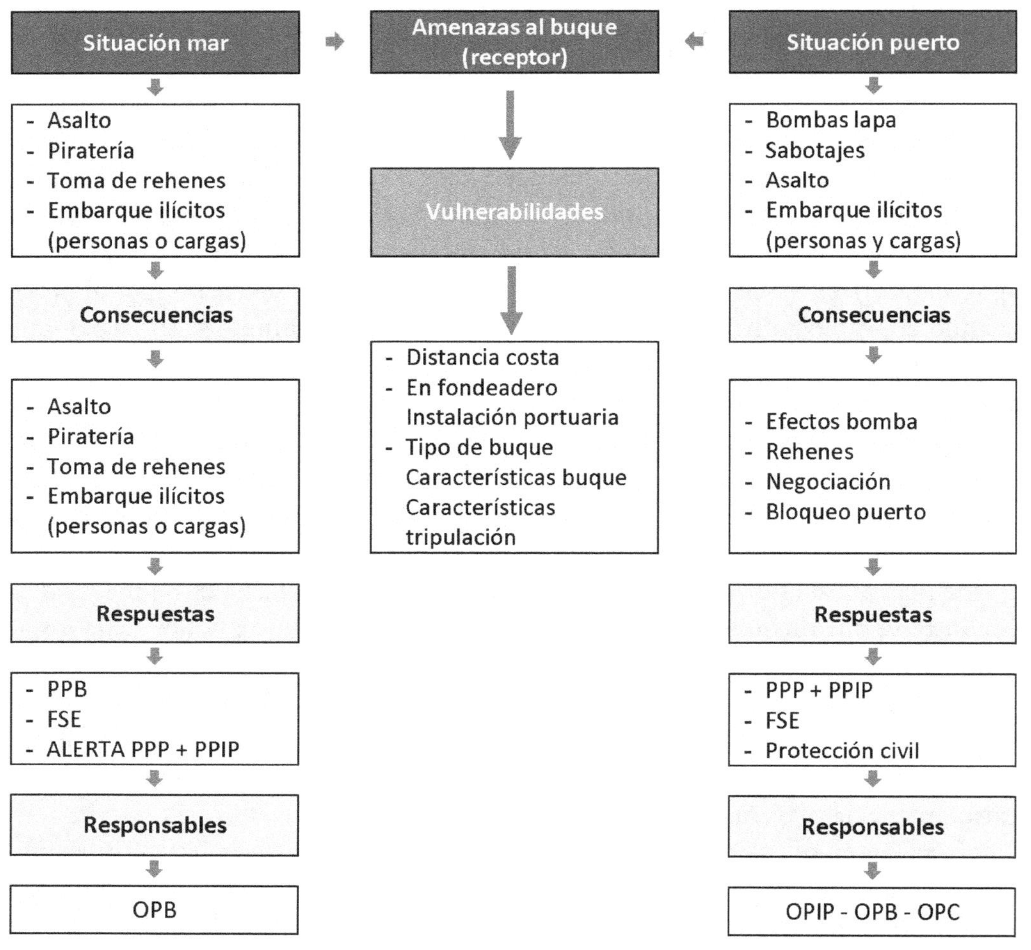

Figura 7.1. Esquema de variables y recursos frente a potenciales amenazas al buque.

En principio, el criterio más inmediato es que la superficie marítima es de exclusiva competencia de la autoridad portuaria, aunque pueden analizarse distintos aspectos:

– A partir de cuándo se inicia el vínculo de responsabilidades.
– En qué condiciones se encuentra el buque durante la operativa, antes del atraque.

Si se analiza cada bloque de posibilidades, mientras el buque está en aguas portuarias, se obtienen las siguientes conclusiones:

- *Fondeo voluntario del buque* en aguas portuarias, sin que su propósito sea la realización de operaciones. El motivo puede ser cualquier incidencia de la navegación en que el buque busca refugio del mal tiempo fuera de la zona abrigada, para reparación de averías, etc.; en cuyo caso, la autoridad portuaria o la marítima autorizan la situación y asignan un área de fondeo, sin la prestación del servicio de practicaje. El buque depende de su propio plan de protección del buque (PPB).

- *Fondeo obligado del buque* en las aguas portuarias con el propósito de realizar operaciones, bien en espera de atraque, de marea, de carga, *bunkering* fondeado, toma de provisiones o aguada, etc. En este caso, con prestación del servicio de practicaje, que como representante que es de la autoridad portuaria, permite que el buque establezca una interfaz con el puerto.

Mediante cualquiera de las operaciones que realice el buque con otros buques o embarcaciones mientras está en el fondeadero, se establece una interfaz buque-buque, que se debe considerar en el marco de sus respectivos PPB.

En cualquier situación en la que el buque se encuentre en navegación o en maniobra hasta alcanzar el atraque y la condición de amarrado, el puerto crea una interfaz con el buque a través de los servicios indirectos que le estén siendo prestados.

Por todo ello, a la vista de las alternativas consideradas, para cada instalación portuaria y cada zona parcial o total de ella que tenga relación con el buque, se debe determinar cuál es la distancia de interfaz aplicable. Cuando ello no sea posible por las características del puerto, se debe considerar el dominio público del mismo como la interfaz de influencia, aunque dicho tratamiento represente una fuerte complicación por el ámbito que pueda abarcar.

Con todo, los controles sucesivos que se generen a partir del buque, aun no siendo de aplicación a los objetivos del Código PBIP, deberán estar estrechamente coordinados entre sí para crear la necesaria impermeabilización en el sistema de protección.

5 Aspectos jurídicos de protección portuaria

En Europa se insiste en encontrar soluciones de alcance mundial precisas y claras en materia de protección, ya que la misma UE se encuadra en un contexto económico global. Pero al mismo tiempo, se afirma que la protección marítima no debe convertirse en un factor de competencia desleal entre los puertos, en particular dentro de la propia UE. Conviene destacar que las medidas adoptadas en el Código PBIP se limitan a los buques y a las instalaciones portuarias, delimitados espacialmente por la interfaz buque-puerto, pero no a los puertos propiamente dichos, para los que la Comisión promulgó el Reglamento 725/2004.[8]

Este reglamento tiene como objetivo principal aplicar medidas que mejoren la protección de los buques, así como las instalaciones portuarias asociadas a ellos, frente a la amenaza de acciones ilícitas deliberadas. Además, se propone sentar las bases para el control comunitario y la interpretación y aplicación armonizadas de las medidas especiales para incrementar la protección marítima aprobadas por la conferencia diplomática del Código PBIP.

En este sentido, va más allá de las medidas aprobadas por la OMI, ya que convierte en obligatorias determinadas disposiciones de la parte B del Código PBIP, en el que aparecen como simples recomendaciones (por ejemplo, amplía las medidas a los barcos de pasajeros en itinerarios nacionales y en trayectos nacionales amplía a otros barcos las exigencias relacionadas con la realización de análisis de seguridad).

5.1 *Autoridades de seguridad portuaria en España*

El PBIP dispone que los gobiernos contratantes o su autoridad designada adopten una serie de medidas para dar cumplimiento a sus requisitos y disposiciones.

Dado que muchos países disponen de diversas instalaciones portuarias y grandes extensiones geográficas que deben ser materia de seguridad, se establecen disposiciones que asignan algunas tareas y responsabilidades a los niveles locales del país.

Es responsabilidad de la autoridad designada determinar qué medidas son necesarias a escala nacional para dar cumplimiento al PBIP y establecer un marco de cooperación entre los organismos gubernamentales, las administraciones locales y los sectores portuario y del transporte marítimo. También se dispone que esa autoridad establezca las funciones y responsabilidades de tales entidades para garantizar la seguridad marítima a escala nacional e internacional.[9] En España, el RD 2007 incorpora la expresión «Punto nacional de contacto para la protección portuaria (PCPP)» y lo define (artículo 2, 7) como «el organismo

---

[8] Reglamento (CE) 725/2004 del Parlamento y del Consejo, de 31 de marzo de 2004, relativo a la mejora de la protección de los buques y de las instalaciones portuarias.
[9] Ibíd, parte A, Sección 1.2.

designado para servir de punto de contacto para la Comisión Europea y otros estados miembros, así como para facilitar, supervisar y proporcionar información sobre la aplicación de las medidas de protección portuaria establecidas en este real decreto».

También se le confía a la Secretaría General de Transportes del Ministerio de Fomento ser el punto de contacto nacional para la protección marítima y, además, es el punto nacional de contacto para la protección portuaria.

En el artículo 4, se define la Autoridad nacional competente para la protección marítima y se señala a la Secretaría General de Transportes del Ministerio de Fomento como el órgano de la Administración designado como autoridad competente para la protección marítima, cuyas funciones son las siguientes:

- La coordinación, implantación y supervisión de la aplicación de las medidas de protección previstas en el real decreto y en el resto de la normativa aplicable.
- La aprobación de las directrices para la realización y el desarrollo de la evaluación y del plan de protección de las instalaciones portuarias.

Igualmente, en los artículos 5 y 6 del RD 2007 se atribuyen las competencias del Ministerio del Interior (establecimiento de niveles de protección, buques y aguas españolas, coordinación de cuerpos y fuerzas de seguridad, niveles mínimos de los cursos de formación, etc.) y de la Dirección General de la Marina Mercante (aprobación de planes de protección del buque, verificación y emisión de certificados, autorización de organizaciones de protección reconocidas (OPR), control de buques extranjeros a través del control del Estado del puerto, etc.

Pese al establecimiento de un marco de cooperación entre organismos gubernamentales con funciones y responsabilidades determinadas, la dinámica del comercio marítimo y las instalaciones portuarias es tal que probablemente requiera, para ser efectivos, la asistencia de organizaciones no gubernamentales y del sector privado. El PBIP también dispone que la autoridad designada pueda permitir que organizaciones de seguridad reconocidas (OSR) desempeñen ciertas funciones relacionadas con la seguridad de las instalaciones y los servicios portuarios.

5.2 Organizaciones de protección reconocidas

En el artículo 4.3 de la parte A, el Código PBIP dispone que la autoridad designada pueda autorizar que organizaciones de seguridad reconocidas *(Recognized Security*

Organizations, OSR)[10] desempeñen ciertas funciones relacionadas con la seguridad de las instalaciones y los servicios portuarios. Es necesario considerar el tipo de funciones que podrían desempeñar estas organizaciones al evaluar su competencia para emprender las tareas que se les asignen. Podría designarse una autoridad portuaria o un operador de las instalaciones y los servicios portuarios como organización de seguridad reconocida, siempre que tenga la idoneidad en seguridad especificada en el Código PBIP.[11]

Una OPR está definida como «...aquella organización que haya sido objeto de reconocimiento por parte de la Administración marítima española o de la de cualquier otro Estado miembro de la Unión Europea...»,[12] pudiendo ser una sociedad de clasificación[13] u otra entidad privada que efectúe labores de evaluación de la seguridad marítima en nombre de un Estado miembro de la UE y que haya sido reconocida para realizar tales funciones de conformidad con lo dispuesto en el citado real decreto. En cuanto el Ministerio de Fomento haya habilitado una OPR para realizar las inspecciones y controles previstos mediante autorización, esta se convertirá en una organización autorizada. El RD 2007 las contempla en su artículo 16: Organizaciones de protección reconocidas para puertos e instalaciones portuarias.

Las evaluaciones de protección de las instalaciones portuarias, los planes de protección de las mismas y de los puertos, así como sus modificaciones, podrán ser realizadas, previa autorización de la autoridad de protección portuaria, por una organización de protección reconocida para puertos e instalaciones portuarias. Dichas organizaciones podrán, asimismo, asesorar a la autoridad de protección del puerto en relación con dichos instrumentos.

---

[10] Sobre esta cuestión, véanse también: Resolución OMI A. 739 (18), anexo, apéndice 1 (Directrices relativas a la autorización de las organizaciones que actúen en nombre de la Administración), Resolución OMI A. 789 (19) (Especificaciones relativas a las funciones de reconocimiento y certificación de las organizaciones reconocidas que actúen en nombre de la Administración) y Circular MSC 1074 (Medidas para mejorar las directrices marítimas de la seguridad para la autorización de organizaciones de seguridad reconocidas que actúan en nombre de la Administración o autoridad designada por parte de un gobierno contratante).

[11] Ibíd, parte B, secciones 4.3 y ss.

[12] Ibíd, artículo 2.g.

[13] La UE ha reconocido a diversas sociedades de clasificación, entre ellas todas las de la IACS. (Decisión de la Comisión de 14 de marzo de 2002 por la que se modifica la Decisión 96/587/CE sobre la publicación de la lista de organizaciones reconocidas que han sido notificadas por los estados miembros en virtud de la Directiva 94/57/CE del Consejo, notificada con el número C (2002) 995 y texto pertinente a efectos del EEE: 2002/221/CE.)

Por orden conjunta de los ministros del Interior y de Fomento se establecerán las condiciones mínimas que deben cumplir las organizaciones de protección reconocidas para obtener una acreditación.

5.3 Medidas de protección del puerto

5.3.1 Evaluación de la protección

Cada autoridad de protección portuaria velará por que se efectúe una evaluación de la protección de los puertos que gestiona. Dicha evaluación será realizada por ella misma o bien por una organización de protección portuaria reconocida autorizada por ella. Este proceso de identificación y evaluación es esencial, ya que sienta las bases para centrar las estrategias de atenuación de riesgos en los bienes y las estructuras que más importa proteger ante un posible suceso que afecte a la protección. Este proceso tendrá en cuenta la posible pérdida de vidas, la importancia económica del puerto, su valor simbólico y la presencia de instalaciones gubernamentales.

Las evaluaciones de protección de las instalaciones portuarias (EPIP) reflejarán y considerarán debidamente (artículo 10 del RD 2007):

— Las peculiaridades de las distintas partes del puerto.
— Las zonas adyacentes al puerto que tengan alguna incidencia en la protección del puerto.
— Las evaluaciones de protección de las instalaciones portuarias que se encuentren dentro de los límites del puerto.

La evaluación de los riesgos de las amenazas que pudieran sobrevenir de las zonas adyacentes al puerto, se realizará de manera coordinada con los titulares de dichas zonas y con las administraciones con competencias en materia de seguridad pública en ellas.

Las evaluaciones de protección del puerto deberán efectuarse teniendo en cuenta, como mínimo, las prescripciones detalladas en el anexo I del RD 2007. La autoridad nacional competente para la protección marítima aprobará la metodología de trabajo para la realización de las evaluaciones de protección del puerto. La autoridad de protección portuaria remitirá las evaluaciones de la protección al Ministerio del Interior para su aprobación, previo informe del comité consultivo de protección del puerto y, en su caso, del informe del órgano de la Administración autonómica con competencias en materia de seguridad pública.

La evaluación de la protección del puerto deberá ser revisada siempre que se registre un suceso que afecte a la protección del puerto cuyos riesgos no hayan sido previamente evaluados, cuando se detecte un incumplimiento grave o un cambio importante de las amenazas de sucesos que afectan a la protección del puerto y, al menos, cada cinco años desde la fecha de su aprobación. La revisión deberá tener en cuenta los posibles cambios de amenazas y la modificación de las circunstancias en las que fue efectuada la anterior evaluación.

La correcta evaluación de la protección, llevada a cabo por profesionales con profundos conocimientos en asuntos de seguridad portuaria, es un proceso que tiene que identificar los bienes y las infraestructuras que es importante proteger, y seleccionar y clasificar por orden de prioridad las medidas para contrarrestar las amenazas a los puntos vulnerables detectados. Las EPIP deben considerar los aspectos de la instalación portuaria, su protección física y integridad estructural, los sistemas de protección del personal, las normas y los procedimientos, los sistemas radioeléctricos y de telecomunicaciones, incluidos los sistemas y redes informáticos; infraestructuras de transporte; servicios públicos; y otras zonas que, al sufrir daños, o ser utilizadas como punto de observación para fines ilícitos, podrían poner en peligro a las personas, los bienes o las operaciones que se realicen dentro de la instalación portuaria.

5.3.2   Plan de protección del puerto PPP (artículo 11 RD 2007)

- Cada autoridad de protección portuaria elaborará un plan de protección para cada puerto que gestione y se encuentre incluido en el ámbito de aplicación de este Real Decreto. Dicho plan deberá tener en cuenta los resultados de la evaluación de la protección del puerto, realizada según lo dispuesto en el artículo 10.

- El plan de protección del puerto abordará las peculiaridades de las distintas partes del puerto, integrará los planes de protección de las instalaciones portuarias e incluirá procedimientos de coordinación con otros planes de seguridad o emergencia establecidos en el puerto. Asimismo, el plan de protección deberá especificar, para cada uno de los niveles de protección a que se refiere el artículo 14, los procedimientos que deben seguirse, las medidas que han de aplicarse y las actuaciones que se deben emprender.

- La autoridad de protección portuaria podrá autorizar a una organización de protección reconocida para que elabore el plan de protección del puerto de uno o varios puertos cuya gestión le haya sido atribuida.

- El plan de protección del puerto se elaborará teniendo en cuenta como mínimo las prescripciones que figuran en el anexo II del RD 2007.

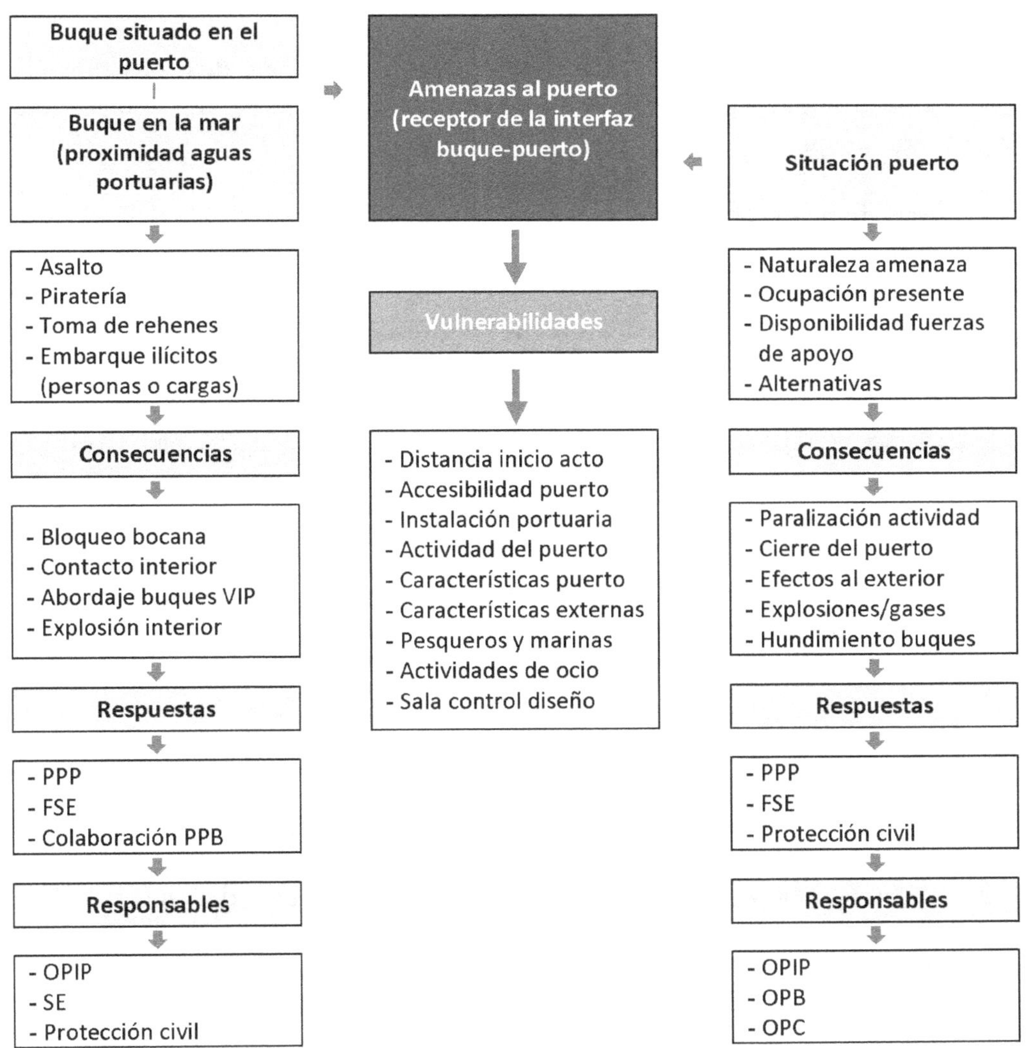

Figura 7.2. Esquema de variables y recursos frente a potenciales amenazas al puerto.

5.3.3 *Niveles de protección (artículo 14 RD 2007)*

Se establecen tres niveles de protección marítima en los puertos en los que deba aplicarse el mencionado real decreto:

- **Nivel de protección 1**
  El nivel en el cual se debe mantener unas medidas mínimas adecuadas de protección en todo momento.

- **Nivel de protección 2**
  El nivel en el cual deberán mantenerse medidas adecuadas de protección adicionales durante un período de tiempo, como resultado de un aumento del riesgo de que ocurra un suceso que afecte a la protección marítima.

- **Nivel de protección 3**
  El nivel en el cual deberán mantenerse más medidas concretas de protección que las incluidas en el nivel 2, durante un período de tiempo limitado, cuando sea probable o inminente un suceso que afecte a la protección marítima, aunque no sea posible determinar el acontecimiento concreto.

La determinación del nivel de protección marítima se debe ajustar a las siguientes reglas:

a) Corresponde al Ministerio del Interior determinar los niveles de protección en los que deben operar los puertos. Tras recibir la notificación del nivel de protección que se haya fijado, el oficial de protección del puerto adoptará de manera inmediata las medidas establecidas en el plan de protección del puerto para tal nivel de protección.

b) La autoridad de protección portuaria podrá, no obstante, adoptar las medidas contenidas en el plan de protección del puerto correspondientes a un nivel de protección superior a aquél en el que está operando, en caso de disponer de información que pueda considerarse significativa acerca de la amenaza de un suceso contra la protección marítima. Las medidas adicionales de protección que en tal caso se adopten deberán ser comunicadas de inmediato al Ministerio del Interior, que las confirmará, modificará o suspenderá.

c) No se admitirá en el puerto ningún buque que tenga asignada por su administración responsable un nivel de protección inferior al nivel de protección en el que está operando el puerto. Si el Ministerio del Interior o la autoridad de protección portuaria, en aplicación de lo previsto en el apartado *b)*, acuerdan la aplicación de medidas de otro nivel de protección, podrán exigir al buque que adopte las medidas pertinentes.

Otros aspectos que se deben considerar del articulado del RD 2007 son:

- Declaración de cumplimiento de los puertos (artículo 12). Se emite por cinco años, acreditativa del cumplimiento de las medidas de protección.

- Ejercicios y prácticas de protección en los puertos (artículo 13), que se realizarán como mínimo cada año y como máximo cada dieciocho meses, con independencia de otros ejercicios de ámbito nacional u otros.

6 Medidas de protección del buque

6.1 *Evaluación de la protección*

La evaluación de la protección del buque es parte integrante y esencial del proceso de elaboración y actualización del plan de protección del buque. El oficial de la compañía para la protección marítima garantizará que las personas que realicen la evaluación de la protección tengan los conocimientos necesarios para llevar a cabo esa labor, de conformidad con lo dispuesto en la presente sección del PBIP y teniendo en cuenta las orientaciones que se dan en la parte B del propio código. A reserva de lo dispuesto en la sección 9.2.1 del código, una organización de protección reconocida podrá llevar a cabo la evaluación de la protección de un determinado buque. La evaluación de la protección del buque incluirá un reconocimiento sobre el terreno de los aspectos de protección, y abarcará, como mínimo, los siguientes elementos:

- Identificación de las medidas, los procedimientos y las actividades existentes en relación con la protección.
- Identificación y evaluación de las actividades esenciales a bordo del buque que es importante proteger.
- Identificación de las posibles amenazas para las actividades esenciales a bordo del buque y la probabilidad de que se concreten, a fin de establecer medidas de protección y el orden de prioridad de las mismas

- Identificación de los puntos débiles, incluidos los relacionados con el factor humano, las infraestructuras, las políticas y los procedimientos.

La compañía naviera documentará, examinará, aceptará y conservará la evaluación de la protección del buque.

6.2 Plan de protección del buque

Todo buque llevará a bordo un plan de protección del buque aprobado por la Administración. El plan comprenderá tres niveles de protección que comentaremos, con más detalle en el apartado 6.3:

- Nivel 1 (normal): es el nivel en el que funcionan normalmente los buques e instalaciones portuarias.
- Nivel 2 (reforzado): se aplicará si hay un incremento del riesgo.
- Nivel 3 (excepcional): se establece durante el período de tiempo en que sea probable o inminente un suceso que afecte a la protección.

Una organización de protección reconocida puede preparar el plan de protección para un determinado buque.

Cuando se presente para aprobación un plan de protección del buque o enmiendas a un plan previamente aprobado, se acompañará la evaluación de la protección que haya servido de base para la elaboración del plan o de las enmiendas.

Dicho plan se elaborará teniendo en cuenta las orientaciones que se dan en la parte B del Código PBIP, y estará redactado en el idioma o idiomas de trabajo del buque. Si estos idiomas no son el español, el francés ni el inglés, se incluirá una traducción a uno de estos idiomas. El plan se ocupará, como mínimo, de lo siguiente:

- Medidas previstas para evitar que se introduzcan a bordo del buque armas, sustancias peligrosas y dispositivos destinados a ser utilizados contra personas, buques o puertos y cuyo transporte no esté autorizado.
- Identificación de las zonas restringidas y medidas para prevenir el acceso no autorizado a ellas.
- Medidas para prevenir el acceso no autorizado al buque.
- Procedimientos para hacer frente a las amenazas para la protección o a un fallo de las medidas de protección, incluidas las disposiciones necesarias para mantener las operaciones esenciales del buque o de la interfaz buque-puerto.

- Procedimientos para responder a cualquier instrucción sobre protección que den los gobiernos contratantes para el nivel de protección 3.
- Procedimientos para la evacuación en caso de amenaza para la protección o de fallo de las medidas de protección.
- Tareas del personal de a bordo al que se asignen responsabilidades de protección y del resto del personal de a bordo en relación con la protección.
- Procedimientos para verificar las actividades de protección.
- Procedimientos para la formación, los ejercicios y las prácticas relacionados con el plan.
- Procedimientos para la interfaz con las actividades de protección de las instalaciones portuarias.
- Procedimientos para el examen periódico del plan y su actualización.
- Procedimientos para informar de los sucesos que afecten a la protección marítima.
- Identificación del oficial de protección del buque.
- Identificación del oficial de la compañía para la protección marítima, con sus datos de contacto para las 24 horas del día.
- Procedimientos para garantizar que se llevan a cabo las inspecciones, las pruebas, el calibrado y el mantenimiento del equipo de protección de a bordo.
- Frecuencia con que se deberá someter a prueba o calibrar el equipo de protección de a bordo.
- Identificación de los lugares donde encuentren los dispositivos para activar el sistema de alerta de protección del buque.
- Procedimientos, instrucciones y orientaciones para la utilización del sistema de alerta de protección del buque, así como para su prueba, activación, desactivación y reactivación, y para limitar el número de falsas alertas.

El personal que lleve a cabo las auditorías internas de las actividades de protección especificadas en el plan o que evalúe su implantación será independiente de las actividades objeto de verificación, a menos que esto no sea factible por el tamaño y la naturaleza de la compañía o del buque.

La Administración determinará qué cambios de un plan de protección del buque aprobado o del equipo de protección especificado en un plan aprobado no se implantarán sin que ella haya aceptado las correspondientes enmiendas a ese plan.

Esa aprobación estará disponible a bordo y se presentará junto con el certificado internacional de protección del buque o su equivalente provisional. Si estos cambios son provisionales, no será necesario conservar dicha documentación a bordo una vez que se vuelva a las medidas o el equipo originales aprobados.

6.3   *Niveles de protección*

Los buques están obligados a actuar con arreglo a los niveles de protección establecidos por los gobiernos contratantes, como se indica más adelante.

En el nivel de protección 1, se llevarán a cabo las siguientes actividades, mediante las medidas adecuadas, en todos los buques, teniendo en cuenta las orientaciones que se dan en la parte B del Código PBIP, con objeto de determinar y adoptar medidas preventivas contra los sucesos que afecten a la protección marítima:

- Garantizar la ejecución de todas las tareas relacionadas con la protección del buque.
- Controlar el acceso al buque.
- Controlar el embarque de las personas y sus efectos.
- Vigilar las zonas restringidas a fin de que sólo tengan acceso a ellas las personas autorizadas.
- Vigilar las zonas de cubierta y las zonas que rodean el buque.
- Supervisar la manipulación de la carga y las provisiones del buque.
- Garantizar la disponibilidad inmediata de los medios para las comunicaciones sobre protección.

En los niveles de protección 2 y 3, se aplicarán otras medidas concretas de protección especificadas en el plan de protección del buque para cada una de las actividades señaladas en la sección 7.2, teniendo en cuenta las orientaciones que se dan en la parte B del Código PBIP.

Cuando la Administración establezca un nivel de protección 2 o 3, el buque acusará recibo de las instrucciones sobre el cambio del nivel de protección. Antes de entrar en un puerto situado dentro del territorio de un gobierno contratante que haya establecido un nivel de protección 2 o 3, o durante su permanencia en él, el buque acusará recibo de la instrucción y confirmará al oficial de protección de la instalación portuaria que se ha iniciado la aplicación de los procedimientos y medidas adecuados señalados en el plan de protección del buque y, en el caso del nivel de protección 3, en las instrucciones impartidas por el gobierno contratante que haya establecido dicho nivel de protección. El buque informará de cualquier dificultad que encuentre para su puesta en práctica. En estos casos, el oficial de protección de la instalación portuaria se mantendrá en contacto con el oficial de protección del buque a fin de coordinar las medidas oportunas.

Si la Administración exige a un buque que establezca un nivel de protección más elevado que el del puerto en el que tenga intención de entrar o en el que ya se encuentre, o si el buque ya opera en ese nivel, el buque comunicará inmediatamente este hecho a la autoridad competente del gobierno contratante en cuyo territorio se encuentre la instalación portuaria y al oficial de protección de esta. En tales casos, el oficial de protección del buque deberá mantenerse en contacto con el oficial de protección de la dicha instalación y coordinar las medidas oportunas, si es necesario.

La Administración que exija a los buques con derecho a enarbolar su pabellón que establezcan un nivel de protección 2 o 3 en un puerto de otro gobierno contratante, informará inmediatamente de ello a ese gobierno contratante.

Cuando los gobiernos contratantes establezcan niveles de protección y garanticen el suministro de información sobre los niveles de protección a los buques que operen en su mar territorial o que hayan comunicado su intención de entrar en él, se aconsejará a dichos buques que mantengan la vigilancia y notifiquen inmediatamente a su administración y a cualquier estado ribereño cercano toda información que llegue a su conocimiento y que pueda afectar a la protección marítima en la zona. Al comunicar a tales buques el nivel de protección aplicable, el gobierno contratante también les comunicará, teniendo en cuenta las orientaciones que se dan en la parte B del código, cualquier medida de protección que deban adoptar y, si resulta procedente, las medidas que haya adoptado él mismo para dar protección contra la amenaza.

6.4   La declaración de protección marítima

La declaración de protección marítima (DPM) es el convenio alcanzado entre un buque y una instalación portuaria u otro buque con el que realiza operaciones de interfaz, en el que se especifican las medidas de protección que aplicará cada una de las partes. Su objetivo principal es garantizar que el buque y la instalación portuaria, u otros buques con los que realice dichas operaciones de interfaz, llegan a un acuerdo sobre las medidas que se deban adoptar, de conformidad con las disposiciones de sus respectivos planes de protección.

La necesidad de una DPM puede deducirse de los resultados de una evaluación de la protección de la instalación portuaria (EPIP). En el plan de protección de dicha instalación se deberán indicar las razones y circunstancias en las que se requiere una DPM, así como los procedimientos que se han de seguir cuando el oficial de protección de la instalación portuaria (OPIP), atendiendo a las instrucciones de su Administración, la solicite, o cuando tal declaración la demande un buque. Asimismo, una DPM puede ser establecida por una Administración respecto de los buques con derecho a enarbolar su pabellón, o puede desprenderse igualmente de los resultados de una evaluación de protección del buque (EPB), aspecto que deberá indicarse en el PPB.

Es probable que se solicite una DPM en niveles de protección altos:

- Cuando el buque tenga un nivel más elevado que la instalación portuaria u otro buque con el que realice una operación de interfaz.
- En la interfaz buque-puerto o en las actividades de buque a buque que entrañen un mayor riesgo para las personas, los bienes o el medio ambiente.
- Por razones propias del buque de que se trate, incluidos sus pasajeros y carga, por las circunstancias que se den en la instalación portuaria, o por una combinación de ambos factores.[14]

Un OPIP puede solicitar también una DPM antes de que se realicen operaciones de interfaz buque-puerto cuyo interés especial se haya mencionado expresamente en la EPIP. Como ejemplos, cabe citar el embarque o desembarque de pasajeros y el trasbordo, carga o descarga de mercancías peligrosas o sustancias potencialmente peligrosas.

La DPM acordada deberá ir firmada y fechada tanto por la instalación portuaria como por el buque o los buques, según sea el caso. Se debe especificar su periodo de vigencia y el nivel o niveles de protección pertinentes, así como los datos de contacto correspondientes. Si cambia el nivel, puede ser necesario revisar dicha DPM o elaborar una nueva. Esta DPM se deberá redactar en español, francés o inglés, o en un idioma común a la instalación portuaria y al buque o buques, según sea el caso.

6.5 Documento unificado de escala (DUE) e información sobre protección antes de la entrada de un buque a un puerto

Todo buque que solicite escala en un puerto, deberá remitir, con la debida antelación, a la autoridad de protección portuaria y a la capitanía marítima correspondiente, la siguiente información:

a) Confirmación de la existencia de un certificado válido del buque, indicando el nombre de la autoridad que lo ha expedido.
b) Nivel de protección al que opera el buque en ese momento.

---

[14] Véase Ordas Jiménez, S., Bazán García, I. y Santalices Fernández, R. en *La protección de los sectores marítimo y portuario*, Ed. UPC, Barcelona, 2012.

c) Nivel de protección al que haya operado el buque en cualquier puerto anterior donde haya realizado una operación de interfaz buque-puerto.

d) Medidas especiales o adicionales de protección que haya tomado el buque en cualquier puerto anterior donde haya realizado una operación de interfaz buque-puerto.

e) Procedimientos de protección del buque durante cualquier actividad de buque a buque.

f) Cualquier otra información de carácter práctico relacionada con la protección, a excepción del contenido del PPB, de acuerdo con las recomendaciones contenidas en la parte B del Código PBIP.

La información a que se refieren las letras *c)*, *d)* y *e)* deberá comprender la relativa a las últimas diez instalaciones portuarias visitadas. La información deberá remitirse, por la autoridad de protección portuaria, al oficial de protección del puerto, al OPIP en la que el buque pretenda hacer escala y a la correspondiente comandancia de la Guardia Civil.

La información citada en el párrafo anterior será facilitada:

– Con al menos 24 horas de antelación a la entrada del buque en el puerto.
– A más tardar, en el momento en que el buque salga del puerto anterior, si la duración del viaje es inferior a 24 horas.
– Si no se conoce el puerto de escala o si este se modifica durante el viaje, desde el momento en que ese puerto de escala es conocido.

La autoridad de protección portuaria denegará la entrada al puerto a todo buque respecto del que no se reciba la información requerida, excepto si el buque se encuentra exento del suministro de dicha información.

El OPIP portuario y el oficial de protección del puerto elaborarán respectivamente un informe sobre el procedimiento seguido con cada buque que haya estado sometido a un suceso que afecte a la protección marítima.

En cualquier caso, es aplicable el RD 1334/2012, de 21 de septiembre, sobre las formalidades informativas exigibles a los buques mercantes que lleguen a los puertos españoles o que salgan de éstos.

El Ministerio de Fomento podrá establecer la integración de la información sobre protección, de conformidad con lo previsto en la Orden FOM/1194/2011, de 29 de abril, por la que se regula el procedimiento integrado de escala de buques en los puertos españoles de interés general. La disposición adicional segunda de este real decreto faculta para integrar la información sobre protección que ha de suministrar el buque en el documento único de escala (DUE). Como novedad de esta orden, cabe destacar que se obliga a que la presentación del DUE y su aceptación por parte de las autoridades portuarias y capitanías marítimas se realice vía telemática mediante la transmisión electrónica de datos.

A los fines anteriores, el DUE contiene toda la información necesaria para la gestión de la escala por parte de la autoridad portuaria y para el despacho del buque por la capitanía marítima. Consta de información sobre el propio documento, el buque, su agente consignatario, la escala, la tripulación, la declaración de su capitán, los residuos, las mercancías peligrosas y la protección de dicho buque. Además, contiene siete apéndices y la posibilidad de añadir información sobre la estancia del buque cuando solicita varios atraques o puestos de fondeo.

El apéndice 6 del DUE contiene la información relativa a la protección del buque que se exige, así como la referida a la llegada a puerto; con carácter ilustrativo:

- Certificado internacional de protección del buque. Se indicará la información de acuerdo con lo establecido en la regla 9.2.1 del capítulo XI-2 del Convenio SOLAS.
- Nivel de protección en el que está operando el buque a su llegada a puerto.
- Listado de las diez últimas instalaciones portuarias visitadas el buque, en orden cronológico, empezando por las visitadas más recientemente. Se indicará para cada una de ellas el nivel de protección en que operó el buque, si este tomó alguna medida de protección adicional, y las operaciones buque a buque mantenidas durante el período comprendido entre la entrada en la primera de las últimas diez instalaciones portuarias visitadas y la salida de la más reciente.
- Indicación de cualquier otra información que se considere oportuna para la protección del buque no contemplada en los apartados anteriores.

6.6 Sistemas de protección en buques, AIS y LRIT

Aunque no están específicamente contemplados en el Código PBIP, sí lo hace el Convenio SOLAS. Dentro de este convenio, la conferencia de los gobiernos contratantes, como medida complementaria de protección, acordó modificar el capítulo V, regla 19, que se refiere a la implantación del sistema de identificación automática de buques *(Automatic Identification System* o AIS). Este sistema permite trasmitir desde un buque, estaciones costeras o aeronaves, un serie de datos significativos sobre la identificación del buque y de sus circunstancias, tanto en navegación como fondeado o atracado, así como de su situación, rumbo, velocidad, y otros datos que afecten a su protección.

Los buques provistos de un sistema de identificación automática lo deberán mantener en funcionamiento en todo momento, salvo en los casos en los que los acuerdos, reglas o normas internacionales estipulen lo contrario. Siguiendo el SO-LAS, se ha modificado también el capítulo XI-1, reglas 3 y 5, donde se establece para cada buque obligado un registro sinóptico continuo, en el cual han de figurar toda una serie de antecedentes del buque y de sus circunstancias relacionadas con la protección. Esto permite una mejor identificación del mismo en caso de incidentes o investigaciones posteriores. En España puede verse la Ley 33/2010 de 5 agosto (actualmente TRLPEMM 2011) y el RD 1593/2010 de 26 de noviembre por el que se establece un sistema de seguimiento e información del tráfico marítimo.

La utilización del AIS (obligatorio desde el 2004, por la Directiva 2002/59) planteaba inicialmente dos serios problemas funcionales: se emitía en abierto y su alcance era muy limitado, similar al de un VHF analógico, lo cual dificultaba su utilización para los objetivos iniciales de *security*. Tales son los antecedentes y factores determinantes de la configuración del sistema de identificación y seguimiento de largo alcance de buques (LRIT), cuyas características principales son: información codificada, por satélite/largo alcance y reservada: sólo para autoridades o administraciones públicas. En mayo del 2006, la OMI adoptó en el seno de su Comité de Seguridad Marítima (CSM) dos resoluciones (202 [81] y 211 [81]) como enmiendas al Convenio SOLAS, para la adopción del LRIT. El planteamiento inicial de la OMI obedecía a motivaciones de seguridad pública en relación al buque y la posibilidad de tomar medidas preventivas con un seguimiento en altamar y con carácter previo a la llegada a las costas de los estados. Con posterioridad, el CSM (83) planteó dicho seguimiento como un instrumento eficaz y funcional por razones de seguridad marítima y prevención de la contaminación marina. El sistema LRIT es obligatorio con la finalidad de extender la vigilancia del tráfico marítimo hacia altamar. La operatividad del mismo se lleva a cabo vía satélite con cobertura mundial, mediante el cual cada Estado debe ser capaz de obtener automáticamente posiciones actualizadas de sus buques cada seis horas, lo cual supone cuatro contactos diarios. El mensaje recibido por la administración debe indicar la identidad, posición, hora y fecha de transmisión. La información está reservada a autoridades y administraciones públicas y, por tanto, no es visible, a diferencia del sistema AIS.[15]

De otra parte, todos los buques afectos por el Código PBIP deben estar provistos de un sistema de alerta de protección, cuya finalidad es transmitir una señal cuando

---

[15] Véase del autor, Rodrigo De Larrucea, J. en «Hacia un sistema europeo integral de información y seguimiento marítimo» (SafeseaNet y el sistema LRIT *(Long Range Identification Tracking System);* disponible en http://hdl.handle.net/2117/11321.

un buque es secuestrado por piratas, atacado por terroristas, etc. Avisa a la Administración del Estado de abanderamiento del buque que el mismo está siendo afectado por un suceso que afecta a la protección marítima; en España a Salvamento Marítimo. No genera ninguna alarma sonora/visual, con lo que evita que otras personas de a bordo perciban que la alerta ha sido activada. La información transmitida incluye las coordenadas y la identificación del barco. Al activarse, dicho sistema:

1. Iniciará y transmitirá automáticamente una alerta de protección buque-tierra a una autoridad competente designada por la Administración, que en estas circunstancias podrá incluir a la naviera, y que servirá para identificar el buque, notificar su situación y advertir de que la protección del buque se encuentra amenazada o comprometida.
2. No enviará la alerta de protección a ningún otro buque.
3. No activará ninguna otra alarma instalada a bordo.
4. Se mantendrá activa la alerta de protección hasta que haya sido desactivada o repuesta en su posición inicial.

7 Elementos personales de la protección

En la definición de los distintos tipos de interfaz que se crean en función de las características operacionales y distributivas de las instalaciones portuarias, se identifican ciertos aspectos que precisan ser interpretados.

El sistema de protección utilizado por el PBIP atribuye a los oficiales de protección la implementación de los distintos planes de protección. Estos han de ser unos instrumentos eminentemente dinámicos, flexibles y adecuados a las circunstancias concretas, de manera que, ante cualquier eventualidad, su organización esté en condiciones de ofrecer respuestas adecuadas en función de los niveles de protección que determine, en su caso, la Secretaría de Estado de Seguridad, del Ministerio del Interior.

7.1 *Oficial de protección de la instalación portuaria (OPIP)*

El apartado 17 hace referencia a los perfiles y cometidos del oficial de protección de la instalación portuaria (OPIP), que será designado para cada instalación portuaria. Sus responsabilidades se centrar en llevar a cabo una evaluación inicial completa de la instalación portuaria, garantizando e implantando la elaboración y el mantenimiento del plan de protección de la instalación portuaria y realizando periódicamente inspecciones de protección de la misma para asegurarse de que las medidas tomadas sigan siendo adecuadas, subsanando deficiencias y actualizando el plan en función de los cambios que haya habido en la instalación. Forman además parte de sus responsabilidades la formación y actualización adecuada del personal responsable de la protección de la instalación y las comunicaciones a las autoridades pertinentes de los sucesos que supongan una amenaza para la protección de la instalación portuaria.

El RD 2007 señala en su artículo 15, referido a la designación y acreditación de los oficiales de protección del puerto, lo siguiente:

- La autoridad de protección portuaria designará a un oficial de protección del puerto. Cada puerto dispondrá, preferentemente, de un oficial de protección del mismo, pero podrá compartir cuando sea posible con otro puerto el mismo oficial. Cuando los nombramientos de oficial de protección del puerto y de oficial de protección de la instalación o instalaciones portuarias no concurran en la misma persona, la autoridad de protección portuaria se asegurará de que exista una estrecha colaboración entre ambos, dictando al efecto las instrucciones que sean precisas.

- El oficial de protección del puerto, así como el personal con funciones específicas de protección en el mismo, deberán disponer de un adecuado nivel de formación en materia de protección marítima para desempeñar las funciones que tienen atribuidas, y dispondrán de las titulaciones o acreditaciones justificativas de haber recibido la formación requerida para actuar como oficial de protección.

- Los oficiales de protección del puerto desempeñarán la función de punto de contacto para los asuntos relativos a la protección del puerto para el que han sido designados.

Oficial protección instalación portuaria (OPIP)

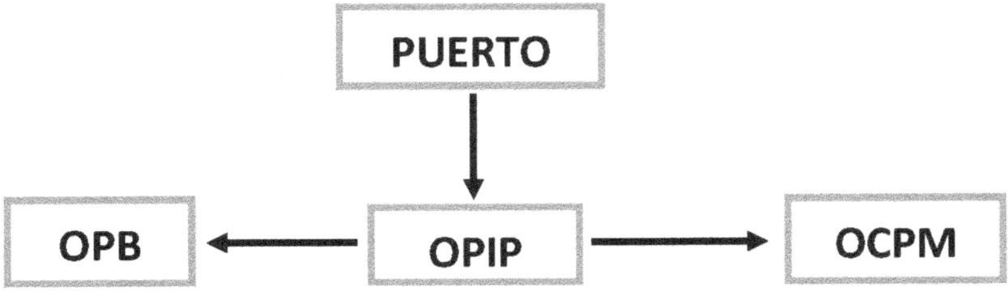

Figura 7.3. Ámbito relacional del oficial de protección de la instalación portuaria (OPIP).

Los conocimientos requeridos para el oficial de protección de la instalación portuaria son los siguientes:

- Conocimiento especializado de los aspectos de protección pertinentes.
- Conocimiento adecuado de las operaciones de los buques y las portuarias, que incluirá un conocimiento del proyecto y la construcción de buques, si ofrece servicios a los buques, y del proyecto y la construcción de puertos, si ofrece servicios a las instalaciones portuarias.
- Capacidad para evaluar los riesgos más comunes en relación con la protección de las operaciones de los buques y las instalaciones portuarias, incluida la interfaz buque-puerto, y la forma de reducir al mínimo tales riesgos.
- Capacidad para actualizar y perfeccionar los conocimientos especializados de su personal.
- Capacidad para controlar que su personal sea en todo momento de confianza.
- Capacidad para mantener las medidas apropiadas para evitar la divulgación no autorizada de material confidencial sobre protección o el acceso no autorizado al mismo.
- Conocimiento de lo prescrito en el capítulo XI-2 y en la parte A del Código PBIP, así como de la legislación nacional e internacional pertinente y de las prescripciones sobre protección.
- Conocimiento de las tendencias y amenazas actuales en relación con la protección.
- Conocimientos sobre el reconocimiento y la detección de armas y sustancias o dispositivos peligrosos.
- Conocimientos sobre el reconocimiento, sin carácter discriminatorio, de las características y pautas de comportamiento de las personas que puedan suponer una amenaza para la protección.
- Conocimiento de las técnicas utilizadas para eludir las medidas de protección.
- Conocimiento de los equipos y sistemas de protección y vigilancia, y de sus limitaciones operacionales.

7.2 *Oficial de protección del buque (OPB) y oficial de compañía de protección marítima (OCPM)*

El Código PBIP establece que en cada buque se designará un oficial de protección del buque (OPB) *(Ship Security Officer* o SSO), persona a bordo del buque, designada por la compañía naviera, que actua como responsable ante el capitán para responder de la protección del buque, incluyendo la implantación y el mantenimiento del plan de protección del buque, y para la coordinación con el oficial de la naviera para la protección marítima y con los oficiales de protección de las instalaciones portuarias.

Asimismo, el código establece la designación de un oficial de la compañía para la protección marítima (OCPM) *(Company Security Officer/ Maritime Security Shipowner Officer),* persona designada por la naviera para asegurar que se lleva a cabo una evaluación sobre la protección del buque y que el plan de protección del buque se desarrolla, se presenta para su aprobación, y posteriormente se implanta y mantiene, y para la coordinación con los oficiales de protección de las instalaciones portuarias y con el oficial de protección del buque».

Por otra parte, en la sección y cuadro A-VI/5 del Convenio STCW revisado, se indican los requisitos mínimos obligatorios para el otorgamiento del título de competencia de oficial de protección del buque. El Comité de Seguridad Marítima de la OMI aprobó el 18 de mayo de 2006 la Resolución MSC 209(81) por la que

Oficial de protección del buque (OPB)

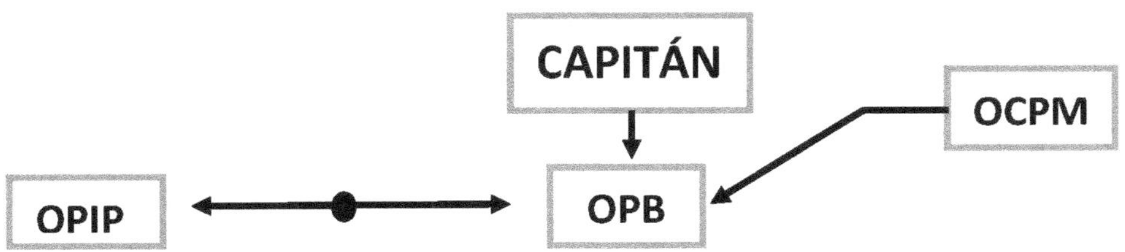

Figura 7.4. Ámbito relacional del oficial de protección del buque (OPB).

Oficial compañía protección marítima (OCPM)

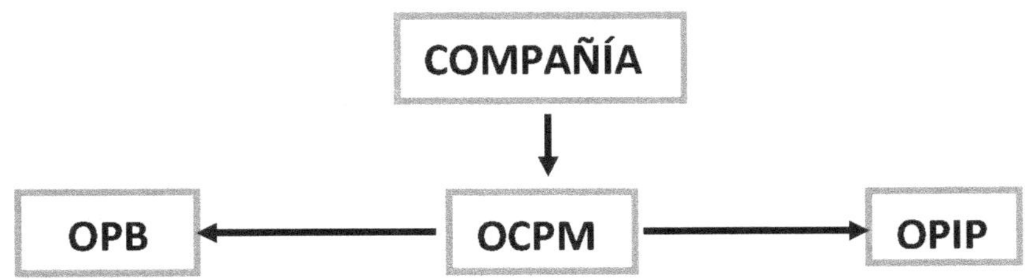

Figura 7.5. Ámbito relacional del oficial de la compañía para la protección marítima (OCPM).

se modificaba el capítulo VI del Código de formación, titulación y guardia para la gente de mar, al crearse la función de oficial de protección del buque y establecer los requisitos mínimos obligatorios para la expedición de los títulos de suficiencia. La citada enmienda se publicó en el BOE de 4 de marzo de 2008. En España, se encuentran recogidos en la Resolución de 16 de noviembre de 2010 (BOE, 9 de diciembre de 2010), de la Dirección General de la Marina Mercante, por la que se crea el certificado de especialidad de oficial de protección del buque y oficial de la compañía para la protección marítima.

El curso de formación básica en protección *(Security training for seafarers with designated security dutie*s [STCW 2010]), es obligatorio para las personas que desempeñen algún trabajo a bordo relacionado con la protección del buque según el Código PBIP (IMO Model Course 3.26). Cabe recordar que las enmiendas de Manila 2010 al SCTW, requieren para estos títulos unos periodos mínimos de embarque.

7.2.1   *Certificado de oficial de protección del buque*

Para la realización del curso de oficial de protección del buque, es necesario estar en posesión de un título profesional de la Marina Mercante que permita enrolarse como capitán o jefe de máquinas, oficial de puente u oficial de máquinas, oficial radioelectrónico o de un título académico que permita la obtención de los citados títulos.

El certificado de oficial de protección del buque se obtendrá tras superar satisfactoriamente el curso cuyo contenido se desarrolla en el Anexo I y que deberá de cumplir con las normas de competencia de la Sección A-VI/5 del Código de Formación, así como del curso modelo 3.19 (Oficial de protección del buque).

La duración del curso será de 24 horas. El certificado tendrá una validez indefinida, pudiéndose renovar a instancia del interesado en caso de pérdida o deterioro.

7.2.2   *Certificado de oficial de la compañía para la protección marítima*

El certificado de Oficial de la Compañía para la Protección Marítima se obtendrá tras superar satisfactoriamente el curso cuyo contenido se desarrolla en el Anexo II y que deberá de cumplir con las Directrices sobre la formación y titulación de los oficiales de la compañía para la protección marítima, adoptadas en su 80º periodo de sesiones por el Comité de Seguridad Marítima de la OMI y publicadas en la MSC/Circ.1154, así como el curso modelo 3.20 (Oficial de la compañía para la protección marítima) y el Código PBIP.

7.3 Procedimiento para la comunicación de amenazas y niveles de protección

Ante una amenaza concreta, es necesario seguir el procedimiento siguiente:

1. Determinar el nivel de protección aplicable.
2. Comunicar dicho nivel a los responsables del buque, de la instalación portuaria y a los organismos interesados.
3. Aplicar el procedimiento de respuesta adecuado a la amenaza percibida.

La comunicación deberá realizarse al Centro Permanente de Información y Coordinación (Cepic), integrado en la Secretaría de Estado de Seguridad, a través de la Sociedad de Salvamento y Seguridad Marítima (Sasemar) o del Organismo Público Puertos del Estado. La Secretaría de Estado de Seguridad comunicará el nivel que corresponda a los responsables de Sasemar o del citado organismo público, según resulten afectados los buques o las instalaciones portuarias respectivamente.

Para su comunicación deberán emplearse los sistemas de alerta de los buques o de las instalaciones portuarias, tales como mensajes NAVTEX o avisos a los navegantes; o cualquier otro sistema que ofrezca una velocidad y cobertura semejante. Todo cambio en los niveles se deberá comunicar sin demora a los oficiales de protección del puerto, OPB, OCPM y OPIP.

En relación a estos niveles, si un buque tiene un nivel superior al de la instalación portuaria que desea utilizar, el OCPM o el OPB lo notificarán sin demora al OPIP, quien trasladará la información al oficial de protección del puerto y, entre ambos, llevarán a cabo una evaluación del caso concreto, en colaboración con el OCPM o el OPB, para llegar a un acuerdo con el buque sobre las medidas adecuadas, entre las que puede figurar la cumplimentación y firma de una declaración de protección marítima. El OPIP deberá notificar al OPB cualquier cambio posterior en el nivel de protección de la instalación portuaria y le facilitará toda la información que al respecto sea pertinente.

8 Coordinación del plan de emergencia interior y los planes de protección portuaria

En su artículo 65, el TRLPEMM 2011 establece un amplio y exhaustivo control por parte de la autoridad portuaria en el ámbito portuario, sin perjuicio de las competencias que correspondan a otros órganos de la Administración pública y de las responsabilidades que en esta materia tengan los usuarios y concesionarios del puerto:

- El cumplimiento de la normativa que afecte a la admisión, manipulación y almacenamiento de mercancías peligrosas.
- El cumplimiento de las obligaciones de coordinación de actividades de prevención de riesgos laborales.[16]
- La normativa que afecta a los sistemas de seguridad, incluidos los que se refieren a la protección ante actos antisociales y terroristas.

Las autoridades portuarias, de conformidad con la legislación autonómica aplicable en materia de control y prevención de emergencias, deberán elaborar un plan de emergencia interior (PEI), que formará parte de las ordenanzas portuarias (artículo 65.2 del TRLPEMM).

El PEI permite dotar al puerto de sus propios recursos y personal, capaces de llevar a cabo acciones de prevención de riesgos, así como de alarma, evacuación y socorro, extinción de incendios, rescate, salvamento, etc. El PEI establece labores operativas de formación y adiestramiento para el personal que interviene directamente y para el conjunto de personas de la comunidad portuaria.

En el ámbito de la protección, cada autoridad portuaria debe aprobar un plan para la protección de buques, pasajeros y mercancías que, asimismo, conformará las ordenanzas portuarias (artículo 65.3 del TRLPEMM). El RD 2007 establece la obligación de que las autoridades portuarias establezcan un plan de protección portuaria, que debe incorporar los procedimientos de coordinación con el plan de emergencia interior y con el plan interior de contingencias del puerto.

9 Vinculación y coherencia formal de la protección en el sistema portuario español

Sobre la base del artículo 16.4 del PBIP, el plan de protección de la instalación portuaria podrá combinarse con el plan de protección del puerto o cualquier otro plan del puerto para situaciones de emergencia, o formar parte de ellos. A diferencia de las terminales de carga, e independiente de actividades terroristas, los puertos y

---

[16] Véanse las obligaciones establecidas en el artículo 24 de la Ley 31/1995, de 8 de noviembre.

terminales de cruceros deben tomar medidas que corresponden a la protección civil, dado por un lado, el número de pasajeros que transportan y que interactúan en la interfaz buque-puerto, en las áreas comerciales y administrativas que conforman las terminales y en las zonas visitadas en el ámbito turístico.

10 Medidas de control y protección de las mercancías en el Código Aduanero[17]

El Código Aduanero refuerza la orientación dada a la administración aduanera en relación a la protección y el control de las mercancías. Las aduanas, más allá de su tradicional naturaleza tributaria, se convierten en «guardianes de la frontera» y ejercen un control administrativo, sanitario, industrial, etc., y especialmente de seguridad y protección. Entre otros, conviene advertir los anexos I y II del Convenio de Basilea: sustancias químicas precursoras de explosivos y sustancias que dañen la capa de ozono. En las últimas versiones de los códigos aduaneros se percibe la sensibilidad por la «trazabilidad» de las mercancías, a efectos de su seguimiento y control. Conviene recordar que la introducción y el funcionamiento de los operadores económicos autorizados (OEA) en el ámbito de la UE, ha supuesto un elemento adicional de seguridad en el comercio internacional.[18]

El nuevo Código Aduanero contempla diferentes medidas de protección y control en relación a la mercancía: artículo 15, Suministro de información; artículo 46 y ss., Gestión de riesgos y controles aduaneros; y especialmente el artículo 128, Análisis de riesgos: «la Aduana se asegurará de que se lleve a cabo, dentro de un plazo determinado, un análisis de riesgos esencialmente a efectos de seguridad y protección, sobre la base de la declaración sumaria de entrada…».

11 La protección en la logística, las normas ISO 28000 y la seguridad de riesgos en la cadena de suministro

El objetivo de la norma, creada en el 2007, es proporcionar un marco de prácticas correctas para reducir los riesgos para las personas y las cargas en la cadena

---

[17] Reglamento (UE) 952/2013 del Parlamento Europeo y del Consejo.
[18] Uno de los tres niveles de formación del OEA es el Certificado de operador económico autorizado seguridad y protección.

de suministro. Se ocupa de los aspectos potenciales de seguridad en todas las fases del proceso logístico, identificando amenazas tales como terrorismo, fraude y piratería. También se ocupa de atenuar los efectos de los incidentes de seguridad. La estructura de la ISO 28000 es parecida a la de la ISO 14001, y tiene elementos comunes con otras normas importantes de sistemas de gestión, como la ISO 9001, lo que permite su implementación conjunta. Sin embargo, a diferencia de estas, su planteamiento es de evaluación de riesgos, lo cual supone un cambio cualitativo sumamente importante.

12 La protección en los tráficos en EEUU

La importancia comercial de EEUU y la seriedad y rigor de sus autoridades en relación a la *security,* hacen que sea necesaria una breve mención a la protección marítima, en relación con los puertos y tráficos con origen o destino EEUU.

Parte de ellos ya han sido comentados: los esquemas específicos en relación a contenedores, *Container Security Iniciative* (CSI) y en relación a las aduanas y la protección, el *Customs-Trade Partnership Agaisnt Terrorism* (C-PAT). Obviamente, se aplica el Código PBIP y, con posterioridad a este, se han promulgado la Ley de protección para el transporte marítimo de Estados Unidos *(Marine Transportation Security Act* 2002) y la Ley de seguridad y responsabilidad de cada puerto *(Security and Accontability for Every Port Act* 2006).

Igualmente, resulta aplicable la regla del manifiesto anticipado *(24 hours advanced Manifest Rules).*

13 Conclusiones

El Código PBIP representa un programa completo para mejorar la protección del comercio marítimo internacional. Presenta una orientación respaldada por una metodología que se centra en la identificación del activo y la infraestructura vital para el flujo seguro e ininterrumpido de las operaciones marítimas comerciales, reconociendo, al mismo tiempo, que puede haber vulnerabilidades que pongan en riesgo esos elementos críticos.

Habiendo identificado esas vulnerabilidades, a través del análisis de riesgos, el PBIP ofrece una orientación para la elaboración, aprobación e implementación de planes de seguridad que eliminarán o atenuarán la exposición de esas vulnerabilidades a los riesgos vinculados a amenazas conocidas o percibidas.

El PBIP no es una fuente única y absoluta respecto a la seguridad portuaria internacional, sino que debe verse como un instrumento que contiene normas y prácticas que ofrecen a los gobiernos contratantes o a las autoridades designadas por estos una matriz para la formulación de sus programas y planes nacionales de seguridad portuaria, otorgándoles facultades para efectuar enmiendas y modificaciones a medida que las condiciones o las amenazas varíen con el tiempo. Así, el Código PBIP debe considerarse como un instrumento dinámico que se adaptará conforme a las características cambiantes de los puertos, de sus operaciones e infraestructuras, y a la naturaleza de las amenazas a que se vean expuestos.

En cuanto a los aspectos críticos de su implementación, en el tiempo transcurrido desde su entrada en vigor, se pueden resumir en:

- Aumento de los costes de transporte derivados de las inversiones en equipos, controles y formación. Parte de las navieras lo han trasladado a la carga: recargos por contenedores *(carrier security charge)*. Sin embargo, se ha observado una disminución de los fraudes y del tráfico de drogas en el transporte marítimo.

- Dificultades interpretativas y de implementación: las numerosas dudas y zonas grises requirieron que el Comité de Seguridad Marítima de la OMI dictase diferentes circulares interpretativas (MSC 1133, 1191) y, particularmente, la Circ. 1112, aclarando diversos aspectos de la aplicación del Código PBIP. Todo ello ha planteado numerosos problemas prácticos, especialmente a los puertos e instalaciones portuarias.

- En relación al elemento humano, ha reforzado negativamente la incomunicación del marino, el propio Papa Juan Pablo II, con ocasión del Día Internacional del Marino, invocó los derechos de la gente de mar y criticó las limitaciones a las tripulaciones impuestas por el código, Por otra parte, cabe destacar que la formación en materia de protección se ha visto mejorada e intensificada con las enmiendas de Manila 2010 al Convenio SCTW 78/95, que ha prestado una especial atención a la formación de las tripulaciones en este ámbito.

Capítulo 8

Crisis y emergencias marítimas

1 Introducción

El tratamiento de las crisis y emergencias marítimas, un elemento crucial de la seguridad marítima, fue comentado en el capítulo 5 desde la perspectiva de la gestión de la seguridad operacional del buque, en atención a que el Código internacional de gestión de la seguridad operacional del buque (Código IGS) prevé un tratamiento específico de las emergencias.[1] En este apartado abordaremos esta cuestión desde la perspectiva de España como Estado ribereño, sujeto a un importante intervencionismo administrativo, no siempre eficaz, en el que han sucedido y sucederán importantes y graves siniestros marítimos dada la intensidad de los tráficos en sus costas, especialmente transportando mercancías peligrosas. Cabe recordar los siniestros de los buques *Polycommander* (1970), *Erkowit* (1970), *Andros Patria* (1978), *Urquiola* (1976), *Cason* (1987), *Aegean Sea* (1992), *Robert Maersk* (1993) o *Prestige* (2002), entre los más importantes.

El Convenio internacional sobre cooperación, preparación y lucha contra la contaminación por hidrocarburos (OPRC 90) determina en su artículo 6 la obligación de establecer, por los estados parte, un sistema de ámbito nacional para hacer frente con prontitud y eficacia a los sucesos de contaminación por hidrocarburos. Por su parte, el Protocolo OPRC-HNS 2000, en su artículo 4, establece esta misma obligación para los sucesos de contaminación por sustancias nocivas y potencialmente peligrosas. Este sistema nacional debería cubrir ambas fuentes posibles de contaminación marina.

---

[1] Véase el artículo 8 del Código IGS (enmiendas 2008): «8.1. La compañía determinará las posibles situaciones de emergencia a bordo y adoptará procedimientos para hacerles frente».

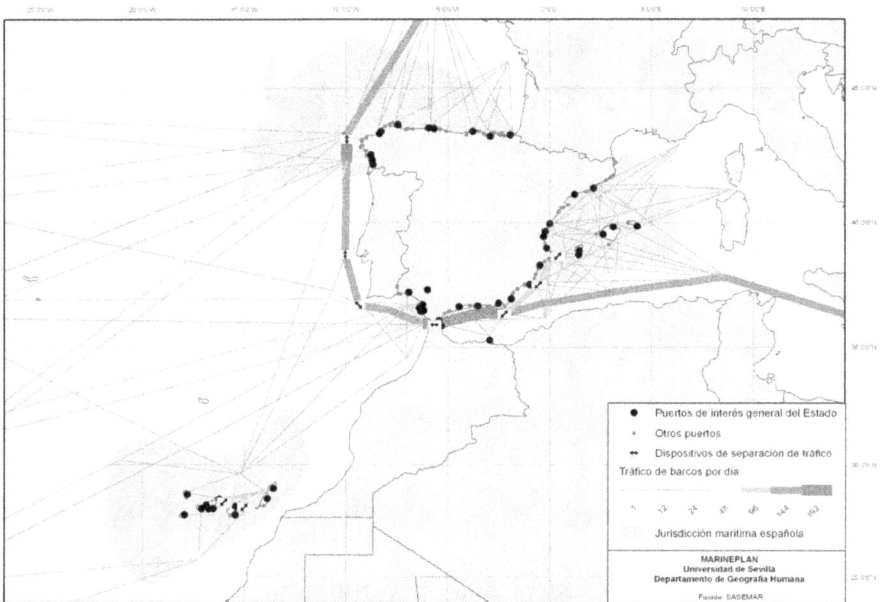

Figura 8.1. Principales rutas en las aguas marítimas españolas y densidad de tráfico asociado en 2007 (fuente: Atlas of maritime spatial planning, Suárez de Vivero, J.L, Universidad de Sevilla, 2011).

El modelo español no está en línea con otros esquemas de países europeos, quizá por ser de reciente creación y por la tradicional dispersión de competencias administrativas. Sin embargo, esta es una cuestión en la que es vital la toma de decisiones técnicas en un breve espacio de tiempo y con información limitada. En atención a la gravedad e importancia del tema, resulta sorprendente que no se hayan delimitado claramente dos niveles diferentes de actuación: el técnico y el político.

2 El Sistema nacional de respuesta ante un suceso de contaminación marina (SNR 2012)[2]

Los antecedentes sobre esta cuestión podemos encontrarlos en el Plan nacional de contingencias por contaminación marina accidental de 2001.[3]

---

[2] Véase el RD 1695/2012, de 21 de diciembre, por el que se aprueba el Sistema nacional de respuesta ante la contaminación marina.

[3] Orden comunicada del Ministerio de Fomento, de 23 de febrero de 2001.

El Plan nacional de contingencias se circunscribió restrictivamente a aquellos supuestos relativos únicamente a «la lucha contra la contaminación producida», dejando expresamente fuera de su alcance los supuestos en que existiese amenaza, riesgo o posibilidad de materialización de la misma como consecuencia de la gestión y evolución final de un accidente marítimo. Aspecto este que difiere sustancialmente del enfoque de la cuestión otorgado internacionalmente por el Convenio OPCR 90-HNS 2000, el Protocolo de cooperación de La Valetta 2002, el Convenio de intervención de Londres 1969 y la Directiva 2002/59/CE.

3   Estructura y objetivos (2012)

Los factores críticos de gestión de cualquier emergencia son la organización y el tiempo. El plan nacional mencionado, indica en su artículo primero que tiene por objeto establecer un «marco general de actuación integrado por planes de contingencias de distinto rango».

El Sistema nacional de respuesta ante un suceso de contaminación marina (SNR) establece en su artículo 3 dos subsistemas de respuesta: el marítimo y el costero.[4] Dado el alcance y contenido de esta obra, su estudio se circunscribirá al subsistema marítimo (artículo 3.1), el cual está integrado por:

- El Plan marítimo nacional (PMN), trata del plan de contingencias para los sucesos de contaminación que afecten a las aguas en las que España ejerce soberanía, derechos soberanos o jurisdicción. Atendiendo a los artículos 56.1.b.III y 76.4.a) de la Conferencia UNCLOS 1982, ello resulta ser hasta las 200 millas de extensión de la zona económica exclusiva.

- El Plan interior marítimo (PIM), que resulta un plan de contingencias para aquellos sucesos de contaminación marina que afecten a las aguas de un puerto, terminal marítima de mercancías, plataforma marina o cualquier otra instalación marítima situada en aguas en las que España ejerce soberanía, derechos soberanos o jurisdicción.

....

[4] Por su parte, el subsistema costero está integrado por el Plan estatal de protección de la ribera del mar contra la contaminación, los Planes territoriales de comunidades autónomas y las ciudades de Ceuta y Melilla, y los planes locales de protección de la ribera del mar contra la contaminación en el ámbito de las entidades locales costeras.

De ambos planes de contingencias, resultan de aplicación el PMN para contaminaciones causadas por buques en la mar y el PIM para contaminaciones causadas, bien por buques en aguas portuarias o por las propias instalaciones portuarias o plataformas.

4   Contenido de los planes de contingencias

Respecto del contenido de los planes de contingencias, autentico epicentro de todo sistema de respuesta, el SNR 2012 (artículo 5) se remite a las recomendaciones de la OMI para este asunto y establece los siguientes mínimos en sus contenidos:

- Ámbito de aplicación del plan.

- Análisis de riesgos y áreas vulnerables, en el que se hará una evaluación de los posibles riesgos de contaminación en función de las condiciones meteorológicas, oceanográficas y ambientales, así como de las características y condiciones de operación de las instalaciones, identificando, en su caso, las áreas más vulnerables que se deban proteger, mediante los correspondientes mapas de sensibilidad de la zona incluida en su ámbito de aplicación.

- Determinación de las circunstancias de activación del plan, según las fases y situaciones que puedan presentarse, en función de la gravedad del suceso y los medios materiales y humanos que es preciso movilizar.

- Composición y funciones de los órganos de dirección y respuesta del plan, donde se identificarán los cargos directivos responsables de dirigir las operaciones, así como los equipos de respuesta incluidos en el plan, y los cometidos de cada uno de ellos.

- Procedimiento de notificación de incidencias, donde se describirá el sistema de comunicación a las autoridades competentes, el contenido de las comunicaciones, así como la persona o departamento responsable de tal notificación.

- Sistema de coordinación con otros planes, en el que se determinará el procedimiento de integración o coordinación del plan con otros de igual o superior rango, de acuerdo con los criterios establecidos en este Sistema nacional de respuesta.

• Procedimiento de actuación, que definirá los protocolos que deberán ponerse en práctica en caso de contingencia, así como las medidas de respuesta inmediata que tienen por objetivo la prevención y evitación de nuevos daños y la reparación de los ya producidos.

• Circunstancias en las que se declarará el fin de la contingencia, cuando pueda considerarse terminado el episodio de contaminación que la originó.

• Inventario de los medios disponibles bajo su ámbito de competencia, donde se describirán los medios materiales para la contención y recuperación de un derrame contaminante (equipos de protección personal, material de contención y recogida del derrame, equipos de limpieza y descontaminación o depósitos y estaciones de gestión de residuos tóxicos y peligrosos, entre otros), incluyendo la identificación del lugar o lugares de depósito y los responsables de su custodia, mantenimiento y operación.

• Programa de mantenimiento de los medios materiales disponibles, especificando los periodos de revisión y las operaciones de mantenimiento, de acuerdo con la experiencia previa y las indicaciones del fabricante de cada equipo.

• Programa de adiestramiento y ejercicios periódicos de simulación de activación del plan, donde se establecerán tanto los cursos teóricos de formación del personal adscrito a la lucha contra la contaminación, como los distintos niveles de ejercicios prácticos que se hayan de realizar y su periodicidad.

• Procedimiento de revisión del plan, en el que se definirán las condiciones y plazos para realizar revisiones periódicas del mismo, así como la constitución de una comisión encargada de los trabajos de revisión y del seguimiento de resultados en la aplicación práctica del plan.

En cualquier caso, respecto a los contenidos de los planes de contingencias del 2001, las diferencias de contenido mínimo obligatorio, según el SNR 2012, estriban únicamente en lo tocante a:

- Análisis de riesgos y áreas vulnerables (b).[5]
- Circunstancias en las que se declarará el fin de la contingencia (h).
- Inventarios de medios disponibles (i).
- Programa de mantenimiento de medios (j).
- Procedimiento de revisión del plan (l).

5 Fases y situaciones de la emergencia. Comparación con el modelo británico MCA (Maritime & Coastguard Agency)

Conocido el contenido de los planes de contingencias, cabe analizar el tratamiento que el SNR 2012 da a las distintas fases y situaciones de evolución de la emergencia. Así, el artículo 7.1 determina que los grados de respuesta se graduarán considerando estos elementos:

- Magnitud y peligrosidad del suceso de contaminación, clase y tipo del agente contaminante y lugar de la contaminación.
- Superficie y vulnerabilidad de las áreas potencialmente afectadas, atendiendo a razones económicas, ambientales, de protección de la salud y de la vida humana.
- Medios necesarios.

De lo que se desprende (artículo 7.2) que son posibles dos fases en la emergencia:

- *Fase de alerta.* Implicará la puesta en disposición de actuar de los medios y recursos movilizables, según el ámbito de competencias del plan o planes de que se trate y en el grado de respuesta que corresponda a las características del suceso.

- *Fase de emergencia.* Se considerará fase de emergencia cuando, producido un suceso de contaminación marina, la prevención y reducción de los daños derivados o que puedan derivarse del mismo exija la movilización de medios y recursos de uno o más planes de los que integran el Sistema nacional de respuesta.

---

[5] Sería sumamente deseable un análisis de riesgos para las costas españolas con metodología EFS (véase el capítulo 10). Sí se han efectuado tratamientos de áreas vulnerables y potenciales emplazamientos de puertos y lugares de refugio por el Cedex, en el marco del programa Prisma, que posteriormente comentaremos.

Así, la fase de alerta, consiste en la «puesta en disposición de actuar de los medios y recursos movilizables», mientras que la fase de emergencia implica que «producido un suceso de contaminación marina… la movilización de medios y recursos». En cualquier caso, se ha tenido a bien subdividir la fase de emergencia –en donde ya existe vertido materializado– en otras tantas subfases o situaciones, y que para mejor comprensión del grado de complejidad alcanzado se transcriben íntegramente a continuación:

5.1 Fase de emergencia

- *Situación 0:* se producirá cuando tenga lugar un episodio de contaminación marina de pequeña magnitud y peligrosidad, caracterizado por alguna de las siguientes circunstancias:

    - Que la contaminación marina esté dentro del ámbito de aplicación de un plan interior marítimo o un plan local.
    - Que la contaminación esté dentro del ámbito de aplicación de los planes interiores marítimos.
    - Que la contaminación afecte o pueda afectar exclusivamente y de forma limitada al frente costero de una entidad local.

    En esta situación de emergencia, se activarán al menos, en el grado de respuesta adecuado, el plan interior marítimo o el plan local que corresponda.

- *Situación 1:* se producirá cuando tenga lugar un episodio de contaminación marina de magnitud o peligrosidad media, caracterizado por alguna de las siguientes circunstancias:

    - Que los medios disponibles en los planes activados en la situación 0 resulten insuficientes para combatir la contaminación.
    - Que la contaminación se hubiera producido fuera del ámbito de aplicación de los planes interiores marítimos.
    - Que por las circunstancias de vulnerabilidad de la zona afectada o amenazada, aun siendo aplicable la situación 0, se considere necesario por parte de las autoridades responsables, activar los planes correspondientes a la situación 1 en el grado de respuesta que se estime oportuno.

– Que la contaminación afecte o pueda afectar al tramo de costa correspondiente a varios municipios limítrofes.

En esta situación de emergencia se activarán, en el grado de respuesta adecuado, además del plan interior marítimo, en su caso, al menos el plan territorial de la comunidad autónoma o de la ciudad de Ceuta o Melilla o los planes locales del ámbito correspondiente y, en su caso, el Plan marítimo nacional.

• *Situación 2:* se producirá cuando tenga lugar alguna de las siguientes circunstancias:

– Que los medios disponibles en los planes activados en la situación 1 resulten insuficientes para combatir la contaminación.
– Que la zona afectada o amenazada sea especialmente vulnerable.

En esta situación de emergencia se activarán, en el grado de respuesta oportuno, los planes locales del ámbito correspondiente, el plan territorial de la comunidad autónoma o de la ciudad de Ceuta o Melilla afectada y, en su caso, el plan interior marítimo. El órgano de dirección del plan territorial podrá solicitar del Ministerio de Fomento el apoyo de medios marítimos y, en su caso, la activación del Plan marítimo nacional.

• *Situación 3:* se producirá cuando tenga lugar un episodio de contaminación marina de gran magnitud o peligrosidad, caracterizado por alguna de las siguientes circunstancias:

– Que la contaminación afecte o pueda afectar a la costa de varias comunidades autónomas.
– Que la contaminación pueda afectar a las aguas o a la costa de estados limítrofes.
– Que la contaminación se produzca en aguas bajo soberanía de los estados limítrofes, pero que pueda poner en peligro, por su peligrosidad, extensión y proximidad geográfica, las aguas marítimas sobre las que España ejerce soberanía, derechos soberanos o jurisdicción, o las costas españolas.
– Que, estando en peligro la seguridad de personas y bienes, la emergencia sea declarada de interés nacional por el Ministro del Interior, según lo establecido en la Norma básica de protección civil, aprobada por el RD 407/1992, de 24 de abril.

En esta situación de emergencia se activarán el Plan marítimo nacional y el Plan estatal de protección de la ribera del mar contra la contaminación, además de los planes territoriales de las comunidades autónomas o de las ciudades de Ceuta y Melilla afectadas, así como, en su caso, los planes interiores marítimos y los planes locales correspondientes.[6]

Lo anterior plantea al director de la emergencia la necesidad de tener que valorar en primera instancia la nada desdeñable cantidad de trece supuestos en los que resulta posible encajar el episodio comunicado de contaminación. Dado que el emplazamiento escogido –situaciones 0-1-2-3– conlleva activaciones concretas de planes de contingencias distintos, la primera dificultad que un suceso de contaminación plantea a la autoridad competente consiste en su clasificación administrativa. Para ilustrar lo anterior, se trascribe a continuación las distintas fases de respuesta que contempla el PNC británico, el denominado Sistema modular de respuesta:

- **Nivel 1 - Local - Buques/Puertos/Terminales de HC/Autoridades locales**
  Pequeños derrames muy limitados en su extensión, normalmente producidos por una sola fuente como consecuencia de sus operaciones habituales y rutinarias. Las operaciones de respuesta se encuentran dentro de las posibilidades operativas de la autoridad local, portuaria o del propio contaminador. No se requiere asistencia externa.
  En respuestas locales, la Maritime & Coastguard Agency (MCA) no tiene otra función más que monitorizar y mantener los registros de cualquier episodio de contaminación a efectos estadísticos.

- **Nivel 2 - Regional - Vessels/Puertos/Terminales de HC/Autoridades locales**
  Un nivel de derrame y el límite a partir del cual los medios de respuesta del nivel 1 resultan insuficientes para afrontar con garantías de éxito el episodio de contaminación. El puerto/terminal de hidrocarburos (HC) activa la intervención de una organización de respuesta acreditada para el nivel 2. Cada puerto/terminal de HC posee una valoración de riesgos particular que determina su capacidad efectiva de responder procedentemente a un vertido. Un incidente de nivel 2 es probable que se sitúe más allá de la capacidad de respuesta de una autoridad local y podría conllevar la respuesta simultánea del gobierno local y regional.

- **Nivel 3 - Nacional**
 Un incidente de nivel 3 está claramente más allá de la capacidad de respuesta conjunta local y regional. Se trata de un episodio de contaminación de grandes dimensiones en el cual más medios de respuesta y apoyo de una organización nacional o internacional podrán resultar indispensables. Se trata de un incidente que requiere de asistencia a través de la implementación de Plan nacional de contingencias y está sujeta a control gubernamental. La activación de una respuesta de nivel 3 no está determinada por ninguna característica o factor únicos.

 La cantidad o tipo de contaminante no son los únicos factores que determinan qué nivel de respuesta en preciso o necesario. El nivel de respuesta se determina en función de la habilidad de la organización afectada de responder de manera procedente al incidente. Pequeñas cantidades de sustancias nocivas potencialmente peligrosas (SNPP) o de otros contaminantes esparcidos ampliamente a lo largo de una gran superficie, incluyendo zonas de alta sensibilidad o de recursos económicos, podrían requerir una respuesta de nivel 2 o 3.

Comparando lo anterior con el sistema establecido por el SNR 2012, llama la atención no sólo lo reducido de las situaciones posibles de la emergencia (3 *versus* 13), sino el hecho de que se indique expresamente que el criterio para la activación de los niveles de respuesta se basa en la anticipación de la escala probable del incidente. Para ello se considerará los siguientes criterios de planificación:

- El riesgo de materialización de la contaminación cuando el incidente ocurre.
- El tipo de contaminante.
- La escala potencial/actual de la contaminación.
- Las condiciones medioambientales (mar, viento, corrientes de marea, temperatura, etc.).
- Medios de respuesta precisos (materiales y personales).
- Grado de participación política.
- Potencial necesidad de respuesta sostenida a largo plazo.
- Ubicación geográfica y extensión de la contaminación, incluyendo:

 - Sensibilidad medioambiental/económica presente y futura.
 - Impacto internacional.

6   Órganos de dirección de la emergencia. Comparativa con el National Contingency plan for marine pollution MCA (Maritime & Coastguard Agency)

Veamos a continuación lo dispuesto por el SNR 2012 en lo concerniente a los órganos de dirección y respuesta de los planes de contingencias. En su artículo 6 se determina que cualquier plan de contingencias –en lo que aquí interesa, tanto el PNM como los PIM– contará necesariamente con los siguientes órganos:

- *Un director de la emergencia,* cuyo cometido es activar o desactivar el plan, establecer las líneas generales de actuación y las directrices que se han de seguir por los grupos de respuesta mediante la oportuna toma de decisiones, realizar el seguimiento de los resultados y mantener las relaciones institucionales entre las administraciones públicas competentes.

- *Un comité técnico asesor,* formado por expertos cuyos conocimientos en materias científicas, técnicas, jurídicas o económicas pudieran ser relevantes, y cuyo cometido es asesorar al director de la emergencia.

- *Un coordinador de operaciones,* a cuyo cargo está la dirección de los grupos de respuesta que actúan en la zona afectada, que ejercerá sus funciones con sujeción a las directrices que al efecto imparta el director de la emergencia.

- *Unos grupos de respuesta,* encargados, según el plan al que estén adscritos, de la respuesta inmediata ante el riesgo (explosión, incendio o riesgo químico, entre otros), del manejo de los equipos de lucha contra la contaminación, de la recuperación de los productos derramados, de la gestión de los residuos recogidos, de la limpieza de áreas contaminadas y de la protección de la biodiversidad.

- *Un gabinete de relaciones públicas,* encargado de la relación con los medios de comunicación y de la difusión de los comunicados elaborados por el director de la emergencia sobre la evolución de la situación.

- *Un grupo de apoyo logístico,* encargado de atender a las necesidades de los grupos de respuesta.

Llevada la estructura de gestión anterior a la situación de emergencia más comprometida de las contempladas por el artículo 7, es decir, la denominada situación 3 que se «se producirá cuando tenga lugar un episodio de contaminación marina de gran magnitud o peligrosidad», véase el organigrama de la figura 8.2, resultante del equipo de dirección y respuesta responsable de gestionar la peor situación considerada, y por ende, la más compleja y de mayor repercusión. Cabe recordar que dicha situación obligaría a activar todos los planes de contingencias contemplados por el SNR 2012, esto es, «el Plan marítimo nacional» y el «Plan estatal de protección de la ribera del mar contra la contaminación», además de los planes territoriales de las comunidades autónomas o de las ciudades de Ceuta y Melilla afectadas, así como, en su caso, «los planes interiores marítimos y los planes locales correspondientes», y que en ese supuesto el artículo 13 establece que la coordinación de planes de contingencias activados responderá al principio de mando único.

En relación con lo anterior, el artículo 14 regula la composición de los órganos de coordinación de emergencias en situación 3, que se transcriben a continuación:

- *El Consejo de Dirección,* integrado por el director general de la Marina Mercante, el director general de Sostenibilidad de la Costa y del Mar, el director general de Protección Civil y Emergencias, el director del Departamento de Seguridad Nacional, el director general de Política de Defensa y el almirante, segundo jefe del Estado Mayor de la Armada, y los directores de los planes territoriales y locales que estén activados. Los miembros del Consejo de Dirección podrán delegar en cada caso concreto en la persona de su organización que consideren más adecuada.

- *El Consejo Técnico Asesor,* integrado por el director del Instituto Español de Oceanografía, el presidente de la Agencia Estatal de Meteorología, el presidente del Consejo Superior de Investigaciones Científicas, el director del Centro de Estudios y Experimentación de Obras Públicas, el jefe de la División de Operaciones del Estado Mayor de la Armada, un representante de la Unidad Militar de Emergencias, el director y el jefe de operaciones de Sasemar, el abogado del Estado jefe correspondiente al departamento ministerial del coordinador general de la emergencia, así como un representante designado por la autoridad competente de cada uno de los planes territoriales que estén activados, o las personas en las que estos deleguen, y aquellos expertos nacionales o internacionales.

- *El Consejo Económico,* integrado por los subdirectores generales o equivalentes responsables de los asuntos económicos en los centros directivos correspon-

Emergencia en situación 3

En el caso de que concurra alguna de las circunstancias que definen una emergencia de situación 3, la estructura y funciones de los órganos de coordinación de planes, responderá al principio de mando único. Ver esquema que se presenta a continuación.

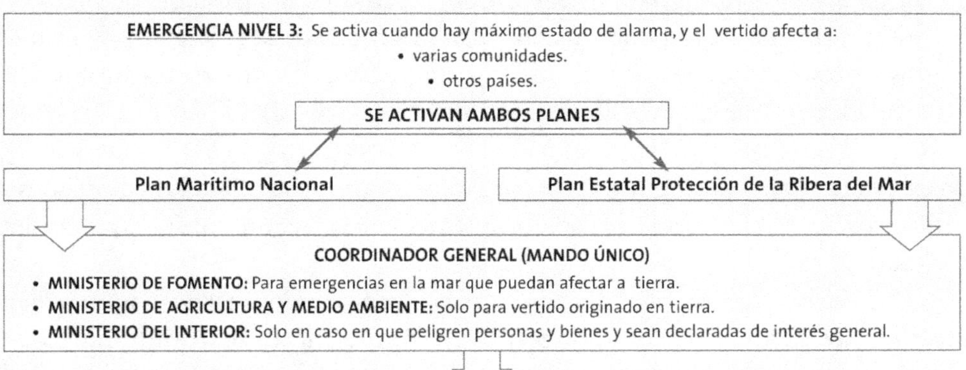

COORDINADOR GENERAL (MANDO ÚNICO)

- **MINISTERIO DE FOMENTO:** Para emergencias en la mar que puedan afectar a tierra.
- **MINISTERIO DE AGRICULTURA Y MEDIO AMBIENTE:** Solo para vertido originado en tierra.
- **MINISTERIO DEL INTERIOR:** Solo en caso en que peligren personas y bienes y sean declaradas de interés general.

A partir de una orden del coordinador general se activan cuatro estamentos intercomunicados.

- **CONSEJO DE DIRECCIÓN:** Asesora al coordinador general en la toma de decisiones y aporta información adicional sobre áreas a proteger.
- **CONSEJO TÉCNICO ASESOR:** Facilita información científica y técnica de cualquier aspecto relevante así como la asistencia jurídica para la toma de decisiones.
- **CONSEJO ECONÓMICO:** Evalúa los gastos de la contaminación y coordina las reclamaciones.
- **CENTRO DE INFORMACIÓN:** Relación con los medios de comunicación.

CONSEJO DE DIRECCIÓN	CONSEJO TÉCNICO ASESOR	CONSEJO ECONÓMICO	CONSEJO DE INFORMACIÓN
Integrado por:	Integrado por:	Integrado por:	Integrado por:
- Director general de la Marina Mercante. - Director general de Sostenibilidad de la Costa y del Mar - Director general de Protección Civil y Emergencias - Director del Departamento de Seguridad Nacional - Director General de Política de Defensa y el Almirante Segundo Jefe del Estado Mayor de la Armada - Directores planes territoriales y locales activados.	- Instituto Español de Oceanografía. - Presidente de la Agencia Estatal de Meteorología. - Presidente Consejo Superior de Investigación Científicas. - Director del Centro de Estudios y Experimentación de Obras Públicas - Jefe de División Operaciones del Estado Mayor de la Armada - Representante Unidad Militar de Emergencias - Director y Jefe de Operaciones SASEMAR -Abogado del Estado.	- Subdirectores generales o equivalentes en asuntos económicos. - Directivos correspondientes. - Personas en las que éstos deleguen.	- Miembros del Gabinete de prensa del ministerio que corresponda al coordinador general de la emergencia junto con representantes de los distintos departamentos y comunicaciones autónomas o ciudades de Ceuta y Melilla concernidos.

Figura 8.2. Organigrama para la situación 3
(fuente: revista Marina Civil, núm. 105).

dientes a los integrantes del Consejo de Dirección, o las personas en las que estos deleguen.

• *El Centro de Información,* integrado por miembros del gabinete de prensa del ministerio que corresponda al coordinador general de la emergencia, junto con los representantes de los distintos departamentos y comunidades autónomas o ciudades de Ceuta y Melilla concernidos.

Véase también en la figura 8.3 el organigrama de coordinación de planes de contingencias para la misma situación de emergencia, según consta en el antiguo PNC 2001.

El SNR 2012 no es un plan de contingencias propiamente dicho sino un «marco general de actuación integrado por planes de contingencias de distinto rango». En cualquier caso, parece que poco se ha avanzado respecto de las supuestas bondades de un coordinador general de carácter político al mando de la emergencia, llamado a la sazón en el PNC 2001 «Organismo Rector». Este estamento también contaba con un comité técnico asesor, un consejo de dirección y un gabinete de medios de comunicación, aunque, según la sentencia del *Prestige* (sentencia de la Audiencia de Coruña de 13 noviembre 2013), de nada sirvieron a la hora de tomar decisiones técnicas efectivas sobre la emergencia. Los funcionarios que allí acudían convocados no lo hacían para valorar colegiadamente sobre la mejores opciones de gestión, sino para comunicar decisiones ya tomadas con anterioridad y por separado. Ello es así porque el SNR únicamente eleva el rango político de la persona con mando legal sobre la emergencia –de delegado del Gobierno a ministro del Gobierno–, sin entrar a valorar en modo alguno la cuestionable conveniencia de que quien esté al mando de un problema necesitado de soluciones técnicas sea alguien provisto de soluciones políticas.

La estructura de mando elegida (23 miembros como mínimo) tampoco parece ayudar a consagrar indispensables principios de gestión diligente y organización práctica, que ya reconoció el PNC 2001 en su Introducción. A efectos comparativos, los miembros integrantes de Centro de Respuesta Marino (CRM) del MCA británico, para el mismo supuesto de contaminación marina son nueve personas.

De lo anterior puede deducirse claramente el carácter técnico del órgano encargado de gestionar un episodio de contaminación marina. Del mismo modo, queda patente en el organigrama para la gestión de incidentes marítimos causados por buques (véase la figura 8.4), el carácter de coordinación y colaboración establecido en el PNC británico, frente al de subordinación jerárquica política del SNR 2012 y del PNC 2001.

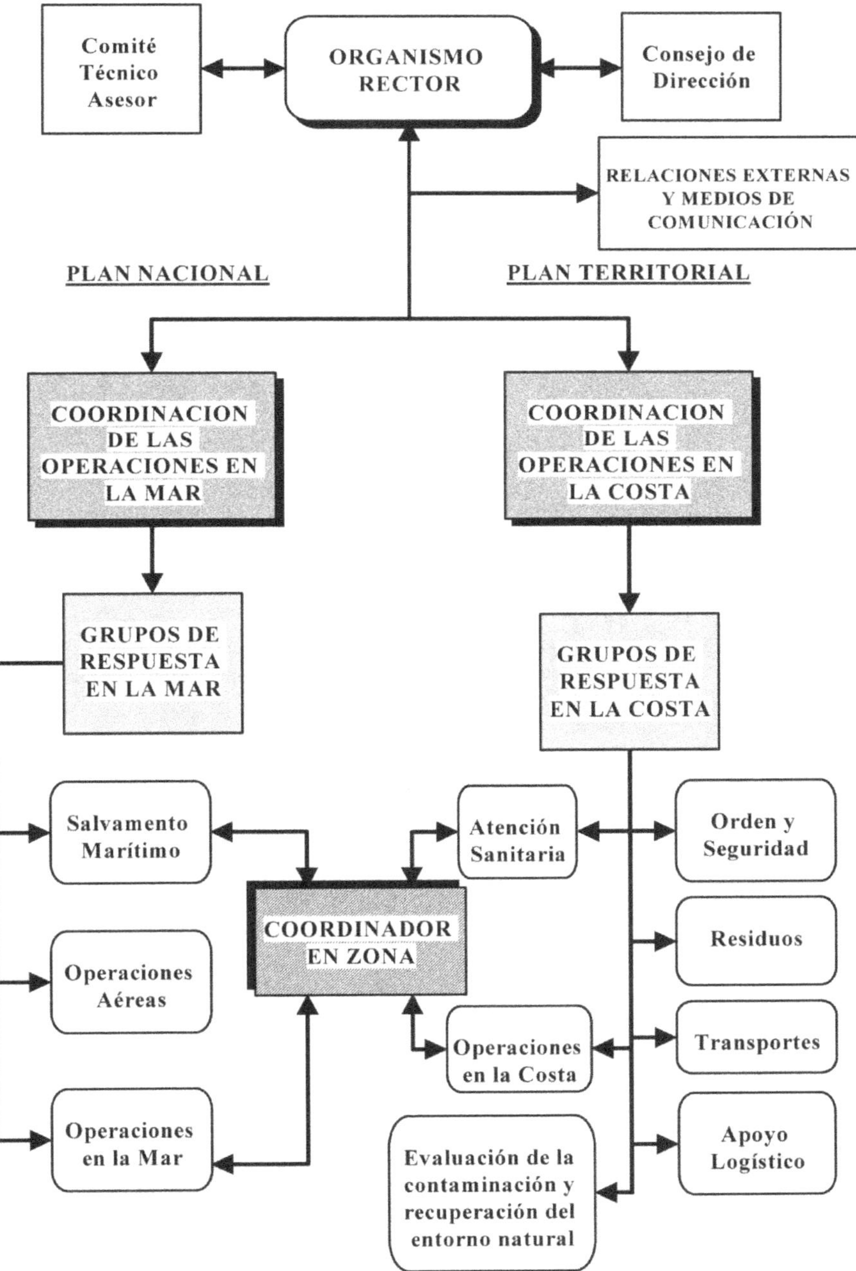

Figura 8.3. Organigrama para la activación simultánea de los planes nacional y territorial (fuente: PNC 2001).

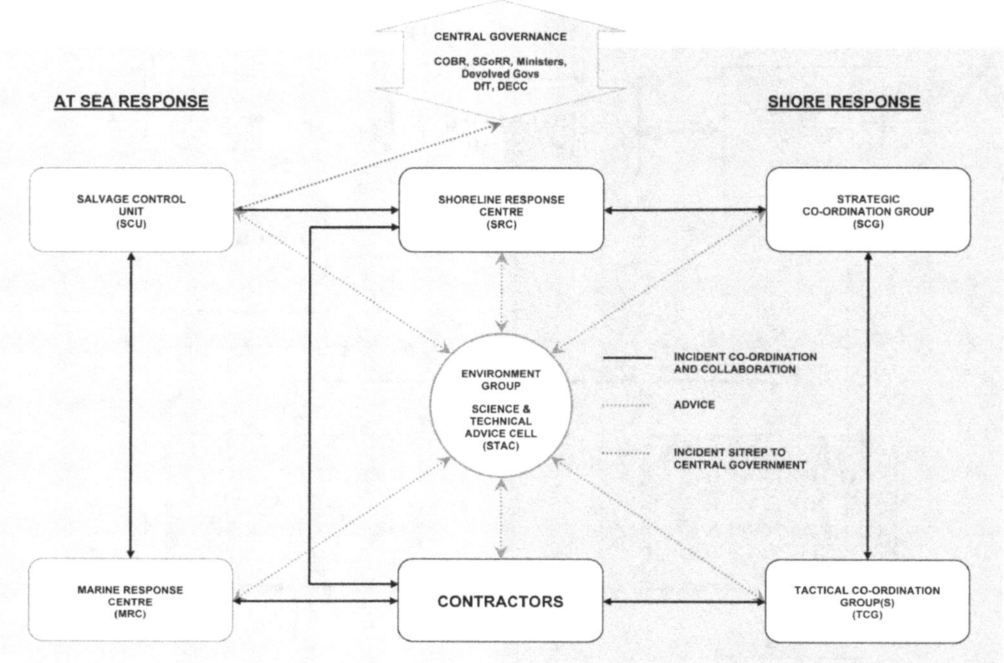

Figura 8.4. Organigrama británico para cualquier incidente marítimo en el que se vea implicado un buque (fuente: MCA National Contingency Plan for marine pollution from shipping and offshore installations).

Otras carencias del Sistema nacional de respuesta 2012 hacen referencia a la nula regulación respecto a la planificación local, la falta de previsión en cuanto a la protección de zonas o espacios especialmente sensibles, y la ausencia de referencia alguna a la gestión de los residuos producidos como consecuencia de la crisis.[7]

7 El Plan marítimo nacional de respuesta ante la contaminación del medio marino (2014)

El Sistema nacional de respuesta contempla, como se comentó anteriormente, dos subsistemas, que se corresponden con los ámbitos de actuación marítimo y costero. En

---

[7] Véase Franco García, M.A., en «La protección civil en la mar: el sistema español de respuesta ante la contaminación marina accidental», *Revista Aragonesa de Administración Pública*, núm. 43-44, Zaragoza, 2014, pp. 112-177.

el ámbito marítimo se engloba el Plan marítimo nacional[8], que se activará cuando el suceso de contaminación afecte a las aguas marítimas, y los planes interiores, en relación con los puertos, terminales de manipulación de mercancías, plataformas marítimas de explotación de recursos o cualquier instalación marítima situada en aguas españolas. En los artículos 4 y 5 del Sistema nacional de respuesta se establecen los mecanismos de aprobación de los planes citados y el contenido mínimo que deben incluir.

A diferencia de la anterior normativa de 2001 y 2004, que regulaba sucesos de contaminación cuya causa era únicamente el vertido de hidrocarburos, la nueva recoge todos los supuestos de contaminación con independencia de la sustancia contaminante.

El Plan marítimo nacional establece cuatro niveles de emergencia, que van desde el nivel 0 hasta el nivel 3, y para todos ellos se designa la figura de un director de emergencia, cuyas competencias serán las de activar y desactivar el plan, establecer las líneas generales de actuación y dar las directrices a los directores de operaciones y a los grupos de respuesta. Para los casos 0 y 1 se prevé sólo la activación del Plan interior marítimo, mientras que a partir del nivel 2 se activará el Plan marítimo nacional.

Según el plan, toda administración pública o persona que tenga conocimiento de un suceso de contaminación pública está obligada a avisar a la administración marítima a través de las capitanías marítimas o de los centros de coordinación y salvamento. Una vez se conozcan estos episodios, se deberá cumplimentar un informe que se remitirá al Centro Nacional de Coordinación de Salvamento y a la Dirección Nacional de la Marina Mercante, entre otros.

Con carácter general, los primeros medios que se activarán serán los más próximos a la zona, aunque si su evolución aconseja activar medios privados o ayuda internacional, el plan dispone el procedimiento que se debe llevar a cabo. Una vez controlada la situación, el director de emergencia es el único que tiene la competencia para decretar el fin de la misma.

El plan recoge la creación de una Comisión de Seguimiento adscrita a la Dirección General de la Marina Mercante, que tendrá la función de realizar un seguimiento de los resultados del plan y cuyo trabajo servirá para evaluar el propio plan y modificarlo en los casos contemplados en la orden. Para ello, la Comisión elaborará anualmente un informe y una memoria sobre la aplicación del mismo.

---

[8] Véase la Orden FOM/1793/2014, de 22 de septiembre (BOE 4 de octubre de 2014). Esta orden tiene por objeto aprobar el Plan marítimo nacional a que se refiere el apartado 1.a) del artículo 3 del Sistema nacional de respuesta (SNR) ante un suceso de contaminación marina, aprobado por el Real Decreto 1695/2012, de 21 de diciembre, y establecer las estructuras de respuesta, los procedimientos operativos y los medios materiales y humanos precisos para dar respuesta a cualquier suceso de contaminación marina, así como todos los demás aspectos que deben integrar su contenido mínimo y de acuerdo con el apartado 1 del artículo 5 del citado Sistema nacional de respuesta.

8   Puertos de refugio

La Ley 33/2010 de 5 agosto y el RD 1593/2010 de 26 de noviembre por el que se establece un Sistema de seguimiento e información del tráfico marítimo, fueron las primeras normas que plantearon el concepto de «puerto de refugio» *(places of refuge)* y «buque necesitado de asistencia», hasta llegar a la formulación del actual artículo 269 TRLPMM 92/2011.

Los aspectos relativos a los planes de asistencia a buques y a los puertos de refugio han sido objeto de una redefinición. De entrada, no se habla ya de buques en peligro sino, en consonancia con las directrices y trabajos de la OMI, de «buques necesitados de asistencia».

Además, se desarrollan aspectos fundamentales que deben de contener los planes de acogida a buques necesitados de asistencia. Conviene recordar que la versión original de la Directiva 2002/59 no imponía a los estados europeos la obligación jurídica de establecer puertos de refugio, pero sí la de disponer de planes de emergencia (artículo 20). Por otra parte, determina la obligación de que se nombre a una autoridad, con experiencia y competencia, para tomar de modo independiente y tras una evaluación previa, las decisiones pertinentes relativas a la acogida de buques en lugares de refugio.

Asimismo, prescribe que los planes de acogida deben de describir con precisión la cadena de toma de decisiones en estas materias y recopilar información sobre los posibles lugares de refugio en la costa, de tal manera que la autoridad disponga de elementos de juicio para poder adoptar, con fundamento y rapidez, la decisión que proceda.

Este Real Decreto tuvo como finalidad completar la incorporación al ordenamiento jurídico español de las modificaciones de la Directiva 2002/59 que introduce la Directiva 2009/17/CE, en aquellos aspectos cuya transposición no se había verificado mediante ley formal.[9]

---

[9] Al igual que la Directiva 2002/59/CE original, las modificaciones introducidas por la Directiva 2009/17/CE se trasponen por una norma de rango formal de ley y por real decreto. La trasposición legal de la directiva se ha verificado mediante la nueva disposición adicional vigésimo quinta de la Ley 27/1992, de 24 de noviembre, de Puertos del Estado y de la Marina Mercante, incorporada por el apartado 50 de la disposición final segunda de la Ley 33/2010, de 5 de agosto, de modificación de la Ley 48/2003, de 26 de noviembre, de régimen económico y de prestación de servicios de los puertos de interés general que incorpora concretamente al ordenamiento jurídico español los siguientes preceptos de la Directiva 2009/17/CE: la nueva letra v introducida por el artículo 3.c modificado (concepto de buque necesitado de asistencia), los apartados 1 y 2 del nuevo artículo 20 (autoridad competente para la acogida de buques necesitados de asistencia y medidas generales que puede adoptar), el apartado 1 y el primer párrafo del apartado 2 del nuevo artículo 20 bis (elaboración de planes de acogida de los estados miembros), último párrafo del apartado 3 del nuevo artículo 20 bis (confidencialidad de la información), segundo párrafo del nuevo artículo 20 ter (acogida de buques en lugares de refugio) y apartado 1 del artículo 20 (no exigibilidad estricta de garantía financiera).

8.1 *Aspectos novedosos sobre buques necesitados de asistencia y puertos de refugio*

El Real Decreto del 2010 hacia especial referencia a la regulación de los aspectos relativos a las decisiones que se deban adoptar en el caso de los buques necesitados de asistencia y a los lugares de refugio. A continuación se detallan algunos de los aspectos más relevantes e innovadores.

- La toma de decisiones respecto a los buques necesitados de asistencia corresponderá al director general de la Marina Mercante, que estará asistido por un comité técnico.

- Se procederá a la elaboración de planes para la acogida de buques necesitados de asistencia con el fin de evitar o minimizar los riesgos. Estos planes se confeccionarán previa consulta de los sectores afectados, informe de Puertos del Estado, y con fundamento en las resoluciones de la OMI relativas a esta materia.

- Se sigue regulando la constitución de una garantía financiera para responder, en cualquier cuantía, a las reclamaciones de indemnización por los posibles daños contra el medio ambiente costero o instalaciones portuarias. No obstante, por decisión del Consejo de Ministros de la UE y establecido así en la Directiva comunitaria, la existencia de garantía ya no será requisito imprescindible para acceder a un puerto refugio. A partir de ahora será un elemento más de consideración para que los estados miembros procedan a la evaluación global de la situación y autoricen o no la entrada de un buque en un lugar de refugio. De esta forma, se evita que un Estado pueda rechazar a un buque exclusivamente porque este carezca de garantía financiera.

- El director general de la Marina Mercante es la autoridad competente para la toma de decisiones respecto de los buques necesitados de asistencia, entendiendo por tales aquellos que, por su propia situación o por circunstancias externas, se encuentren en peligro de naufragar o que, en general, supongan una amenaza para la navegación o la integridad del medio ambiente marino (actual artículo 299, TRLPMM 92/ 2011).

El citado órgano directivo, que podrá recabar asesoramiento de un comité técnico, adoptará, con plena independencia de criterio, cualesquiera medidas que considere pertinentes ante buques necesitados de asistencia para:

– Eliminar o disminuir el riesgo de naufragio de tales buques.
– Salvaguardar la seguridad de la navegación y de la vida humana en la mar.
– Prevenir o luchar contra la contaminación del medio ambiente marino.

Lo dispuesto en los párrafos anteriores se entiende sin perjuicio de la normativa nacional e internacional sobre salvamento de vidas humanas en la mar.

• El director general de la Marina Mercante adoptará la decisión que estime pertinente sobre la acogida de buques necesitados de asistencia en lugares de refugio, pudiendo imponerla, si considera que tal acogida es la mejor solución para la protección de la vida humana y el medio ambiente marino. De no ser así, se denegará o condicionará dicha acogida a la concurrencia de determinadas circunstancias que hagan de esta medida la más adecuada para la seguridad e integridad de las personas, de los buques, del tráfico marítimo y del medio ambiente marino. Sin embargo, no podrá condicionar dicha acogida a la existencia de un seguro o a la prestación de una garantía por parte del propietario, operador o cargador del buque para indemnizar los posibles daños que el buque pueda ocasionar. A tal efecto, la Administración marítima, previa consulta con los sectores afectados, elaborará planes para la acogida de buques necesitados de asistencia con el fin de preservar la seguridad marítima y de la vida humana en la mar, así como la integridad del medio ambiente marino. El contenido de dichos planes se determinará reglamentariamente y en su elaboración y ejecución participará el director general de la Marina Mercante.

• La información que se facilite a los estados miembros de la Unión Europea que por ser vecinos puedan resultar afectados por las consecuencias de las decisiones que se adopten, así como a las partes implicadas en los procedimientos previstos en los planes de acogida de buques necesitados de asistencia, estará sometida a la obligación de confidencialidad.

9   Programa de información de seguridad marítima (Prisma) y delimitación de lugares refugio

Una de las mayores carencias en el sistema de emergencias español era la falta de ubicación expresa de las zonas de refugio a pesar de lo señalado en de la Directiva 2009/17/CE246. El artículo 20 bis.2 establece que los planes de acogida de buques necesitados de asistencia por los estados miembros, deben incluir como mínimo, entre otras cuestiones, información sobre el litoral del Estado miembro y todos aquellos elementos que permitan efectuar una evaluación previa y una toma rápida de decisiones en relación con el lugar de refugio para un buque, con inclusión de los factores ambientales, económicos y sociales y las condiciones naturales.

Este vacío se ha intentado cubrir a través del denominado Programa de información de seguridad marítima (Prisma), presentado por el Ministerio de Fomento el 7 de febrero de 2011, a través del cual se establece un mapa de los lugares de refugio, los cuáles sin duda, por razones políticas, no se hacen públicos. Sí son conocidos por los capitanes marítimos y otros funcionarios implicados en la gestión de la emergencia.[10]

A nivel técnico, Prisma es un instrumento visual basado en una web que permite sintetizar la información, integrándola y poniéndola a disposición de los encargados de tomar las decisiones». El programa incorpora más de 1.100 emplazamientos distribuidos a lo largo de la costa española, que en determinadas circunstancias y, valorando una serie de factores, pueden servir de refugio a los barcos siniestrados, con independencia de su tonelaje y eslora. Toda la información se almacena en una base de datos, siendo revisada constantemente por si se producen cambios en el emplazamiento. Dicho programa se ha desarrollado con la colaboración del Cedex.

10 Juicio crítico

La implantación de una autoridad marítima capaz, independiente y de carácter permanente, es un objetivo irrenunciable para un estado ribereño como España, con un importante litoral y con una triste historia de siniestros marítimos graves. Conviene, con la mayor premura, marcar una frontera clara entre el espacio técnico y el político. El modelo de referencia claramente es el SOSREP británico (Secretary of State's Representative for Maritime Salvage & Intervention), al que han seguido los demás modelos europeos, por ejemplo el Centro de Emergencias Marítimas de Alemania (Havariekommando).[11] El modelo SOSREP destaca por una visión global de la emergencia marítima: búsqueda y rescate, salvamento, respuesta en la

---

[10] Véase Olabarrieta, B. (2011), «Compromiso con la seguridad: el programa Prisma ayuda a tomar decisiones para abrigar buques en apuros», *Revista del Ministerio de Fomento*, núm. 604, p. 65.

[11] Ver con carácter ilustrativo de su organización y trabajos la web http://www.havariekommando.de/. El Centro de Emergencias se creó a partir del caso del buque *Pallas* (1998) que se incendió y planteó grandes disputas entre los diferentes *lander* alemanes afectados.

mar y respuesta en tierra.[12] Consigue la integración/coordinación de los medios de respuesta para cada secuencia de la respuesta y la diligencia en la toma de decisiones. Es decir, un mando técnico único, tres criterios de activación, gestión circular retroalimentada y sin inferencia política durante las operaciones. El SOSREP lo integran sólo once personas, dos directivos y nueve empleados, para los supuestos de contaminación. El modelo español (Sistema nacional de respuesta, SNR 2012), se caracteriza por la visión parcial de la emergencia marítima, tan sólo limpieza del mar o de la costa, y no contempla necesidad alguna de colaboración operativa durante las previsibles fases de la emergencia. Su estructura de mando «único» nace condicionada en su operatividad y diligencia: mando político, veintitrés asesores, trece criterios de activación, y gestión jerarquizada políticamente sin retroalimentación alguna. Por otra parte, ¿puede ser el director general de Marina Mercante la autoridad marítima «independiente», dadas sus múltiples encomiendas legales (presidente de Sasemar y jefe de la Dirección General de la Marina Mercante), más allá de su nombramiento político?[13]

La gestión de las emergencias marítimas debe ser confiada a un reducido organismo técnico experto, estable e independiente, lejano de interferencias políticas, sumamente ejecutivo y contemplando una visión integral de la misma. En esta línea están todos los países de la UE. No podemos ser optimistas con el modelo español formado por un conjunto de planes y subplanes, gestionados por autoridades políticas y en un contexto de dispersión competencial administrativa.

Las crisis del *Sea Empress* y el *Braer*, supusieron un cambio en el modelo británico de salvamento marítimo por decisión del Parlamento británico. No es el caso de España, donde con posterioridad al *Prestige*, en el año 2007, se sufrió la crisis del *Ostedijk*, en el que se volvieron a mostrar las disfunciones del modelo existente.

---

[12] Puede verse una visión panorámica de la institución en la ponencia presentada por el actual SOSREP Hugh Shaw, disponible en (http://www.havariekommando.de/aktuelles/Fachkolloquium_2013/vortraege/vortrag_02.pdf). La nominación a SOSREP se hace mediante concurso público abierto.

[13] Entrevista al autor en marzo de 2014, en Naucher, periódico digital. Disponible en www.naucher.com/.../jaime-rodrigo...salvamento-maritimo.../_n:1823/. En igual sentido en Naucher 6 Mayo 2015: Las emergencias marítimas: el sin modelo español: reflexiones después de la tormenta (http://www.naucher.com/es/actualidad/las-emergencias-maritimas-y-el-sin-modelo-espanol-reflexiones-despues-de-la-tormenta/_n:3305/)

Capítulo 9

La contaminación marina

En relación a la contaminación marina distinguimos, tradicionalmente, dos tipos de contaminación marina en relación a los buques: la operacional y la accidental o catastrófica. Resultan igual o más relevantes en relación al medio marino la contaminación por vertidos y la derivada de las actividades industriales y humanas de origen terrestre: la contaminación telúrica.

La *contaminación operacional* es la que se deriva de la actividad clásica y ordinaria del transporte marítimo: pérdidas de mercancías, caída accidental de contenedores, llenado y vaciado de tanques, fugas y pequeños vertidos, basuras, aguas sucias, etc. Los daños causados en cada acto de contaminación no son graves, pero la frecuencia con que se producen estas actuaciones hace que valoradas en su conjunto constituyan una importante fuente de contaminación marina. La *contaminación accidental* se refiere a situaciones en las que los daños llegan al nivel de catástrofe o gran desastre y una importante afectación al espacio marítimo o zona afectada, con graves repercusiones sobre la flora, la vida animal y, en general, los ecosistemas.

La contaminación producida por la explotación de los buques no es la única que se produce en el medio marino. Existen actividades de vertido realizadas desde buques, aeronaves o plataformas u otras construcciones en el mar como, por ejemplo, el vertido de materiales de dragado o lodos de un puerto, residuos industriales o generados por las actividades de perforación del lecho marino. Igualmente, se debe contemplar la contaminación atmosférica: las emisiones a la atmósfera, derivadas de las actividades normales de los buques o plataformas o de operaciones de incineración en el mar. De manera reciente se ha incorporado la contaminación biológica (seres vivos agresivos transportados en las aguas de lastre) y los restos o derelictos de los buques que incorporan metales pesados y otras sustancias contaminantes.

1 Antecedentes históricos

A principios del siglo xx se empezó a tomar en consideración la contaminación de la mar causada por hidrocarburos. Los primeros países en adoptar medidas en la cuestión fueron Reino Unido y EEUU, que prohibieron las descargas ilegales de estos productos. No obstante, el primer país que estableció unas normas nacionales para la prevención de la contaminación fue Reino Unido en 1922, con la llamada *Oil Pollution Act.* Más tarde, se observó que el problema de la contaminación no sólo era un problema nacional sino que requería ser considerado como internacional.

Pero el impulso definitivo hacia el Convenio MARPOL 73/78 fue sin duda el accidente del *Torrey Canyon* en el año 1967, donde se vertieron las 120.000 toneladas de crudo que transportaba. La OMI a instancias del Gobierno inglés, convocó una conferencia para el año 1973 con el objetivo de tratar la contaminación del mar. El éxito de la convención no obtuvo repercusión en los países ribereños, ya que sólo tres estados ratificaron la convención aquel año.

En la imagen de la figura 9.1 se ofrece una visión general sobre la contaminación generada por la actividad de transporte marítimo de mercancías.

La OMI convocó de nuevo en el año 1978 una conferencia en la que la que se trató sobre la relevancia de la construcción de los buques petroleros, así como las

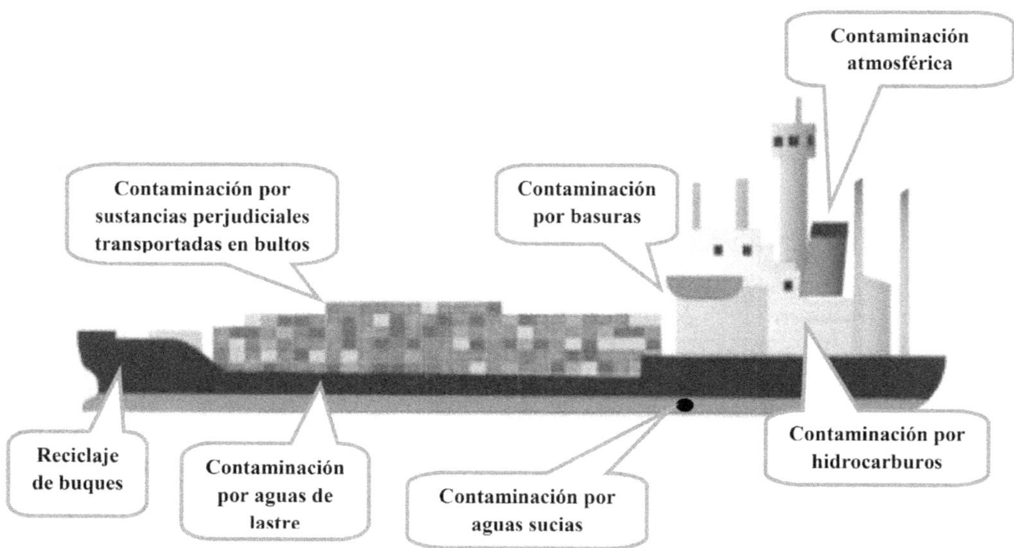

Figura 9.1. Fuentes y tipos de contaminación originada por un buque de transporte de mercancías (fuente: adaptación de ilustración, www.ian.umc.es.edu).

medidas operacionales de dichos buques, dando origen al Protocolo 1978 *(Tankers Safety Prevention Polution* o TSPP). Este protocolo absorbió, por tanto, a la conferencia de 1973 que a su vez había refundido el OILPOL 54. En igual sentido, el protocolo de 1978 vinculaba al Convenio SOLAS.

La principal modificación que se realizó, desde el punto de vista de la construcción de los buques, fue la introducción de los tanques de lastre separado, evitando así la utilización de los tanques de carga para lastre.

El MARPOL 73/78 consta, además del Convenio de 1973 para la prevención de la contaminación por buques y del Protocolo de 1978, de seis anexos: reglas para prevenir la contaminación por hidrocarburos; por sustancias nocivas líquidas transportadas a granel; por sustancias perjudiciales transportada por mar en bultos; por aguas sucias de los buques; por basuras de los buques; y la contaminación del aire.

La importancia de la normativa reguladora sobre la contaminación marina y su grado de eficacia se puede observar en las figuras 9.2 y 9.3 y la tabla 9.1. A pesar del incremento del tráfico, de las toneladas de hidrocarburos transportadas y el aumento exponencial de unidades, los vertidos contaminantes han sufrido una disminución

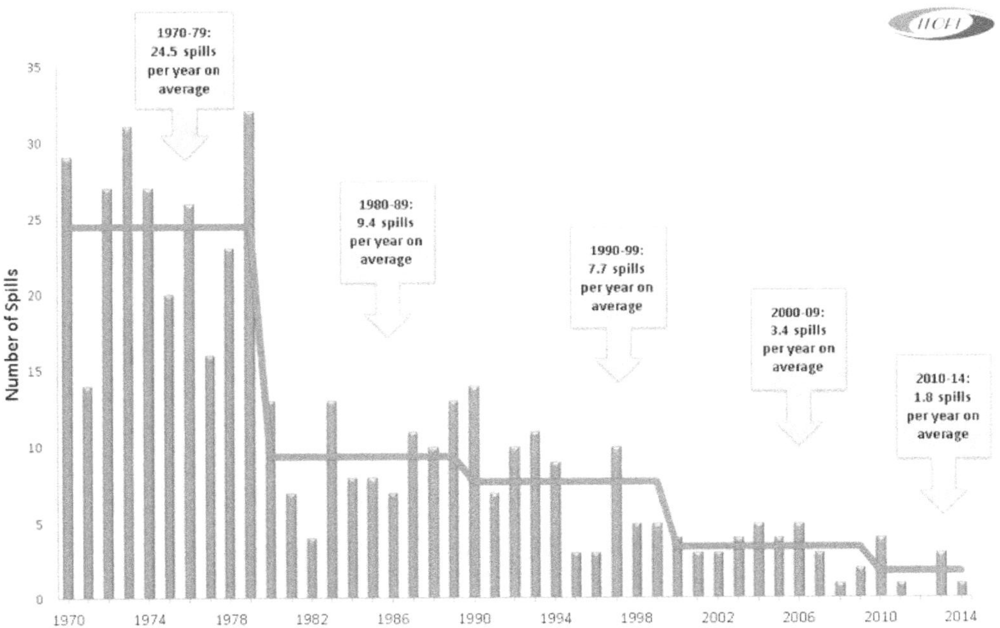

Figura 9.2. Número de derrames por hidrocarburos entre 1970 y 2014
(fuente: International Tanker Owners Pollution Federation Limited, ITOPF).

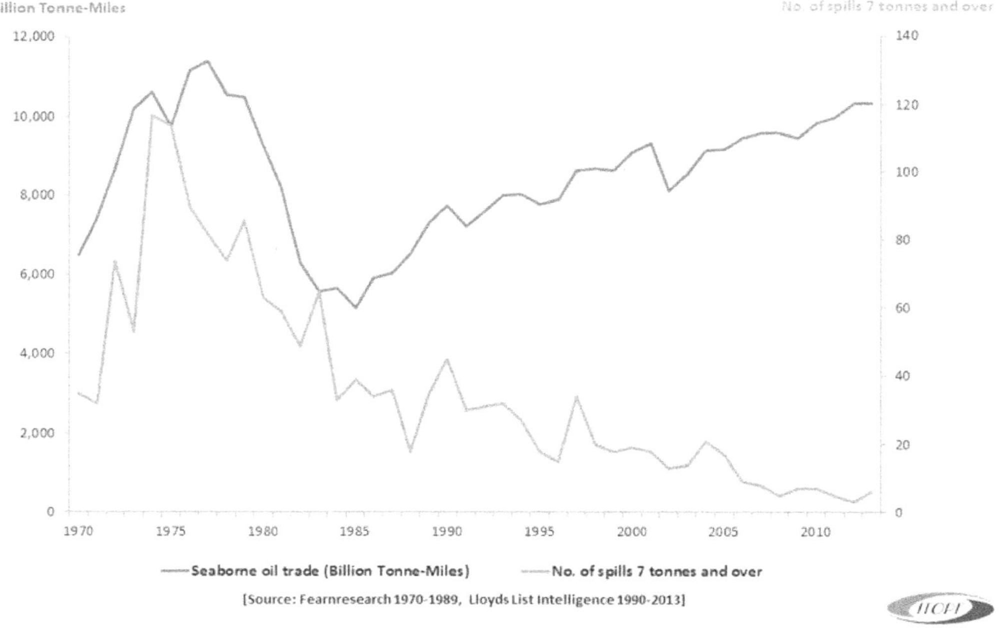

Figura 9.3. Comparativa entre tráfico de hidrocarburos y número derrames de siete toneladas o más (fuente: International Tanker Owners Pollution Federation Limited, ITOPF).

drástica. Afirmación que no resulta incompatible con el hecho de que un accidente marítimo grave con contaminación marina, produzca un gran impacto en la zona afectada.

2 Normativa en materia de contaminación marina

Nos referiremos, primero, a los convenios formalizados para la prevención de los vertidos, para centrarnos después en los convenios relacionados con la actividad de transporte marítimo.

2.1 Convenios para la prevención de los vertidos

- **Convenio de Londres de 1972**
  El Convenio sobre la prevención de la contaminación del mar por vertido de desechos y otras materias, también conocido como Convenio

Año	Buque	Lugar	Toneladas
1967	Torrey Canyon	Scilly Isles UK	119.000
1972	Sea Star	Golfo de Omán	115.000
1975	Jakob Maersk	Oporto PT	88.000
1976	Urquiola	A Coruña	100.000
1977	Hawaiian Patriot	300 mn Honolulu	95.000
1978	Amoco Cádiz	Bretaña	223.000
1979	Atlantic Empress	Tobago	287.000
1979	Independenta	Bósforo	94.000
1980	Irenes Serenade	Grecia	100.000
1983	Castillo de Bellver	Sud África	223000
1985	Nova	Irán	70.000
1988	Odyssey	Canadá	132.000
1989	Khark 5	Marruecos	70.000
1989	Exxon Valdez	Alaska	37.000
1991	Abt Summer	Angola	260.000
1991	Haven	Génova	144.000
1992	Aegean Sea	A Coruña	74.000
1992	Katina P	Mozambique	67.000
1993	Braer	Shetland I. UK	85.000
1996	Sea Empress	UK	72.000
2002	Prestige	Galicia	63.000
2007	Hebei Spirit	Corea del sur	11.000

Tabla 9.1. Accidentes con posterior derrame desde 1967
(fuente: International Tanker Owners Pollution Federation Limited, ITOPF).

de Londres de 1972, tiene como finalidad promover el control efectivo de todas las fuentes de contaminación del medio marino y la adopción de todas las medidas posibles para impedir la contaminación del mar por vertidos. En la actualidad, son 87 los estados parte en el Convenio, entre ellos España. La Secretaría del Convenio la alberga la sede londinense de la OMI. A diferencia de los convenios OSPAR y de Barcelona, el Convenio de Londres se ocupa, únicamente, de los vertidos realizados desde buques y no de aquellos que llegan al mar desde tierra, para lo que establece una lista de sustancias y productos que no pueden ser vertidos al mar. En 1996, se aprobó el protocolo relativo al Convenio de Londres, con el objetivo de modernizarlo, cuya entrada en vigor se produjo en marzo de 2006.

- **Convenio OSPAR de 1992**

  El Convenio sobre la protección del medio marino del Atlántico del Nordeste, o convenio OSPAR, suscrito en París el 22 de septiembre de 1992, fue el resultado de refundir dos convenios anteriores: el Convenio de Oslo para la prevención de la contaminación marina provocada por vertidos desde buques y aeronaves, y el Convenio de París para la prevención de la contaminación marina de origen terrestre.[1] El objetivo general de este convenio es conservar los ecosistemas marinos, la salud humana y restaurar cuando sean posibles las áreas marinas que hayan sido afectadas negativamente por las actividades humanas mediante la prevención y eliminación de la contaminación y su protección. Entró en vigor en 1998, por lo que, a partir de esa fecha, su articulado es de obligado cumplimiento para las partes contratantes.

- **Convenio de Barcelona 1976**

  En 1975, dieciséis países mediterráneos y la CEE adoptaron el Plan de Acción para la protección y el desarrollo de la cuenca del Mediterráneo (PAM), el primer acuerdo regional bajo los auspicios del Programa de las Naciones Unidas para el Medio Ambiente (PNUMA). Como marco jurídico del PAM, en 1976 se adoptó el Convenio para la protección del mar Mediterráneo contra la contaminación o Convenio de Barcelona, con sus dos primeros protocolos, destinados a cumplir con el PAM:

  - Protocolo sobre la prevención de la contaminación causada por vertidos desde buques y aeronaves (Protocolo de vertidos o *Dumping)*, adoptado en 1976 y en vigor desde 1978. En 1995 fue enmendado. España ratificó esta enmienda en 1999.

---

[1] Fue ratificado por España mediante instrumento de 25 de enero de 1994, publicado en el BOE de 24 de junio de 1998.

– Protocolo sobre cooperación para combatir la contaminación en situaciones de emergencia causadas por hidrocarburos y otras sustancias perjudiciales (Protocolo de Emergencia). Sustituido en 2002, en vigor desde 2004, ratificado por España en 2007.

2.2 Convenio para la prevención de la contaminación marina (Convenio Marpol)

El Convenio MARPOL 73/78 (acrónimo de polución marina, de los años 1973 y 1978), es un conjunto de normativas internacionales que tienen como objetivo prevenir la contaminación por los buques. Se trata del convenio más importante, cuya génesis histórica ya ha sido comentada. Se aprobó inicialmente en 1973, pero nunca entró en vigor. La matriz principal de la versión actual es la modificación mediante el Protocolo de 1978 y ha sido modificada desde entonces por numeras correcciones. Entró en vigor el 2 de octubre de 1983. Actualmente 119 países lo han ratificado. El Convenio consta de una introducción, el texto del Convenio internacional para prevenir la contaminación por los buques de 1973, el Protocolo de 1978 relativo al Convenio 1973, el Protocolo de 1997 que enmienda el convenio de 1973 modificado por el Protocolo de 1978 y seis anexos que contienen reglas que abarcan las diversas fuentes de contaminación por los buques (véase la tabla 9.2).

Su objetivo es preservar el ambiente marino mediante la completa eliminación de la contaminación ocasionada por hidrocarburos y otras sustancias dañinas, así como la minimización de las posibles descargas accidentales.

Anexo	Contenido	Entrada en vigor
Anexo I	Hidrocarburos	2 de octubre de 1983
Anexo II	Sustancias nocivas líquidas transportadas a granel	6 de abril de 1987
Anexo III	Sustancias perjudiciales transportada por mar en bultos	1 de julio de 1992
Anexo VI	Aguas sucias de los buques	27 de septiembre de 2003
Anexo V	Basuras de los buques	31 de diciembre de 1988
Anexo VI	Contaminación del aire	19 de mayo de 2005

Tabla 9.2. Anexos del Convenio MARPOL y fecha de su entrada en vigor.

2.3 Otros convenios relevantes sobre el medio marino

El Convenio sobre cooperación, preparación y lucha contra la contaminación por hidrocarburos (OPRC 1990) y el Protocolo sobre sustancias nocivas y potencialmente peligrosas (Protocolo HNS), son un instrumento básico con el que cuentan los estados para desarrollar sus políticas de lucha contra la contaminación marina. Es un convenio auspiciado por la OMI, dentro del Comité de Protección del Medio Marino (CPMM). En la actualidad, existe un grupo especializado dentro de este comité, el Grupo Técnico del Convenio OPRC, encargado de la actualización y desarrollo del convenio. Este convenio fue adoptado por OMI en 1990 y entró en vigor en 1995.[2]

Dada la creciente importancia del transporte por mar de productos químicos distintos de los hidrocarburos, la OMI adoptó en el 2000 el Protocolo sobre cooperación, preparación y lucha contra la contaminación por sustancias nocivas y potencialmente peligrosas (Protocolo HNS).

Cabe también mencionar el Código internacional de mercancías peligrosas (Código IMDG), con normas para el transporte seguro de mercancías peligrosas en bultos por mar, al que posteriormente nos referiremos.

2.4 Los convenios jurídicos: el Convenio CLC y el Convenio del Fondo

Los esquemas operativos y los grandes siniestros han condicionado los esquemas legales en materia de responsabilidad civil por hidrocarburos, en atención a los siguientes principios:

- Abandono del principio de responsabilidad por culpa por un principio de responsabilidad objetiva o por riesgo.
- Responsabilidad cumulativa del propietario del buque y del propietario del cargamento contaminante.
- Establecimiento de un mecanismo asegurador obligatorio, frente a posibles insolvencias de los responsables.
- Incremento progresivo de los límites de responsabilidad, en atención a la importancia de los daños y la realidad del negocio.

----

[2] El instrumento de ratificación de España se publicó en el BOE en 1995.

Estos principios aparecen recogidos en el actual sistema legal, cuyas principales fuentes fueron, originalmente:

- Convenio internacional sobre responsabilidad civil por daños debidos a la contaminación por hidrocarburos, de 1969 (Convenio CLC).
- Convenio internacional sobre la constitución de un fondo internacional de indemnización de daños causados por la contaminación de hidrocarburos, de 1971 (Convenio del Fondo o Fund Convention).

Bajo el Convenio CLC, la empresa propietaria del buque está sujeta a una estricta responsabilidad por derrames de hidrocarburos persistentes desde buques que transporten este tipo de productos a granel. Sin embargo, las reclamaciones referentes a derrames procedentes de petroleros navegando en lastre no están cubiertas, como tampoco los derrames procedentes de otro tipo de buques.

La responsabilidad cubre los daños derivados de contaminación, gastos de limpieza, de prevención del daño y el daño causado por la operación de limpieza. La responsabilidad es objetiva y sólo desaparece en el supuesto de que el daño haya sido causado:

- Por guerra o por un fenómeno natural inevitable e irresistible.
- Intencionadamente por una persona que no sea empleada o dependiente de la naviera.
- Por negligencia de las autoridades responsables de mantener la asistencia a la navegación.

La naviera podía limitar su responsabilidad a 133 DEG (derechos especiales de giro) multiplicados por el tonelaje del buque, hasta un máximo de 14 millones de DEG. Sin embargo, pierde este derecho a limitar su responsabilidad cuando el daño ocurra por su culpa exclusiva. La naviera está obligada a tener un seguro de responsabilidad por contaminación por hidrocarburos, estando legitimados los reclamantes a ir directamente en contra de la aseguradora (acción directa). Por su parte, el Convenio del Fondo dio paso al Fondo Internacional de Indemnización por Contaminación de Hidrocarburos (FIDAC) (International Oil Pollution Compensation Funds o IOPC), una organización intergubernamental cuyos recursos provienen de un impuesto sobre los importadores de hidrocarburos. Las reclamaciones van directamente contra el Fondo FIDAC, aunque este sólo pagará la indemnización cuando el reclamante no haya podido obtener una indemnización total de acuerdo con el Convenio CLC, ya sea porque: *a)* sea aplicable una de las defensas a la responsabilidad; *b)* la naviera o la aseguradora no puedan pagar; o *c)* el daño exceda de la limitación de responsabilidad.

La indemnización total pagable bajo el CLC y por el Fondo FIDAC estaba limitada a 60 millones de DEG por siniestro, si bien este último indemnizará a la naviera por parte de su responsabilidad bajo el CLC.

2.4.1   Los protocolos de 1992

En 1984 se adoptaron sendos protocolos a los convenios CLC y Fondo que significaron una serie de cambios en los mismos. Sin embargo, estos protocolos no fueron ratificados por EEUU, lo que hacía muy poco probable que alguna vez entraran en vigor. A pesar de ello, se extendió la creencia de que los citados convenios estaban funcionando bien y que las enmiendas propuestas eran convenientes, con lo que fueron acordados nuevos protocolos en 1992, que dieron efecto a las mismas enmiendas que los protocolos de 1984 y que necesitaron menos ratificaciones para entrar en vigor, hecho que ocurrió el 30 de mayo de 1996.

Las nuevas formulaciones de estos convenios, que sustituyeron a los anteriores el 15 de mayo de 1998, tras las enmiendas de los protocolos de 1992, son conocidos como:

- Convenio internacional sobre responsabilidad civil por daños debidos a la contaminación por hidrocarburos, de 1992, o Convenio CLC (The 1992 Liability Convention).
- Convenio internacional sobre la constitución de un fondo internacional de indemnización de daños causados por la contaminación de hidrocarburos, de 1992, o Convenio del Fondo (The 1992 Fund Convention).

Los cambios más significativos introducidos por los protocolos de 1992 son:

- Las cifras de limitación del Convenio CLC se incrementan a tres millones de DEG por 420 de DEG por tonelada bruta superior a 5.000 toneladas brutas, hasta un máximo de 59,7 millones de DEG, habiendo calculado el tonelaje en concordancia con el Convenio de arqueo de buques, de 1969 (1969 Tonnage Convention).
- Las cifras de limitación del Convenio del Fondo se incrementan a 135 millones de DEG, incluyendo la suma pagada por la naviera bajo el CLC. Está dispuesto incrementar esta cifra a 200 millones de DEG.

- La naviera está legitimada a limitar su responsabilidad a menos que actúe intencionada o imprudentemente y con conocimiento del daño probable resultante.
- El Fondo FIDAC ya no indemnizará a la naviera por una parte de su responsabilidad derivada del CLC.
- Los convenios de 1992 se aplican también a los hidrocarburos provenientes de petroleros sin carga.
- Estos convenios cubren la responsabilidad por daños causados por las medidas preventivas adoptadas cuando exista una grave e inminente amenaza de daños por contaminación, se produzca o no el vertido.
- La indemnización por daños al medio ambiente se limitará a la pérdida de beneficio y los costes de medidas razonables de rehabilitación.

2.4.2 El Protocolo de 2003 (Fondo complementario)

El objetivo del fondo establecido es complementar la indemnización disponible en virtud de los convenios de 1992 de responsabilidad civil y del fondo con un tercer nivel de indemnización adicional. Este protocolo es opcional, la participación está abierta a todos los estados partes en el Convenio del Fondo de 1992, y entró en vigor el 3 de marzo 2005. El monto total de la indemnización pagadera por cualquier siniestro se limita a un total combinado de 750 millones de DEG, incluido el importe de la indemnización pagada en virtud del CLC existente/Convenio del Fondo.

El fondo suplementario se aplicará a los daños en el territorio, incluido el mar territorial de un Estado contratante y en su zona económica exclusiva.

2.4.3 Otros convenios jurídicos: los convenios Bunkers y HNS

Los tradicionales esquemas de derecho uniforme sobre responsabilidad civil por daños de contaminación marina, integrados por los convenios CLC y Fondo,[3] han sido complementados con dos nuevos instrumentos, con éxito dispar: el Convenio Bunkers (2001)[4] y el Convenio HNS (96), carente este ultimo hasta el momento actual de ratificaciones.

---

[3] Los dos convenios (CLC-Fondo 92) están en vigor en España desde el 6 de julio de 1996.
[4] El Convenio Bunkers (2001) entró en vigor en el 21 de noviembre del 2008, una vez se había aceptado por 18 estados, cinco de ellos con al menos un millón de GT cada uno.

Ambos convenios participan de los principios y previsiones del modelo CLC-Fondo, por lo que el objeto del presente estudio, más allá de su carácter expositivo, intenta establecer los paralelismos y las singularidades de los nuevos instrumentos.

2.4.3.1 El Convenio Bunkers

La promulgación y entrada en vigor del Convenio Bunkers (2001) supone un hito fundamental en el régimen jurídico de protección del medio ambiente marino. La aplicación única y exclusiva del Convenio CLC 92, y anteriormente el CLC 69, a los buques tanque planteaba la inexistencia de una cobertura para los supuestos de contaminación por combustible de buques mercantes no incluibles en el concepto legal de buques tanque.[5] Tal insuficiencia ya fue planteada en los primeros trabajos preparatorios del Convenio CLC 69.

Por otra parte, la problemática de los derrames en las operaciones de aprovisionamiento de combustible de buques, resultan un supuesto frecuente en los puertos (cabe recordar los accidentes del *Sierra Navas* y del *New Flame* en las proximidades de Algeciras, en 2007). Tales antecedentes motivaron los trabajos preparatorios de la OMI, que culminaron en el nuevo instrumento jurídico desarrollado bajo los principios y las claves fundamentales del Convenio CLC 1992.

El 19 de febrero de 2008 se publicó en el BOE el instrumento de ratificación del Convenio internacional sobre responsabilidad civil nacida de daños debidos a contaminación por hidrocarburos para combustible de los buques (Bunkers 2001), de Londres de 23 de marzo de 2001.

Los aspectos esenciales del Convenio Bunkers 2001, que entró en vigor el 21 de noviembre de 2008, y sus diferencias más significativas con el Convenio CLC con los siguientes:

- *Objetivo.* El establecimiento de una cobertura indemnizatoria adecuada y eficaz por los daños debidos a la contaminación de hidrocarburos utilizados como combustible de los buques.

---

[5] La definición de buque petrolero que realiza el Convenio MARPOL (anexo I, regla I y II, no solamente incluye la idea de un buque tanque para el transporte de crudo o derivados, sino que en la definición incluye los buques OBO *(Ore Bulk Oil)*, los quimiqueros y los gaseros.

- *Ámbito de aplicación territorial.* Daños por contaminación ocasionados en el territorio de un Estado parte (incluido su mar territorial y su zona económica exclusiva (artículo 2 del convenio), incluyendo, en su caso, las medidas preventivas.

- *Ámbito de aplicación funcional.* La Convención no se aplica: *a)* a los buques de Estado ni *b)* en aquellos supuestos en los que resulte de aplicación el Convenio CLC 1992 (vertido de combustible desde buques tanque que transportan hidrocarburos).

- *Sujetos responsables. Responsabilidad objetiva y solidaria.* Se establece la responsabilidad objetiva del propietario del buque por los daños causados por contaminación y del coste de las medidas preventivas adoptadas para evitar tales daños (artículo 3). Para la Convención Bunkers 2001, el concepto de propietario no sólo abarca al propietario registral *(registered owner)*, sino también al arrendatario a casco desnudo *(bareboat charterer)*, al gestor naval *(manager)* y al armador *(operator)*; y todos ellos, de coexistir, serían solidariamente responsables de las indemnizaciones que se derivan de causar los daños a que se refiere la norma.

  Es esta una diferencia fundamental que se debe destacar. La responsabilidad por los daños afecta no sólo al propietario inscrito (como es el caso de los Convenios CLC y Fondo), sino que todas las empresas implicadas en la explotación del buque son solidariamente responsables de la compensación económica por los daños por contaminación causados por el combustible y también de las medidas preventivas, dondequiera que se tomen, para evitar o reducir al mínimo posible estos daños.

- *Exoneración de responsabilidad.* El propietario puede quedar exonerado de responsabilidad si acredita que los daños se debieron *a)* a acto de guerra o fenómeno natural extraordinario; *b)* a la acción intencionada de un tercero; *c)* a la negligencia de la autoridad responsable del mantenimiento de las luces y otras ayudas a la navegación. También podrá quedar exonerado total o parcialmente en aquellos supuestos en que el perjudicado, dolosa o negligentemente, causó o contribuyó a causar los daños.

- *Limitación de responsabilidad.* El propietario tendrá derecho a limitar su responsabilidad de conformidad con el régimen de limitación nacional o internacional que resultare aplicable (en España, el Protocolo de Londres de 1996).

- *Prescripción y competencia.* La acción de responsabilidad prescribirá por el transcurso de tres años a contar desde la producción del daño, extinguiéndose, en todo caso, a los seis años desde la fecha del suceso que ocasionó los daños. Resultan competentes para el conocimiento de las reclamaciones que se funden en las disposiciones del Convenio Bunkers 2001 los tribunales del Estado parte donde se hayan ocasionado los daños.

  Los daños han de haber sido causados por hidrocarburos (incluidos los lubricantes) utilizados para la propulsión del buque –por lo tanto, a bordo de sus tanques de combustible– o por aquellos que, encontrándose a bordo del buque, fueren a utilizarse para tal fin.

- Cobertura aseguraticia. En todo caso, es el propietario inscrito de un buque superior a mil toneladas de arqueo bruto sobre quien pesa la obligación de asegurar (o garantizar) las responsabilidades que derivan del Convenio Bunkers 2001. La cobertura debe extenderse hasta el importe hasta el cual pueda limitarse la responsabilidad conforme al Convenio de Londres de 1976 sobre Limitación de responsabilidad (denunciado por España con efectos desde el 1 de noviembre de 2007). Además de la obligación de aseguramiento que pesa sobre los propietarios registrales de los buques matriculados en un Estado parte, cada uno de estos debe exigir, conforme a su legislación nacional, esta misma garantía a los buques que entren o salgan de sus puertos, cualquiera que fuere su matrícula. Por otro lado, el perjudicado tendrá acción directa contra el asegurador (o garante) de esta responsabilidad.

2.4.3.2   El Convenio SNP o HNS 96

Sobre la base de los convenios CLC y Fondo, se aprobó por la OMI el 9 de mayo de 1996 el Convenio internacional sobre responsabilidad e indemnización de daños en relación con el transporte marítimo de sustancias nocivas y potencialmente peligrosas. La falta de ratificaciones (ninguna hasta el momento actual) plantea la duda razonable de su entrada en vigor en un futuro próximo. Las particularidades de dicho instrumento radican en su aplicación a las sustancias incluidas en su artículo 1.5, y en el límite de responsabilidad del propietario, de diez millones de DEG para buques de hasta 2000 toneladas. Con un incremento progresivo por cada tonelada adicional hasta un máximo de cien millones. El resto de aspectos (responsabilidad, cobertura aseguraticia, etc.) están tomados del CLC-Fondo y resultan totalmente análogos.

2.4.4 Los daños de polución en los contratos de salvamento y coberturas aseguraticias

Desde la disciplina jurídica privada, los nuevos contratos de salvamento (Lloyd's Open Form o LOF), en sus ediciones de 1990, 1995, 2011) han contemplado los gastos medioambientales. El Convenio de salvamento de 1989 adaptó el concepto de *safety net* (como excepción al principio general de *no cure, no pay*, esto es: sin resultado útil en el salvamento, no hay premio) de los LOF. El salvador será recompensado por su pericia y esfuerzos en prevenir o aminorar el daño ambiental, y la recompensa no se limita a los petroleros cargados (artículos 1.b, 1.d y 13). El artículo 14 prevé como *safety net* los gastos del salvador más un incremento de hasta el 30 % de sus gastos, en el intento de salvamento de buques tanque, aunque finalmente no se produzca resultado útil. Siendo dichos gastos por cuenta de la naviera.

Por otro lado, los P&I crearon en 1999 un esquema especial denominado cláusula Scopic con la finalidad de compensar la liquidación del *safety net* del artículo 14 del convenio de salvamento y de los LOF. Igualmente, las nuevas cláusulas del Instituto de Aseguradores de Londres para cascos (HULLS), en su edición de 1995, han contemplado los daños por polución y gastos de prevención, limpieza, etc. Así, cabe destacar las cláusulas 7 y 10.6.

La primera, la Cláusula 7, cubre la pérdida o daño al buque causados por decisión de una autoridad gubernativa, con el fin de evitar o reducir un peligro o amenaza de contaminación o daño al medio ambiente que provenga, directamente, de un daño al buque del que los aseguradores deban responder. Ello a tenor de los términos de este contrato de seguro, pero siempre que la citada actuación de la autoridad no haya tenido como origen la falta de la debida diligencia del asegurado, armadores o gerentes del buque, en evitar o reducir tal peligro o amenaza.

Por su parte, la Cláusula 10.6 contempla el supuesto, en el salvamento, de la remuneración de los salvadores cuando hayan actuado con diligencia y riesgo en la prevención de daños medioambientales definidos de acuerdo con el artículo 13.1.b. de la Convención internacional de salvamento de 1989.

2.5 Contaminación ocasionada por hidrocarburos

Las Reglas para prevenir la contaminación por hidrocarburos son el objeto del primer anexo I del Convenio MARPOL, que juntamente con el anexo II (sustancias químicas), resultan de carácter obligatorio: la ratificación por un Estado del Convenio MARPOL implica obligatoriamente ambos anexos I y II, el resto de anexos son facultativos (III, IV, V, y VI). Esto es, cada Estado puede incorporarlos o no a su derecho nacional, potestativamente.

Se podría decir que la piedra angular del MARPOL es el buque petrolero. No obstante, por buque petrolero no se entiende únicamente el barco que transporta petróleo y el convenio amplía la definición. No solamente incluye la de un buque tanque para el transporte de crudo *(oil tanker)* o derivados, sino que en la definición incluye los buque OBO *(ore bulk oil)* o buques de carga combinada, y los buques quimiqueros *(chemical tanker)* y gaseros *(gas carrier)*.

Según la regla 1, todos los buques a los que es de aplicación el convenio se pueden dividir en dos grandes grupos: los buques nuevos o los buques existentes.

Por buque nuevo se entiende (regla 1, apartado 6):

- Buque cuyo contrato de construcción se formalizó después del 31 de diciembre de 1975.
- Haber colocado la quilla del buque o que esté en dicha fase después del 30 de junio de 1976.
- Buque cuya entrega se realice después del 31 de diciembre de1979.
- Buque que haya sido objeto de una transformación importante.[6]

Por lo tanto, todos los demás buques que no cumplen los apartados anteriores se consideran como buques existentes (regla 1, apartado 7).

Pero la gran diferencia del MARPOL respecto a los anteriores convenios fue la introducción en los buques de los tanques de lastre separado, a diferencia de los buques *no Marpol,* cuyos tanques de lastre eran utilizados también como tanques de carga. Dado que con la vigencia del MARPOL, todavía puede haber excepcionalmente buques que no disponen de dichos tanques de lastre separado, se autoriza a que dichos buques naveguen siempre y cuando la cantidad de lastre limpio no pueda ser perjudicial para el mar. Por lo tanto, se considera lastre limpio aquella agua de mar que, proveniente de un tanque en el cual ha existido carga de hidrocarburos, al ser descargada no produce rastros visibles en la superficie del agua cuando esté en calma y limpia. Los estados que disponen de más medios, están provistos de estaciones que controlan y vigilan dichas descargas a la vez que obtienen una muestra del contenido

---

[6] Por transformación importante se entiende toda transformación de un buque existente que altere sus dimensiones o su capacidad de transporte, o que cambie el tipo de buque, o aquellos cambios que son tan importantes que pasa de ser un buque existente a un buque nuevo, o aquellas transformaciones que se realicen para alargar la vida operativa del buque, etc.

líquido que queda en el tanque de lastre. Pues aun cuando en el mar dicha descarga pudiera ocasionar rastros visibles de hidrocarburos en la superficie, si la cantidad de hidrocarburos no excede de 15 partes por millón, el lastre se considera limpio.

En ningún caso se deberán de utilizar los tanques de carga para operaciones de lastrado. Esto es lo que supone la norma general. Ahora bien, se puede dar el caso, que en condiciones meteorológicas adversas que pudieran comprometer la seguridad del barco durante la navegación, no se tenga otro remedio que ganar estabilidad utilizando los tanques de carga para lastre.

Para estos buques, el tamaño de dichos tanques de lastre ha de ser el suficiente para mantener las condiciones más favorables y no poner en peligro la seguridad de la navegación, sin necesidad de utilizar los tanques de carga para realizar las operaciones de lastrado.

Para evitar en lo posible las descargas en caso de varadas o abordajes, una de las medidas que se adoptaron en el anexo I fue la colocación de tanques de lastre o espacios que no sean de carga o de *fuel-oil*, alrededor de los tanques de carga. Dichos tanques pueden ser laterales, dispuestos en toda la altura del costado del buque, o bien situados en el fondo del mismo, denominados tanques de doble fondo. Estas disposiciones son de aplicación a aquellos buques petrolero de peso muerto igual o superior a 5.000 toneladas cuyo contrato de construcción haya sido posterior al 6 de julio de 1993. Es de suma importancia esta regla, puesto que obliga a los buques petrolero cuya construcción sea posterior a dicha fecha a llevar doble casco, lo que motivó una reducción sustancial de la flota mundial de petroleros monocasco.

En cualquier caso, el Convenio MARPOL expone en el anexo I, regla 9 (Control de descarga de hidrocarburos, apartado 1), que está totalmente prohibida la descarga de hidrocarburos o de mezclas oleosas al mar desde los buques. No obstante, existe una serie de excepciones a dicho argumento (véase la tabla 9.3), ya que para el convenio existen dos tipos de buques solamente: los buques petroleros y los no petroleros.

Se puede comprobar, que están permitidas las descargas si el buque navega fuera de una zona especial. Salvo la navegación por la zona especial del Antártico, en la cual está prohibida cualquier descarga desde cualquier tipo de buque.

No obstante, cabe la posibilidad de que aun existiendo una descarga de consecuencias negativas para el medio marino, no se considere una infracción del convenio.[7] Estos casos son aquellos en que de no haber realizado dicha descarga, se hubiera puesto en peligro la vida de las personas, supuesto al que alude el concepto jurídico de «estado de necesidad» y donde el bien jurídico protegido (la vida humana) resulta más valioso que el medio ambiente.

....

[7] Anexo I, capítulo II, regla 9.

Excepciones en la prohibición de las descargas al mar		
Buques petroleros	**Buques no petroleros** **Arqueo bruto ≥ 400 t**	**Buques no petroleros** **Arqueo bruto < 400 t**
Que esté fuera de una zona especial	Que esté fuera de una zona especial	Que esté fuera de una zona especial, siendo la administración la que vigilará que dichos barcos estén equipados con instalaciones de retención de residuos de hidrocarburos
Que esté a más de 50 millas náuticas de la tierra más próxima	Que esté en ruta	
Que esté en ruta	Que no se exceda de 15 partes por millón	
Régimen de descarga de hidrocarburos[7] ≤ 30 litros por milla náutica	Que el buque disponga de un sistema de vigilancia y control de descargas y un equipo filtrador de hidrocarburos[8]	
La cantidad total de hidrocarburos descargados en el mar no puede exceder de: – 1/15000 del total de la carga para petroleros existentes, y – 1/30000 en caso de petroleros nuevos		
Que el petrolero disponga de un sistema de vigilancia y control de descargas de hidrocarburos		

Tabla 9.3. Excepciones a la prohibición de vertido de hidrocarburos al mar (regla 9 del anexo I del Convenio MARPOL, Control de descarga de hidrocarburos).

---

[8] Por régimen instantáneo de descarga de hidrocarburos, se entiende el resultante de dividir el caudal de descarga de hidrocarburos en litros por hora, en cualquier instante, por la velocidad del buque en nudos y en el mismo instante.

[9] Regla 16 del capítulo I, anexo I del Convenio MARPOL.

2.5.1 Certificados, reconocimiento e inspecciones[10]

El Convenio MARPOL hace referencia a la posesión por parte de los buques de un Certificado internacional de prevención de la contaminación por hidrocarburos (IOPP). La vigencia de dicho certificado nunca excederá los cinco años. Para su correcta verificación, se someterá a una serie de reconocimientos e inspecciones a todos los buques petroleros cuyo arqueo bruto sea igual o superior a 150 toneladas o de cualquier otro buque cuyo arqueo bruto sea igual o superior a 400 toneladas. La primera de las inspecciones se realizará antes de que el buque entre en servicio o bien antes de la expedición del certificado IOPP. Periódicamente, la administración efectuará revisiones en intervalos nunca superiores a cinco años. Con ello, se dota a la Administración de la posibilidad de efectuar anualmente o semestralmente inspecciones al buque en cuestiones referentes a la prevención de la contaminación. Estas inspecciones, que quizás hasta la fecha no se venían realizando de forma eficiente, vuelven a tomar impulso con motivo de una de las medidas adoptadas en el paquete Erika I.

Para ello, dichas inspecciones las realizan inspectores nombrados por la Administración. Esto se contempla en la Directiva 2001/106/CE del Parlamento Europeo y del Consejo, de 19 de diciembre de 2001 sobre el cumplimiento de las normas internacionales de seguridad marítima y prevención de la contaminación. Con esta directiva se pretende incrementar de forma sustancial las inspecciones de los buques en los tanques de lastre especialmente. En función de la edad del buque, dichas inspecciones serán realizadas en intervalos más cortos que para buques relativamente nuevos. En materia de inspecciones, nos remitimos al capítulo 4 de este libro.

2.5.2 Instalaciones y servicios de recepción[11]

La adopción de este convenio implica, entre otras cuestiones, que los puertos de los estados contratantes dispongan de estaciones de descarga de hidrocarburos y de mezclas oleosas, aunque no sean provenientes de espacios de carga. Por lo tanto, como norma general, los puertos en donde se realizan cargas de crudo deben disponer de dichas instalaciones. Pero esta regla no afecta solamente a puertos destinados a la carga de crudo, sino que también se aplica a los astilleros. Esto es debido a que

---

[10] Anexo I, capítulo I, reglas 4 y 5.
[11] Anexo I, capítulo II, regla 12.

en dichas instalaciones se realizan reparaciones de espacios o tanques de carga, o servicios de limpieza de tanques.

2.5.3 *Retención de los hidrocarburos a bordo[12]*

A lo largo de este apartado, se ha expuesto que los buques dispongan de un sistema de retención de los hidrocarburos a bordo, en especial los buques petroleros de arqueo bruto igual o superior a 150 toneladas. Se hace referencia a disponer de un sistema de lavado de tanques de carga, siempre que esté aprobado por la Administración del Estado del pabellón del buque. También exige que este tenga un tanque de decantación donde van a ir a parar las aguas utilizadas en la limpieza de los tanques de carga. Desde este tanque, cuando sea posible conectar una línea a tierra o a un buque dedicado para ese fin, se realizará el vaciado del tanque de decantación. Para buques que frecuenten puertos españoles, existe una bonificación del 2 % sobre las tarifas portuarias si se presenta factura de haber utilizado un sistema de recogida de residuos MARPOL. Por último, cabe señalar la obligación de instalar un dispositivo de vigilancia y control de descargas de hidrocarburos.

Los tanques de decantación han de tener una capacidad mayor del 3 % de la capacidad de transporte de hidrocarburos o, en casos excepcionales, este porcentaje se puede rebajar al 1 %.[13]

Es de vital importancia destacar que los buques han de llevar un dispositivo eficaz para tener en todo momento, desde el propio barco, el control de la descarga de los hidrocarburos. Para ello, se tiene que disponer de un contador que de forma continua muestre el total de litros por milla marina descargados. Además, es obligado que dicho sistema, aprobado por la Administración, registre también la fecha y hora en que se ha realizado la descarga y guarde estos datos durante un periodo de tres años. Ello implica un control muy eficaz de las descargas realizadas a bordo de los buques. Al ser un dispositivo automático, se pone en funcionamiento en el momento en que detecte una descarga y disminuye la posibilidad de no reflejar la veracidad de la misma. Para evitar que en caso de estropearse dicho sistema, no se pudiera tener un control de las descargas realizadas, la administración obliga a disponer de otro manual.

La propia regla deja claro una posible inmovilización del buque por parte de la autoridad del puerto si este sistema automático de control de descargas no

---

[12] Anexo I, capítulo II, regla 15.
[13] Anexo I, capítulo II, regla 15, apartado 2) c) i) - ii) - iii).

funciona. Como mucho, puede permitir el viaje si el destino no es otro que un astillero para proceder a su reparación. Por lo tanto, se comprueba una vez más que los buques no adaptados pueden tener problemas a la hora de recalar en algunos puertos. No obstante, existen una serie de excepciones a lo dicho, pudiendo autorizar la Administración que el buque siga navegando (anexo I, capítulo II, regla 15, apartado 3).

2.5.4 Libro registro de hidrocarburos[14]

Su simplicidad es absoluta ya que se trata solamente de un documento en forma de cuaderno, donde hay que anotar cualquier descarga que se realice desde el barco. Incluye las propias operaciones de lastrado de tanques de carga, la descarga de lastre (si no se dispone de tanques de lastre separado), la carga o descarga de residuos de hidrocarburos, e incluso la anotación del cierre de las válvulas después de las descargas. Se guardará en un lugar adecuado para facilitar su inspección en cualquier momento razonable y permanecerá siempre a bordo. Se conservará durante tres años después de haberse efectuado el último asiento. Toda copia que haya sido certificada por el capitán del buque como copia fiel de algún asiento efectuado en el libro registro de hidrocarburos, será admisible en procedimientos judiciales como prueba de los hechos declarados en el mismo.

Dicho libro consta de dos partes: operaciones en espacios de máquinas y operaciones de carga y lastrado, para petroleros (tal como entiende el convenio el buque petrolero) de arqueo bruto superior a 150 toneladas.

2.5.5 El doble casco[15]

Los accidentes del *Erika* y del *Prestige* aceleraron la retirada de los petroleros monocasco. La Comisión y el Parlamento Europeo adoptaron medidas al respecto en abril del 2002, y la OMI (MEPC) aprobó las enmiendas de la regla 13G del anexo I del Convenio MARPOL, que entraron en vigor a finales 2002.

---

[14] Anexo I, capítulo II, regla 20.

[15] Sobre la cuestión y de manera mucho más exhaustiva véase Rodrigo De Larrucea, J. en «Seguridad marítima en buques tanques petroleros y esquemas legales de seguridad marítima», Repertorio OAI UPCommons (http://hdl.handle.net/2117/3020 http://hdl.handle.net/2117/13907).

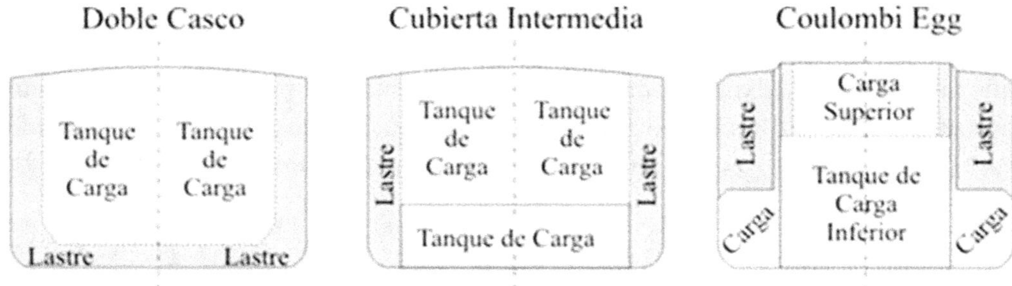

Figura 9.4. Secciones de buque monocasco, doble casco y prototipo Coulombi Egg.

Cabe destacar que la regla 13G adelantaba la prohibición de utilizar petroleros de casco sencillo desde el 1 de julio de 2026 hasta el 31 de diciembre de 2010, con variaciones que permitían a muchos buques seguir operando hasta el 31 de diciembre de 2015 o incluso en algunos casos de 2017.

Dicha prohibición se extiende a petroleros >5000 DWT, coloca en la misma categoría al fuel y lubricantes, acelera la retirada de los monocasco y establece inspecciones especiales y más exhaustivas como la *Condition Assessment Scheme* o CAS.[16]

Entre sus objetivos, esta regla (ahora regla 20 MARPOL), se debe mencionar:

– Evita la proliferación de regímenes normativos regionales.
– Se alcanza la convergencia casi total con la OPA 90 para el 31 de diciembre de 2016 y una convergencia mayoritaria y creciente a partir del 2010.[17]
– Se eliminan totalmente los petroleros de la categoría 1 (de crudo, mayores de 20.000 TPM, y de productos, mayores de 30.000 TPM que no tengan SBT/PL) antes del 2005, aunque si superan el CAS se les permite seguir operando tres años más.
– Se eliminan formalmente los petroleros de la categoría 2 (de crudo, mayores de 20.000 TPM, y de productos, mayores de 30.000 TPM que sí tengan SBT/PL) antes del 2010, aunque si superan el CAS se les permite seguir operando seis u ocho años más.

---

[16] Inspección estructural para petroleros de más de quince años. Dicha inspección, de gran rigor, incide en la fatiga estructural y está inspirada en las inspecciones y prácticas de las sociedades de clasificación.
[17] *Oil Pollution Act 1990,* ley promulgada por EEUU tras el desastre del *Exxon Valdez* en las costas de Alaska.

— Se asumen las peticiones de los países en desarrollo, permitiendo la operación de algunos petroleros sin doble casco hasta finales de 2017, aunque sin libertad de tráfico global.
— Se asume la petición de las navieras de no ligar estrictamente la eliminación de un buque a su edad, ya que el esquema del CAS permite prolongar la vida de aquellos que se encuentren en mejores condiciones.
— Se han evitado picos excesivos y tempranos de eliminación de buques que pudieran tener como resultado el desabastecimiento transitorio de petróleo o sobrecargar la capacidad de los astilleros para reponer la flota que se deba sustituir.

La International Association of Classification Societies, Ltd. (IACS), por su parte, publicó el 1 de enero de 2006 las Common Structural Rules for Oil Tankers, que entraron en vigor el 1 de abril de ese año, donde se establecen diferentes procedimientos y requerimientos generales que tienen que aplicar las empresas de clasificación asociadas al realizar las inspecciones. Se fijan aspectos técnicos sobre los elementos estructurales, así como diferentes elementos del equipo e instalaciones a bordo. Se estableció un nuevo diseño estructural que se ha de seguir para dotar de mayor solidez estructural al buque petrolero.

3   Contaminación ocasionada por el transporte de productos químicos

El transporte de productos químicos, regulado en el anexo II del Convenio MARPOL, Reglas para prevenir la contaminación por sustancias nocivas líquidas transportadas a granel, no puede tratarse de igual manera que el transporte de hidrocarburos, debido a su inestabilidad y a las reacciones que provocan entre sí, con el agua o con la atmósfera. Debido a esto, se exige seguir unas pautas especiales para prevenir su vertido al mar.

El problema, además del desconocimiento en cuanto a las propiedades, reside en la diversidad de nomenclaturas y códigos empleados en los diferentes convenios de transporte marítimo, terrestre y aéreo.[18]

El objetivo fundamental de este convenio fue disminuir el vertido de residuos al mar incorporando normas operacionales a bordo y normas de equipamiento que

---

[18] Tan sólo se han investigado un 1% de las cien mil sustancias químicas potencialmente nocivas más comunes, aunque existen diversos centros de información, como son: Chemdata, sist. Circus (Cuerpo de bomberos de Londres, Environmental Chemicals Data and Information Network [CE]).

garantizan la descarga y la limpieza de los tanques, creándose criterios para evacuar residuos en instalaciones en tierra o en el mar.

Uno de los principales inconvenientes al entrar en vigor el mencionado anexo II, el 6 de abril de 1987, fue el requerimiento de instalaciones receptoras de residuos, tanto por las fuertes inversiones que suponían como por los países que no ratificaron el convenio, poniendo en dificultad el cumplimiento de las obligaciones de los buques quimiqueros.

Actualmente, la problemática reside en la eficacia del control operativo en las operaciones de carga y descarga, el lavado de tanques y la evacuación de residuos a instalaciones receptoras.

Este anexo II consta de quince reglas y cinco apéndices, donde se describe el comportamiento que se ha de seguir al manipular sustancias nocivas a granel, empezando por definir algunos conceptos, como sustancia nociva, zonas especiales, buque nuevo, etc.

Limita su ámbito de aplicación, obligado para buques nuevos construidos después del 1 de julio de 1986 (el CIQ [Código internacional de químiqueros] con fecha del 17 de julio de 1983 [IMO - 103S]) y los buques construidos con anterioridad a dicha fecha deberán cumplir el CGrQ (Código de graneleros químicos 1971, modificado para el MARPOL el 6 de abril de 1987 (IMO-774S).

También ofrece una clasificación en categorías y lista de sustancias líquidas, que van desde la categoría A a la D, según el factor contaminante que contengan.

En la regla 5 encontramos las limitaciones para la descarga de sustancias nocivas, en zonas especiales y en cualquier otra zona. Se prohíbe la descarga en el mar, así como aguas de lastre y de lavados de tanque u otros residuos o mezclas que contengan tales sustancias nocivas. Si los tanques han de ser lavados, los residuos se almacenarán en una instalación receptora hasta que la concentración sea:

- Para sustancias de tipo A: < o = 0.1 % en peso (0.01 si es fósforo amarillo).
- Para sustancias de tipo B: < 1/1000000 en la porción de la estela del buque inmediata a popa.
- Para sustancias de tipo C: < 10 partes por millón en la porción de estela.
- Para sustancias de tipo D: < 1 parte de sustancia/10 partes de agua.

Está prohibida toda descarga de una sustancia no incluida en ninguna categoría, y en cuanto a las descargas de sustancias autorizadas, establece que se podrá descargar al mar si:

- Se navega a > 7 nudos con propulsión propia o 4 nudos (buque sin propulsión propia).

– Se descarga por debajo de la línea de flotación.
– Se descarga a > 12 millas de la costa y > 25 m de profundidad.

Podrán utilizarse medios de ventilación aprobados por la Administración. El agua que se introduzca ulteriormente en los tanques, se considerará agua limpia.

En las zonas especiales, las concentraciones antes de poder descargar al mar serán diferentes:

– Tipo A: [ ] < 0.05 % peso (0.005 % si es fósforo amarillo).
– Tipo B: [ ] < 1/1000000 en la porción de la estela inmediata a popa.
– Tipo C: [ ] < 1/1000000 en la porción de la estela inmediata a popa.

La misma regla, pero en su apartado 5 A, se refiere a los medios de bombeo, trasiegos por tuberías y medios para desembarcar la carga. Indica que para buques nuevos (posteriores al 1 de julio de 1986) y con sustancias de tipo B, cuando se efectúe el bombeo, las tuberías no retendrán más de 0.1 m^3, y no más de 0.3 m^3 si son sustancias de tipo C. Para buques viejos y con sustancias de tipo B, las tuberías no podrán retener más de 1 m^3 o 1/3000 de la capacidad del tanque, y para sustancias de tipo C las cantidades límite serán de 3 m^3 o 1/1000 de la capacidad del tanque.

Están exentos de cumplir esta regla aquellos casos necesarios para proteger la seguridad del buque, si es como resultado de una avería o si es para paliar o combatir casos concretos de contaminación.

Los puertos de estados partes en el convenio, tendrán que equipar sus puertos con instalaciones receptoras adecuadas. Del mismo modo, los estados parte designarán sus inspectores, siendo únicamente los puertos receptores los que podrán conceder exenciones.

Todo buque al que sea aplicable esta regla estará provisto de un libro de registro de carga, en el cual se harán los asientos pertinentes, tanque a tanque, cada vez que se realice un embarque de carga, trasvase, limpieza de tanques, eliminación de residuos al mar, etc. Este libro siempre tendrá que estar a bordo, y se conservará durante tres años después de la última anotación efectuada en él.

La regla 10 del convenio especifica los reconocimientos que tendrá que efectuar todo buque bajo lo expuesto en este anexo.

– Reconocimiento inicial completo.
– Reconocimientos periódicos completos (<cinco años).
– Reconocimiento intermedio, durante el periodo de validez del certificado donde se supervisarán equipo, sistema de bombas y tuberías.
– Reconocimiento anual completo.

Tras un reconocimiento, la Administración pertinente expedirá al buque un reconocimiento internacional de prevención, que estará vigente por el tiempo que crea la Administración inspectora, pero nunca por un periodo superior a cinco años, y perderá su validez si el buque realiza alteraciones importantes en su equipo, estructura, etc.

4 Contaminación ocasionada por el transporte de sustancias perjudiciales en bultos

Se definen como sustancias perjudiciales las consideradas como contaminantes del mar en el Código marítimo internacional de mercancías peligrosas, conocido por las siglas IMDG (*International Maritime Dangerous Goods*),[19] el cual constituye la base del anexo III del Convenio MARPOL, Reglas para prevenir la contaminación por sustancias perjudiciales transportadas por mar en bultos.

Los estados parte establecerán las prescripciones relativas a los embalajes o envases, el marcado, el etiquetado, la documentación, etc., de manera que los bultos sean idóneos para que, en función de su contenido, sea mínimo el riesgo de dañar el medio marino. De igual manera, el etiquetado será duradero (resistirá más de tres meses de inmersión en el mar) y llevará marcado el nombre técnico y el número IMDG. El Código IMDG fue publicado por primera vez en 1965, sobre la base del «transporte de mercancías peligrosas en barcos» de Reino Unido, Lo que se conocía como Libro Azul. A lo largo de su historia, se ha ido modificando con el método de las enmiendas tácitas hasta llegar al año 2000, cuando el código fue revisado completamente y se publicó de nuevo ya bajo nombre de IMDG.

4.1 *Estructura del Código IMDG*

La estructura de este código es similar a la del RID[20] o el ADR,[21] organizada en la manera que se describe en la tabla.

---

[19] Aprobado por la OMI en la Resolución A.716 (17).

[20] Siglas de Règlement International sur les déchets Dangereux, el Anexo I sobre el transporte internacional por ferrocarril de mercancías peligrosas que se encuentra en el COTIF (Convenio sobre el Transporte Internacional por Ferrocarril).

[21] Siglas de Articles Dangereux de Route, correspondientes al Convenio Internacional sobre el Transporte de Mercancías Peligrosas por Carretera. Señala las mercancías consideradas especialmente peligrosas y aquellas que, aun siéndolo, pueden transportarse si se tienen en cuenta las indicaciones de los anexos del convenio.

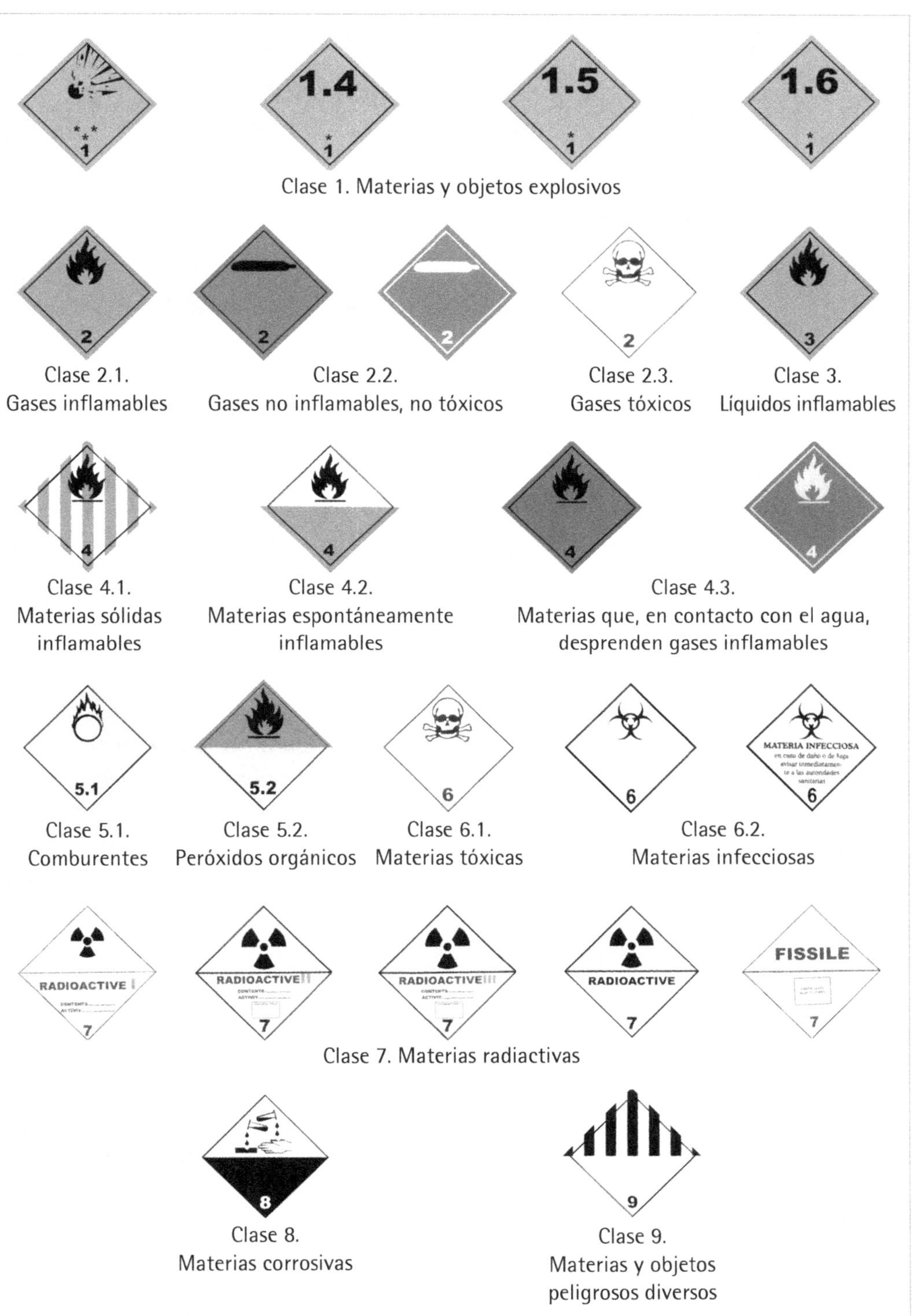

Figura 9.5. Pictogramas identificativos de sustancias contaminantes incluidas en el Código IMDG.

Volumen	Parte	Descripción
1	1	General: aplicabilidad, mercancías prohibidas, excepciones, definición y formación
1	2	Clasificación de las mercancías peligrosas
2	3	Lista de mercancías peligrosas, disposiciones especiales y cantidades limitadas
1	4	Embalaje y disposiciones de las cisternas y RIG: embalaje de sustancias individuales
1	5	Procedimientos de consigna: marcado, etiquetado y documentación
1	6	Diseño y ensayo de los embalajes y cisternas, así como las pruebas que deben superar
1	7	Operaciones de transporte: principales responsabilidades de expedición

Tabla 9.4. Contenido y estructura del Código IMDG.

En el volumen 2 se encuentran los apéndices del código, el A, relativo a la lista de nombres de expedición genéricos y de designaciones correspondientes a grupos de sustancias y objetos no especificados en otra parte (NEP), y el apéndice B, conteniendo la lista de definiciones.

El código también contiene una serie de suplementos que pueden ser de gran utilidad para profesionales de empresas usuarias y cargadoras y para docentes:

- Procedimientos de intervención de emergencia para buques que transportan mercancías peligrosas.
- Guía de primeros auxilios para utilizar en casos de accidentes relacionados con mercancías peligrosas.
- Procedimientos de notificación.
- Directivas sobre la arrumazón de la carga en unidades de transporte.
- Recomendaciones sobre la utilización sin riesgos de plaguicidas en los buques.
- Recomendaciones sobre la utilización sin riesgos de plaguicidas en los buques aplicables a la fumigación de las bodegas de carga.
- Recomendaciones sobre la utilización sin riesgos de plaguicidas en los buques aplicables a la fumigación de las unidades de transporte.
- Código internacional para la seguridad del transporte de combustible nuclear irradiado, plutonio y desechos de alta actividad en bultos a bordo de los buques (Código CNI).
- Apéndice: resoluciones y circulares mencionadas en el Código IMDG y sus suplementos.

En los documentos relacionados con el transporte marítimo que contengan sustancias perjudiciales, deberán constar los nombres de dichas sustancias , añadiendo la expresión «contaminante del mar», además de certificar el correcto estado de los bultos y su etiquetado.

Por su parte, el buque llevará una lista del emplazamiento a bordo de las sustancias perjudiciales. Si llevase una lista o plano detallado de estiba de acuerdo con lo prescrito para el transporte de mercancías peligrosas en el Convenio SOLAS, podría combinarse con los anteriormente citados, distinguiendo claramente entre mercancías peligrosas y sustancias perjudiciales a efectos de este anexo.

Las sustancias perjudiciales deberán ir adecuadamente estibadas y sujetas. Las limitaciones irán en concordancia con las dimensiones y el equipo del buque, al igual que con el tipo de bulto y sustancia transportada.

5 Contaminación por las aguas sucias de los buques

El reglamento para la prevención de la contaminación por aguas residuales se recoge en el anexo IV del Convenio MARPOL, Reglas para prevenir la contaminación por las aguas sucias de los buques.

La descarga de aguas negras al mar puede crear un peligro para la salud de las personas y provocar la reducción de los niveles de oxígeno en el agua, lo que a su vez puede ser causa de mortandad de la fauna marina.

Las principales fuentes de aguas residuales provienen de tierra, como alcantarillas municipales o plantas de tratamiento. Sin embargo, la descarga de aguas residuales al mar desde buques también contribuye a la contaminación marina.

Este anexo IV contiene un conjunto de normas relativas a la descarga de aguas residuales de los buques al mar, incluidos los reglamentos relativos a los equipos y sistemas de los barcos para el control de dichas descargas, las instalaciones receptoras portuarias de aguas residuales, y los requisitos para el reconocimiento y la certificación.

En general, se considera que en alta mar los océanos son capaces de asimilar y hacer frente a las aguas residuales a través de la acción bacteriana natural. Por lo tanto, las reglas del anexo IV prohíben el vertido de aguas residuales al mar dentro de una distancia determinada de la tierra más próxima, salvo disposición de lo contrario. Es en zonas portuarias donde los gobiernos deben garantizar la provisión de instalaciones de recepción adecuadas para la recepción de aguas sucias, sin causar demoras a los buques.

La versión revisada del anexo se aplica a los buques nuevos que realicen viajes internacionales de arqueo bruto igual o superior a 400 toneladas o que están autorizados para transportar más de quince personas. El anexo exige que los buques estén equipados con una planta de tratamiento aprobada, o un sistema aprobado de trituración de aguas residuales y sistema de desinfección, o un tanque de retención de aguas residuales.

La descarga de aguas residuales al mar está prohibida, salvo cuando el buque tenga en funcionamiento una planta de tratamiento de aguas residuales aprobada o cuando el buque esté descargando aguas residuales tratadas y desinfectadas mediante un sistema aprobado a una distancia de más de tres millas náuticas de la tierra más próxima. Las aguas residuales que no se trituran o desinfectan pueden ser descargadas a una distancia de más de doce millas marinas de la tierra más próxima, y la velocidad de descarga de aguas residuales sin tratar será aprobada por la Administración.

Actualmente, la zona del mar Báltico ha endurecido los requisitos para la descarga al mar de este tipo de aguas. El vertido de aguas residuales procedentes de los buques de pasajeros dentro de las zonas especiales será generalmente prohibido por la nueva normativa, salvo cuando el buque tenga en funcionamiento una planta autorizada de tratamiento de aguas que esté certificada por la Administración. La planta de tratamiento de aguas residuales instalada en un buque de pasaje destinada a descargar efluentes de aguas residuales en zonas especiales, debe cumplir también la norma de eliminación de nitrógeno y fósforo en las pruebas para su certificado de homologación.

6   Contaminación por las basuras de los buques

El anexo V del Convenio MARPOL es aplicable a todos los buques. En el presente anexo se prohíbe echar al mar, ya sea desde buques o plataformas fijas, materiales plásticos, cabuyería y restos de redes de materiales sintéticos, al igual que se prohíbe echar tablas, forros de estiba o materiales que puedan flotar a menos de 25 millas de la costa. También se prohíbe el vertido de comida y basuras a menos de 12 millas, siendo 3 millas si los restos se encuentran desmenuzados o triturados y pasan por mallas de 25 milímetros de diámetro.

Los gobiernos de las partes contratantes se comprometen a tener instalaciones receptoras de basuras adecuadas en sus puertos. También deberán disponer de inspectores autorizados que realicen inspecciones si se sospecha que el capitán y la tripulación no están familiarizados con esta cuestión.[22]

En los buques de más de doce metros de eslora se colocarán rótulos con las prescripciones sobre eliminación de basuras. Los buques con más de 400 TRB o que

[22] Procedimientos para la supervisión por el Estado rector del puerto aprobados por la OMI, mediante A.787 (19) (publicada IMO-650 E).

transporten a más de quince pasajeros deberán tener un plan de gestión de basuras que se ha de cumplir por la tripulación, con procedimientos para la recogida, el almacenamiento, el tratamiento y la evacuación.

Los buques de más de 400 TRB que toquen puertos de estados no contratantes, llevarán un libro de registro de basuras donde se anotará todas las descargas u operaciones de incineración producidas. Este libro siempre estará a bordo, y se conservará durante dos años después de la última anotación en él.

La administración podrá eximir las prescripciones del libro a buques que viajen menos de una hora y transporten menos de quince pasajeros, o a plataformas de investigación del fondo marino.

7 Contaminación atmosférica

La OMI ha ido estrechando progresivamente el cerco a la permisividad de emisiones por parte de los buques mercantes mediante el anexo VI del MARPOL. Se han aprobado reglas para limitar las emisiones de NOx, SOx, y para la mejora de la eficiencia energética de los buques que permita reducir las de CO_2.

El transporte marítimo, en comparación con otros modos de transporte, es el que menos emisiones genera en relación a la cantidad de carga transportada, pero ello no es motivo para no tratar de reducirlas.

Analizando cada caso en particular, la flota mundial genera un 21 % de las emisiones de SOx, un 19 % de las de NOx, un 12 % de partículas volátiles, y alrededor de un 3 % de CO_2. Y dentro de estos datos a gran escala, se pueden diferenciar según el tipo de buque (véase la tabla 9.5)

7.1 Óxidos de azufre (SOx)

Se trata de un grupo de gases compuestos por trióxido de azufre (SO_3) y dióxido de azufre (SO_2). Siendo el más común el SO_2, ya que el SO_3 es sólo un intermediario en la formación del ácido sulfúrico (H_2SO_4).

En su conjunto, más de la mitad de las emisiones de óxidos de azufre que llegan a la atmósfera se producen por actividades humanas, sobre todo por la combustión de carbón y petróleo.

En la naturaleza, el dióxido de azufre se encuentra sobre todo en las proximidades de los volcanes y las erupciones pueden liberar cantidades importantes.

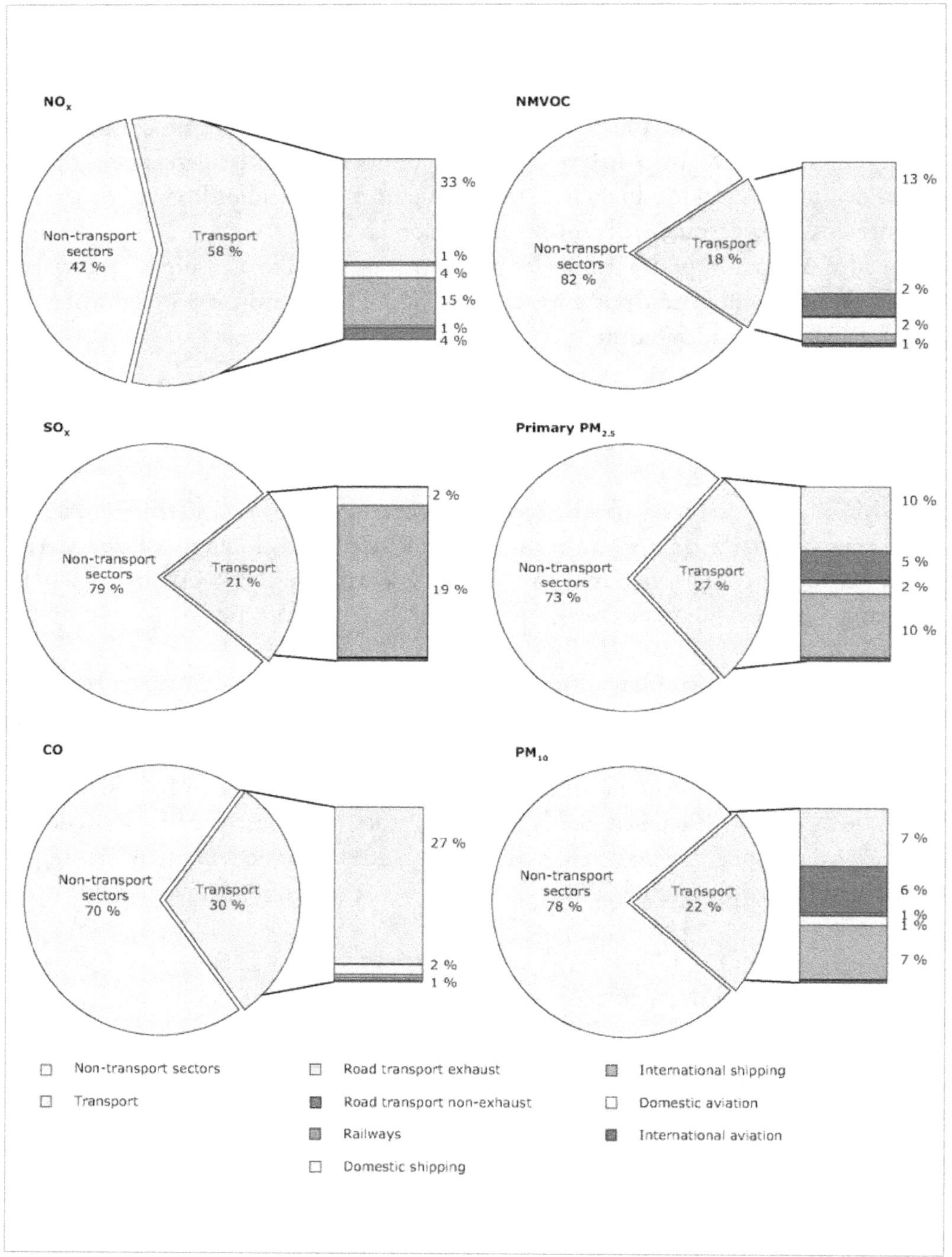

Figura 9.6. Distribución de la procedencia de emisiones contaminantes a la atmósfera (fuente: Agencia Europea de Medio Ambiente, EEA).

Tipo de buque	NO_x (Mton)	CO (Mton)	NMVOC (Mton)	SO_2 (Mton)	CO_2 (Mton)
Buque tanque para gas licuado	0,29	0,03	0,01	0,20	13,40
Quimiquero	0,32	0,03	0,01	0,20	14,20
Petrolero	2,00	0,18	0,06	1,44	93,20
Granelero	2,60	0,22	0,07	1,58	96,00
Buque de carga general	1,77	0,19	0,06	0,70	81,54
Buque portacontenedores	1,63	0,15	0,05	0,89	64,39
Buque de carga de transbordo rodado	0,66	0,07	0,02	0,24	30,85
Pasajeros	0,29	0,03	0,01	0,11	13,37
Carga refrigerada	0,27	0,03	0,01	0,11	12,34
Sumas	9,82	0,93	0,30	5,46	419,30

Tabla 9.5. Emisiones de CO_2 de cada tipo de buque (fuente: Estudio de las emisiones de gases invernadero procedentes de los buques [MEPC 45/8]).

El dióxido de azufre es un gas irritante y tóxico. Afecta sobre todo a las mucosidades y los pulmones, provocando ataques de tos, si bien es absorbido por el sistema nasal. La exposición a altas concentraciones durante cortos períodos de tiempo puede irritar el tracto respiratorio, causar bronquitis, reacciones asmáticas, espasmos reflejos, parada respiratoria y congestionar los conductos bronquiales de las personas asmáticas.

Los efectos de los SOx empeoran cuando el dióxido de azufre se combina con partículas o con la humedad del aire, ya que se forma ácido sulfúrico, y produce lo que se conoce como lluvia ácida, provocando la destrucción de bosques, vida salvaje y la acidificación de las aguas superficiales.

El combustible usado en mayor proporción en el transporte marítimo, el petrodiésel o HFO *(Heavy Fuel Oil)*, es el más contaminante por tener un alto grado residual. Las emisiones de SO_2 de este combustible superan en mucho a las de otras opciones menos contaminantes, aunque mucho más caras (véase la tabla 9.6).

Por ello, la OMI redactó una normativa para la reducción de este tipo de emisiones, aplicable a cualquier combustible. Dicho control depende de la zona de emisión, diferenciándose las zonas de control de emisiones (ECA) y el resto (véase la figura 9.7).

Emisiones (kg/tonelada combustible)	HFO	MDO	GNL
CO_2	3110	3100	2930
SO_2 (hasta 18/05/2006)	54	4	~0
SO_2 (19/05/2006 al 2009)	30	4	~0
SO_2 (a partir del 2010)	30	4 o 2[23]	~0

Tabla 9.6. Emisiones según el tipo de combustible (fuente: Monitoring program on air pollution from sea-going vessels (MOPSEA), de M. Vangheluwe, J. Mees. C. Janssen).

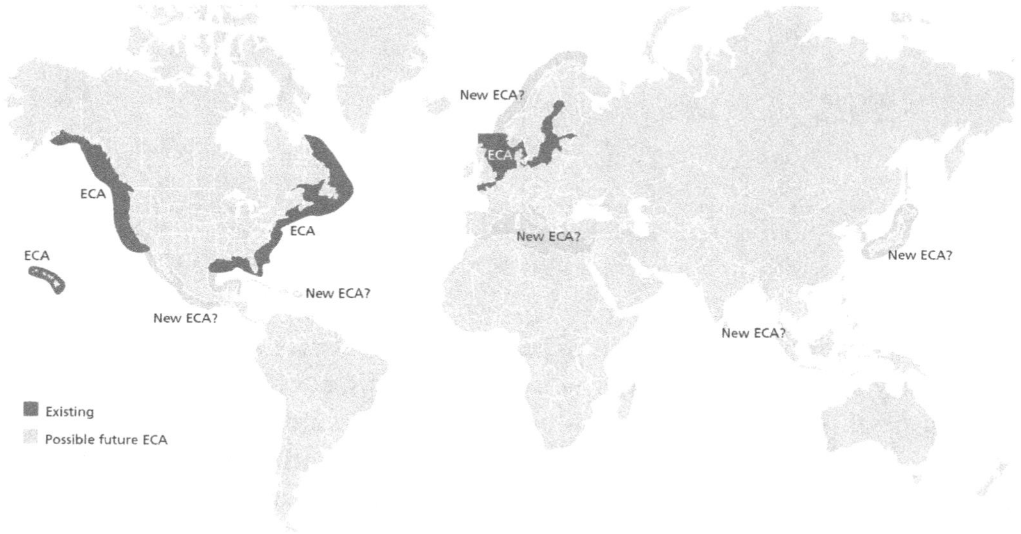

Figura 9.7. Zonas ECA y posibles ampliaciones (fuente: DNV & GL).

Mientras que fuera de las zonas ECA, los límites quedaron dispuestos de esta manera:

– Menos de un 4.5 % de azufre antes del 1 de enero del 2012.
– Menos de un 3.5 % de azufre a partir del 1 de enero del 2012.
– Menos de un 0.5 % de azufre a partir del 1 de enero del 2020 (que podría posponerse al 2025 en función de un estudio que finalizará en el 2018).

---

[23] 2 kg de SO_2/tonelada de combustible en puerto.

Las zonas ECA en vigor en la actualidad son:

- Mar Báltico.
- Mar del Norte.
- Área de América del Norte.
- Área del Mar del Caribe estadounidense.

Con esta regulación se pretende conseguir una reducción del 80 % a nivel global de las emisiones de SOx y, en particular, de un 96 % en las zonas ECA.

7.2 Óxidos de nitrógeno (NOx)

El término óxidos de nitrógeno (NxOy) se aplica a varios compuestos químicos gaseosos formados por la combinación de oxígeno y nitrógeno. El proceso de formación más habitual de estos compuestos inorgánicos es la combustión a altas temperaturas, proceso en el cual habitualmente el aire es el comburente. Dichos gases son:

- Monóxido de dinitrógeno (N_2O).
- Monóxido de nitrógeno (NO).
- Trióxido de dinitrógeno (N_2O_3).
- Tetraóxido de dinitrógeno (N_2O_4).
- Dióxido de nitrógeno (NO_2).
- Pentaóxido de dinitrógeno (N_2O_5).

Los problemas asociados a estos gases son:

- *Ozono troposférico:* con la acción de la luz ultravioleta en la troposfera, el N_2O se descompone generando O_3, que en capas superficiales es perjudicial (efecto invernadero y dañino para salud).

- *Lluvia ácida:* al combinarse el NO_2 con el agua genera ácido nítrico ($3NO_2 + H_2O \rightarrow 2HNO_3 + NO$).

- *Deterioro de la calidad del agua:* al alcanzar el suelo, forman sales que empobrecen la calidad de la tierra y, cuando son arrastradas por la lluvia, alcanzan las fuentes de agua.

- *Reacciones tóxicas*: hay elementos que al reaccionar con NOx pueden generar composiciones tóxicas dañinas para la salud y el entorno natural.

Con esta regulación se pretende llegar a un 15-20 % de reducción de las emisiones de NOx generadas por los buques a nivel global, y en torno al 80 % en las zonas ECA.

Por este motivo, a través del anexo VI del MARPOL, la OMI limitó las emisiones de estos contaminantes de la siguiente manera:

7.3 Dióxido de carbono (CO_2)

El dióxido de carbono es un gas producido durante la combustión entre el hidrocarburo (que aporta el carbono) y el aire como comburente (aporta el oxígeno). Al realizarse el proceso a alta temperatura, las moléculas de carbono y oxígeno tienden a asociarse, formándose así el CO_2.

La principal consecuencia de la emisión de este gas a la atmósfera es la contribución que realiza al efecto invernadero, que consiste en que ciertos gases retienen parte de la energía que la superficie planetaria emite al haber sido calentada por la radiación solar, aumentando así globalmente la temperatura terrestre.

Regulación (para barcos en construcción)	NOx	Velocidad del motor (rpm)
Tier I 1 de enero de 2000	17 g/kWh	n < 130
	$45 \times n^{-0.}$ g/kWh	130 ≤ n < 2000
	9.8 g/kWh	n ≥ 2000
Tier II 1 de enero de 2011	14.4 g/kWh	n < 130
	$44 \times n^{-0.23}$ g/kWh	130 ≤ n < 2000
	7.7 g/kWh	n ≥ 2000
Tier III 1 de enero de 2016 (posible retraso a 2021)	3.4 g/kWh	n < 130
	$9 \times n^{-0.2}$ g/kWh	130 ≤ n < 2000
	2 g/kWh	n ≥ 2000

Tabla 9.7. Aplicación de los distintos límites de emisiones de NOx (fuente: Análisis de la nueva normativa OMI sobre eficiencia energética (EEDI/SEEMP), de Luis Vacas [PFC]).

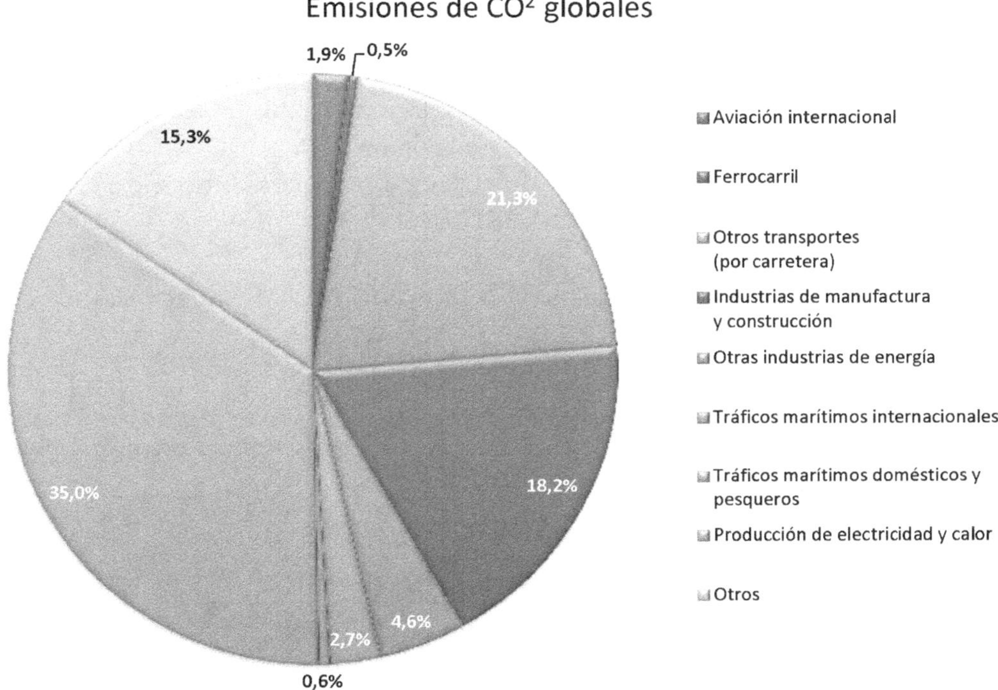

Figura 9.8. Procedencia de las emisiones de CO_2 (fuente: Second IMO GHG Study 2009, IMO).

En el ámbito marítimo, las emisiones de CO_2 suponen alrededor de un 3 % del total.

Para evitar el aumento de las emisiones de CO_2 procedentes de los buques, la OMI optó por implantar medidas sobre la eficiencia energética, creando así el Índice de eficiencia energética de diseño (EEDI), y el Plan de gestión de la eficiencia energética del buque (SEEMP), junto con las llamadas Medidas basadas en el mercado (MBM).

7.4 El índice de eficiencia energética de proyecto (EEDI)

El EEDI (Energy Efficiency Design Index) es un instrumento proporcionado a los nuevos buques para reducir las emisiones a través del desarrollo de equipamiento y motores más eficientes energéticamente. El índice ofrece una información sobre la eficiencia energética del buque, en emisiones de CO_2 (expresada en gramos), por carga transportada (en toneladas por milla). Dada la obligatoriedad de cumplir la normativa en cuanto a eficiencia energética, es indispensable que se alcance un mínimo nivel en la eficiencia del combustible.

Básicamente, el EEDI permite obtener la relación de emisión total de CO_2 por tonelada transportada/milla navegada (véase la figura 9.9).

En cuanto a las mejoras que son posibles llevar a cabo para conseguir una reducción significativa del EEDI, se han de señalar:

- Optimización de las dimensiones y la forma del casco de los buques.
- Construcción liviana.
- Revestimiento del casco.
- Sistema de lubricación por aire del casco.
- Optimización de la interfaz hélice-casco y dispositivos de flujo.
- Hélice contrarrotante.
- Mejora de la eficiencia del motor.
- Recuperación del calor residual.
- Utilización de gas como combustible (GNL).
- Conceptos de potencia eléctrica y propulsión híbrida.
- Reducción de la demanda de potencia a bordo (cargas debidas a las instalaciones de alojamiento y sistema auxiliar).
- Funcionamiento a velocidad variable para bombas, ventiladores, etc.
- Energía eólica (vela, motor de viento, etc.).
- Energía solar.
- Reducción de la velocidad de proyecto (construcciones nuevas).

Cálculo del EEDI

$$\text{Índice}\left[\frac{g}{\text{tonelada}\cdot\text{milla}}\right]$$

$$=\frac{\text{Consumo de combustible}\left[\frac{g}{\text{kWh}}\right]\times\text{Potencia del motor principal}\,[kW]\times(1+k_2)\times\text{Conversión de }CO_2\left[\frac{gCO_2}{g\text{Combustible}}\right]}{\text{TPM}\,[\text{tonelada}]\times\text{Velocidad máxima}\left[\frac{\text{milla}}{h}\right]\times k_1}$$

Figura 9.9. Fórmula para el cálculo del índice de emisiones de CO_2 (fuente: Estudio de las emisiones de gases invernadero procedentes de los buques 2007 [MEPC 59/4]).

7.5 El plan de gestión de la eficiencia energética del buque (SEEMP)

Este plan, también conocido como SEEMP *(Ship Energy Efficiency Management Plan)* lo ha de realizar la compañía naviera de manera específica para cada uno de sus buques. Con el fin de mejorar su eficiencia energética deberá reflejar en el plan las circunstancias particulares de las operaciones de sus barcos y sus patrones de navegación. Se divide en cuatro fases:

- *Planificación.* Se puede utilizar la orientación sobre las mejores prácticas para los procedimientos operacionales a fin de incrementar la eficiencia energética. Es importante definir metas claras y cuantificables.

- *Implantación.* Se debe elaborar un método para la implantación del plan en cada buque de la flota. Otro aspecto clave es concienciar a los marinos a bordo.

- *Supervisión.* Se debe hacer una vigilancia cuantitativa de la eficiencia energética aplicando un método establecido y, preferentemente, una norma internacional.

- *Autoevaluación y mejora.* Se han de establecer procedimientos para la autoevaluación de la eficiencia energética utilizando los datos obtenidos con la vigilancia. Su finalidad es incrementar dicha eficiencia basándose en los resultados de la autoevaluación para lograr la meta determinada.

Mediante estas medidas la OMI prevé una importante reducción de las emisiones de CO_2.

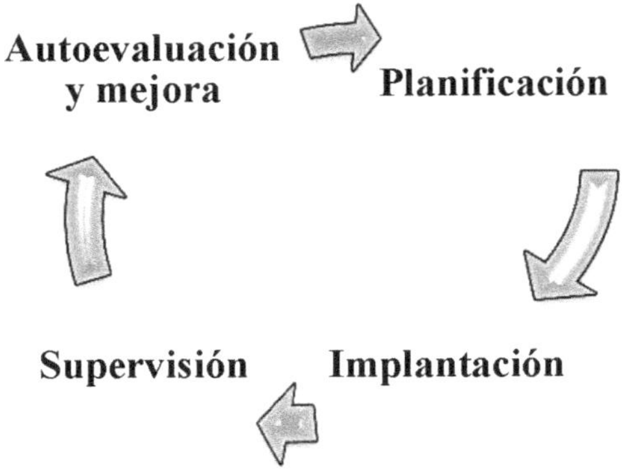

Figura 9.10. Ciclo de planificación energética.

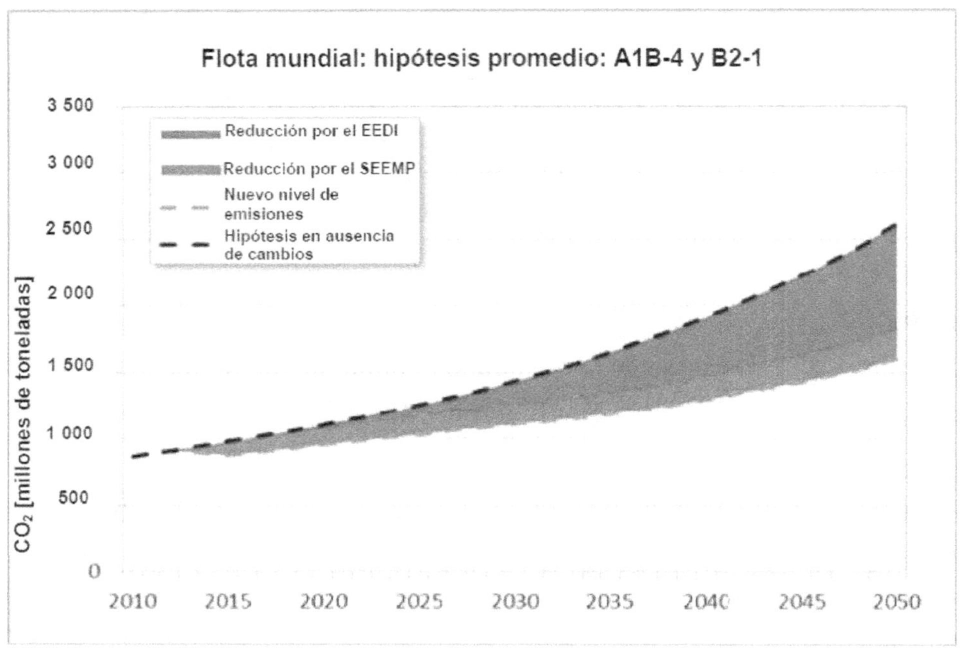

Figura 9.11. Previsiones del nivel de CO_2 para la flota mundial (fuente: Cálculo de la reducción de las emisiones de CO_2 debida a la introducción de medidas técnicas y operacionales obligatorias sobre la eficiencia energética de los buques [MEPC 63/4/1]).

7.6 Medidas basadas en el mercado (MBM)

Desde otra perspectiva, se están estudiando las llamadas medidas basadas en el mercado (MBM) con tal de poner a disposición de la flota opciones para la reducción de las emisiones de CO_2 a través de la mejora de la eficiencia energética de los buques. Entre ellas, las que han destacado más son la tasa mundial sobre el combustible, más un fondo de compensación internacional (ICF) y sistemas de comercio de emisiones (ETS).

8 Contaminación por las operaciones de los buques

8.1 El Convenio internacional de Hong Kong para el reciclaje seguro y ambientalmente racional de los buques, 2009

Este convenio (Hong Kong International Convention for the Safe and Environmentally Sound Recycling Of Ships, 2009) aprobado por la OMI en mayo del 2009 en Hong Kong, China,[24] tiene como objeto garantizar que los buques que vayan a ser reciclados, una vez han llegado al fin de su vida útil, no supongan un riesgo innecesario para la salud humana, la seguridad y el medio ambiente. En el momento actual parece lejana su entrada en vigor por falta de ratificaciones, sin embargo sí existe la voluntad de aplicarla en el ámbito de la UE.

Este nuevo Convenio comprende el diseño, la construcción, la operación y la preparación de los buques a fin de facilitar su reciclaje seguro y medioambientalmente racional. Todo ello sin comprometer la seguridad y eficacia operativa de los buques, la explotación de las instalaciones de reciclaje en condiciones de seguridad y medioambientalmente aceptables y el establecimiento de un mecanismo de aplicación para el reciclaje de buques, la incorporación de la certificación y los requisitos de información.

El artículo 1 del convenio define las obligaciones generales de cada Estado miembro. Este, debe poner todos los medios de que disponga para prevenir, reducir, minimizar y, en la medida de lo posible, eliminar accidentes y otros riesgos que afecten a la salud humana y al medio ambiente causado por el reciclado de buques, y mejorar la seguridad en el barco, la protección de la salud humana y del medio ambiente durante la vida útil del buque.

De acuerdo con esta convención, cada Estado deberá:

- Prohibir o restringir la instalación o el uso de materiales peligrosos listados en los apéndices 1 y 2 del convenio en barcos bajo su bandera o jurisdicción, ya sea en barcos, puertos, astilleros o plataformas offshore.[25],[26]

- Los barcos nuevos llevarán a bordo un inventario, verificado por la Administración o cualquier persona u organismo autorizado para ello, de los materiales peligrosos. Este inventario será específico para cada barco e indicará la cantidad y localización. Los barcos ya existentes deberán cumplir todo lo posible con este listado en un plazo no mayor a cinco años después de entrar en vigor el convenio o antes de ir a desguace si es antes de este periodo.[27]

- Los barcos que vayan a ser reciclados sólo podrán serlo en instalaciones de reciclado de barcos autorizadas por el convenio y será aquella en la que se

---

[24] Consultado en www.imo.org,. diciembre de 2014.

[25] Véase anexo I (Control de materiales peligrosos) y anexo II (Listado mínimo de artículos para el inventario de materiales peligrosos).

[26] Capítulo 2/parte A/regulación 4 (Control de materiales peligrosos a bordo).

[27] Capítulo 2/parte A/regulación 5, Inventario de materiales peligrosos.

haga el «plan de reciclado del barco». Antes de entrar en las instalaciones, los residuos de carga, combustible y desechos a bordo deberán ser los mínimos. Los tanques de combustible y tanques de carga que hayan contenido alguna sustancia tóxica o inflamable deberán estar acondicionados para poder entrar o trabajar en ellos.[28]

- El plan de reciclaje del barco debe ser llevado a cabo por la instalación donde vaya a ser este reciclado, antes de comenzar cualquier operación de este proceso, teniendo en cuenta las guías desarrolladas por la OMI y la información facilitada por el propietario del barco. Información sobre el establecimiento, mantenimiento y seguimiento de las condiciones de trabajo y la cantidad y tipo de sustancias peligrosas que han de ser tratadas, incluidas las que aparecen en el «inventario de materiales peligrosos».[29]

- Los barcos deberán pasar una revisión inicial antes de su puesta en servicio o antes de que sea expedido el certificado internacional en materiales peligrosos. Además, también pasarán inspecciones cada cierto tiempo según establezca la Administración, pero sin exceder los cinco años. En caso de que se realicen reparaciones o algún cambio significativo en la estructura, se pasará una revisión extraordinaria para asegurar que sigue cumpliendo con lo establecido en el convenio.[30]

8.2　El Convenio internacional para el control y la gestión del agua de lastre y los sedimentos de los buques, 2004 (BWM Convention)

La gran mayoría de los buques que transportan carga seca a granel, transportes de mineral, buques tanque, transportes de gas licuado, o los buques que transportan hidrocarburos o minerales a granel exigen grandes volúmenes de agua de lastre, especialmente para las travesías en que el buque va vacío. Otros buques exigen cantidades de lastre más pequeñas en casi todas las condiciones de carga, para controlar la estabilidad, el asiento y la escora. Entre ellos figuran

---

[28] Capítulo 2/parte B/regulación 8, Requerimientos generales para la preparación del reciclaje del barco. Véase el formato del certificado en el apéndice 4 del convenio.
[29] Capítulo 2/parte B/regulación 9, Plan de reciclaje del barco. Véase el formato del certificado en los anexos III y IV.
[30] Capítulo 2/parte C/regulación 10 (Inspecciones).

Tipo de buque	DWT	Condición de aguas de lastre			
		Normal (toneladas)	Porcentaje de DWT	Pesado (toneladas)	Porcentaje de DWT
Graneleros	250,000	75,000	30	113,000	45
Graneleros	150,000	45,000	30	67,000	45
Graneleros	70,000	25,000	36	40,000	57
Graneleros	35,000	10,000	30	17,000	49
Petroleros	100,000	40,000	40	45,000	45
Petroleros	40,000	12,000	30	15,000	38
Portacontenedores	40,000	12,000	30	15,000	38
Portacontenedores	15,000	5,000	30	n/d	
Cargueros	17,000	6,000	35	n/d	
Cargueros	8,000	3,000	38	n/d	
Pasajeros/ro-ro	3,000	1,000	33	n/d	

Tabla 9.8. Relación de lastre por tipología de buque (fuente: Australian Quarantine & Inspection Service 1993. Ballast Water Management. Ballast Water Research Series Report No. 4 AGPS, Canberra).

los portacontenedores, graneleros, de pasaje, ro-ro, pesqueros, buques factoría y los militares.

La distribución del lastre dentro de un buque dependerá de los criterios de diseño y del tamaño del mismo.

Pero el lastre conlleva ciertos riesgos de contaminación sobre el medio ambiente marino, razón por la que la OMI desarrolló este convenio (The International Convention for the Control and Management of Ships' Ballast Water and Sediments). Este acuerdo internacional, previsto para hacerse efectivo el año 2016, busca crear las condiciones legales para que las naciones firmantes y los constructores de buques adopten sistemas que permitan eliminar o reducir los impactos que producen las aguas de lastre sobre el medio ambiente. Si bien en la actualidad se determina la distancia a la que pueden ser descargadas, los nuevos acuerdos establecen la necesidad de introducir nuevos sistemas en las naves que hagan inocuo este residuo, utilizado para estabilizar los buques durante su operativa.

Métodos			
Bombeo único	Secuencial	Empy-Refill	Cada tanque de agua de lastre se vacía y se vuelve a llenar con un lastre reemplazado que supere el 95% de volumen
Bombeo continuo	Flujo continuo	Flow-Through	Bombeo del agua de lastre de reemplazo permitiendo que el agua fluya o rebose
	Dilución	Dilution	Intercambio dentro del tanque del agua de lastre mediante su parte superior descargando simultáneamente el volumen de agua que se carga por la parte inferior

Tabla 9.9. Esquema de métodos para efectuar el intercambio de lastre en la mar (fuente: Sistemas de gestión del agua de lastre, Bartolomé I., dirigido por el autor [PFC]).[31]

Se articula en 22 artículos de los que podemos resaltar los relacionados con el control y las prescripciones (artículo 4), los reconocimientos y certificación (artículo 7) o la inspección (artículo 9). Como parte de la sección B, Gestión y control, encontramos las reglas dedicadas a los libros de registro, los planes de gestión o la formación a bordo de oficiales y tripulantes. El convenio es una herramienta para unificar las políticas aplicables respecto al mismo problema, por lo que supondrá un verdadero paso hacia delante en la homogeneidad global respecto a las medidas preventivas de contaminación marina, en este caso la derivada del agua de lastre.

Además, consta de un anexo con cinco secciones (A-E), en el que se especifican las reglas para el control y la gestión del agua y los sedimentos de los buques.

9   El Convenio internacional de Nairobi sobre la remoción de restos de naufragio, 2007

Este convenio *(The Nairobi International Convention on the Removal of wrecks)*, fue aprobado el 18 mayo de 2007, y entró en vigor el 14 de abril 2015, como resultado

---

[31] Véanse sobre esta cuestión, Rodrigo De Larrucea, J. en *Ballast Tank Water Convention* (https://upcommons.upc.edu/.../Ballast%20Water%20Convention_esp.do); Bartolomé Lamarca, I., *Sistema de Gestión de aguas de lastre* (upcommons.upc.edu/.../Iguazel%20Bartolome%20PFC%20Diciembre%2). Ambos documentos en repertorio Upcommons.

de una conferencia internacional celebrada en Kenia en 2007. Su función es servir a los estados ribereños de base jurídica sólida para eliminar de sus costas restos de naufragios que suponen un peligro para la seguridad de la navegación o para el medio marino y costero, y que pueden afectar negativamente a la seguridad de vidas, bienes y propiedades en la mar.

El convenio llena un vacío en el marco jurídico internacional, al establecer el primer conjunto de normas internacionales uniformes destinadas a garantizar la eliminación pronta y efectiva de los pecios localizados más allá del mar territorial.

Aunque la incidencia de siniestros en el mar ha disminuido drásticamente en las últimas décadas, gracias a la labor de la OMI y los esfuerzos de los gobiernos y la industria para mejorar la seguridad en el transporte marítimo, se estima que el número de naufragios abandonados en todo el mundo ronda los mil trescientos, con los consecuentes problemas que causan a los estados ribereños y la navegación en general.

Estos problemas son de tres tipos:

- En función de su ubicación, el pecio puede constituir un peligro para la navegación, lo que podría poner en peligro a otros buques y sus tripulaciones.
- Dependiendo de la naturaleza de la carga, la posibilidad de un accidente que puede causar daños sustanciales al medio marino y costero.
- Los elevados costes que suponen la señalización y eliminación de restos de naufragios peligrosos.

La base jurídica que ofrece el convenio convierte a los armadores en responsables financieros, exigiéndoles la contratación de un seguro o proporcionando otra garantía financiera para cubrir los costes de retirada de los restos. También proporcionará a los estados acción directa contra los aseguradores por los daños sufridos.

Los principales artículos del convenio abarcan:

• Presentación de informes, localización de los buques y restos de naufragios. Cubren la notificación de siniestros al Estado ribereño más próximo; avisos a los navegantes y los estados ribereños sobre los restos del naufragio y la acción por el Estado ribereño para localizar el buque o accidente.

• Criterios para determinar el peligro planteado por naufragios, incluyendo la profundidad del agua por encima de los restos del naufragio, la proximidad de las rutas de navegación, la densidad del tráfico y la frecuencia, el tipo de tráfico y la vulnerabilidad de las instalaciones portuarias. También se incluyen criterios ambientales tales como los daños que puedan resultar de la liberación en el medio ambiente marino de la carga o el aceite.

- Medidas para facilitar la remoción de restos de naufragio, incluidos los derechos y las obligaciones de eliminar los buques y restos de naufragios peligrosos (cuando el armador es responsable de la eliminación de los restos del naufragio y cuando un Estado puede intervenir).

- Se requiere que el propietario del buque registrado posea un seguro obligatorio u otra garantía financiera para cubrir la responsabilidad en virtud del convenio (responsabilidad del propietario por los costos de localización, señalización y la eliminación de buques y restos de naufragios, y solución de controversias).

Capítulo 10

La investigación en la seguridad marítima

1 Introducción

La investigación sobre seguridad se ha planteado de manera general sobre dos modelos que integran la teoría general de la seguridad: la teoría de los accidentes *(accident models)* y la teoría del análisis del riesgo *(risk analysis* o *risk models)*. Las evaluaciones de análisis/riesgo y seguridad son ampliamente utilizadas en todas las industrias potencialmente peligrosas. Los objetivos principales son, por lo general, la prevención y mitigación de eventos no deseados, tales como incidentes, accidentes graves y desastres. Los accidentes se definen como sucesos imprevistos que producen lesiones, muertes, pérdidas de producción y daños en bienes y propiedades. Es muy difícil prevenirlos si no se comprenden sus causas. Ha habido muchos intentos de elaborar una teoría que permita predecir las causas, pero ninguna de ellas ha contado hasta ahora con una aceptación unánime. Investigadores de diferentes campos de la ciencia y de la técnica han intentado desarrollar una teoría sobre las causas de los accidentes que ayude a identificar, delimitar y, en última instancia, eliminar los factores que causan o contribuyen a que ocurran accidentes.

2 Teoría de los accidentes: modelos secuenciales, epidemiológicos y sistémicos

La importancia de estos modelos teóricos, más allá de su valor conceptual, radica en la influencia que han tenido sobre las prácticas y la metodología de la investigación de accidentes marítimos a las que posteriormente nos referiremos.

El valor comprensivo y las características de cada modelo van a determinar nuestra capacidad de identificar y controlar a los peligros y, por lo tanto, de prevenir los accidentes. Sobre esa base, es posible distinguir tres tipos de análisis de los accidentes:[1]

- *Secuenciales:* explican las causas de los accidentes como el resultado de una cadena de eventos discretos que ocurren en un orden temporal en particular. En los modelos basados en eventos, los mismos tienen una relación lineal y directa. Estos modelos sólo describen causas lineales y es difícil incorporarles relaciones no lineales.

- *Epidemiológicos:* plantean que los eventos que originan un accidente aparecen de forma análoga a como se disemina una enfermedad. Esto es, como el resultado de una combinación de factores, algunos manifiestos y otros latentes, que coinciden de forma conjunta en espacio y tiempo.

- *Sistémicos:* el accidente surge a partir de la variabilidad en el desempeño de un sistema cognitivo conjunto, como resultado de interacciones complejas y de una inesperada combinación de acciones.

Una de las principales diferencias entre los modelos sistémicos y los de análisis secuenciales consiste en que los primeros describen un proceso de accidente, mediante una red compleja e interconectada de acontecimientos, mientras que en el último se describe como una cadena simple de causas y efectos de eventos.[2]

Con carácter meramente esquemático vamos a mostrar las principales teorías sobre los accidentes, clasificados por los tres modelos enunciados y que más incidencia han tenido en nuestro ámbito particular.[3]

---

[1] Véase, siguiendo a Hollnagel, Martínez Oropesa, C. en «Enfoques de modelización de accidentes en sistemas socio técnicos complejos»; «El hombre y la máquina», núm. 37, julio-diciembre de 2011, Modelos de accidentes (disponible en higieneyseguridaindustrial2012.wikispaces.com/.../Modelos+de+accident).

[2] De referencia imprescindible, Hollnagel, E., Speziali, J., «Study on developments in accident investigation methods: A survey of the state-of-the-art», SKI Report 2008:50; Sophia Antipolis, France, Ecole des Mines de Paris; Hollnagel, E., 2004, Barriers and accident prevention, Aldershot: Ashgate Publishing Limited.

[3] Véase sobre esta cuestión una visión panorámica, Risto Jalonen, K.S. en *Safety performance indicators for maritime safety management,* Helsinki University of Technology, Espoo, 2009.

2.1   Modelos secuenciales

2.1.1   La teoría del dominó

Fue W. H. Heinrich (1931)[4] quien desarrolló la denominada teoría del «efecto dominó». De acuerdo con esta teoría, un accidente se origina por una secuencia de hechos: no hay nada mejor que la imagen de caída de las fichas de dominó para ilustrar el carácter secuencial. Heinrich propuso una «secuencia de cinco factores en el accidente», en la que cada uno actuaría sobre el siguiente de manera similar a como lo hacen las fichas de dominó, que van cayendo una sobre otra. He aquí la secuencia de los factores del accidente:

- Herencia y medio social.
- Acto inseguro.
- Fallo humano.
- Accidente.
- Lesión.

Heinrich estableció que del mismo modo en que la retirada de una ficha de dominó de la fila interrumpe la secuencia de caída, la eliminación de uno de los factores evitaría el accidente y el daño resultante, siendo la ficha cuya retirada es esencial la número 3. El foco de atención se debía poner además en los «actos inseguros», en tanto acto previo del fallo, llegando a establecer según su experiencia empírica, una regla matemática de proporcionalidad: por cada accidente grave con lesiones importantes hay 29 accidentes menores con lesiones leves y 300 accidentes menores sin lesiones. Sobre esta base se construye la teoría de los incidentes *(near misses)* que veremos más adelante. Si bien Heinrich no ofreció inicialmente dato alguno en apoyo de su teoría, esta presenta un punto de partida útil para la discusión y una base inicial para futuras investigaciones.

2.1.2   El análisis del árbol de fallos (Fault Tree Analysis, FTA)

Desarrollado originalmente en 1962 en los Laboratorios Bell de HA Watson, para evaluar la fiabilidad del misil Minuteman, los árboles de fallos constituyen una

---

[4] Véase Heinrich W.H. (1931), *Industrial accident prevention: a scientific approach*, Ed.McGraw-Hill.

técnica ampliamente utilizada en los análisis de riesgos debido a que proporcionan resultados cualitativos y cuantitativos. El análisis de árbol de fallos evalúa el riesgo siguiendo hacia atrás en el tiempo o hacia atrás en una cadena de eventos. El análisis toma como premisa un peligro identificado y supone una investigación deductiva.

En este apartado se describe únicamente la técnica en su aplicación cualitativa.[5]

Esta técnica consiste en un proceso deductivo basado en las leyes del álgebra de Boole, que permiten determinar la expresión de sucesos complejos estudiados en función de los fallos básicos de los elementos que intervienen en él. De esta manera, se puede apreciar de manera cualitativa qué sucesos son menos probables porque requieren la ocurrencia simultánea de numerosas causas.

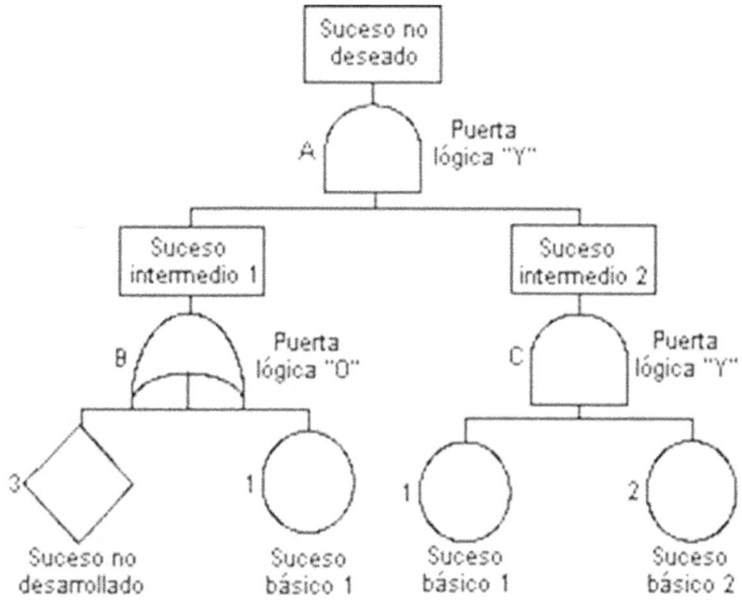

Figura 10.1. Esquema de árbol de fallos (fuente: http://www.siafa.com.ar/notas/nota125/arbol.htm).

[5] Una variante es el «análisis modal de fallos y efectos» (AMFE). Es un procedimiento de análisis de fallos potenciales en un sistema de clasificación determinado por la gravedad o por el efecto de los fallos en el sistema. Es utilizado habitualmente por empresas de manufactura y de servicios en varias fases del ciclo de vida del producto, y recientemente se está utilizando también en la industria de servicios. Las causas de los fallos pueden ser cualquier error o defecto en los procesos o diseño, especialmente aquellos que afectan a los consumidores, y pueden ser potenciales o reales. El término análisis de efectos hace referencia al estudio de las consecuencias de esos fallos.

Consiste en descomponer sistemáticamente un suceso complejo, denominado suceso TOP, en sucesos intermedios hasta llegar a sucesos básicos.

2.1.3 El análisis del árbol de eventos (Event tree models)

Un árbol de eventos muestra una secuencia de progresión, una secuencia de estados finales y unas dependencias específicas de secuencia a través del tiempo. El análisis de *árbol* de eventos es un proceso de evaluación lógica que trabaja siguiendo

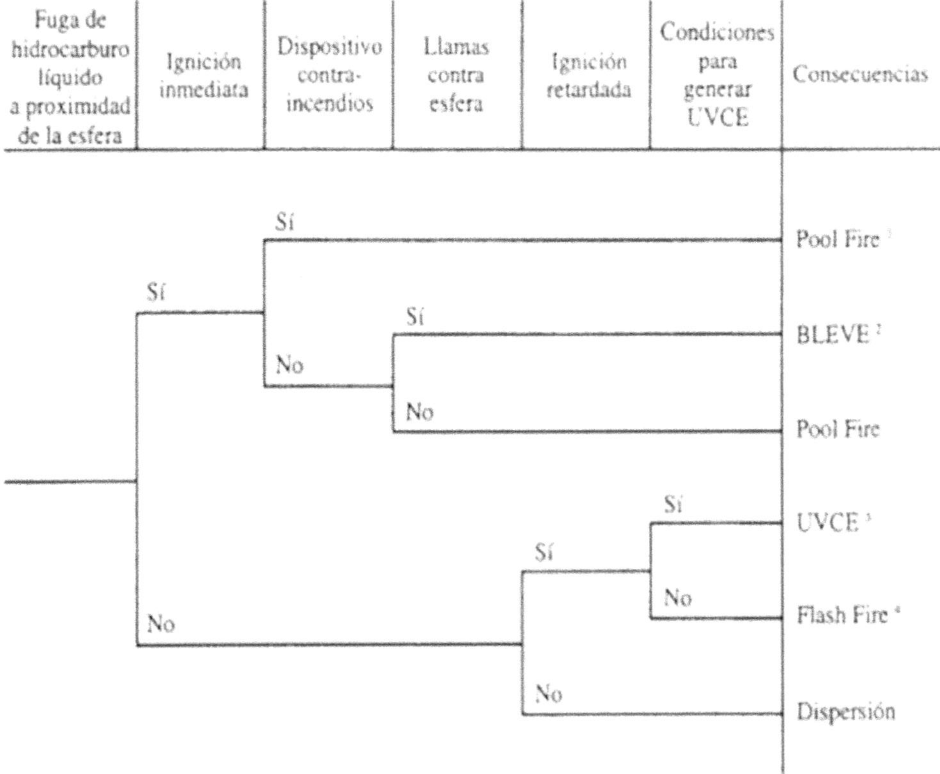

[1] Incendio de charco.
[2] *Boiling Liquid Expanding Vapour Explosion.*
[3] *Unconfined Vapour Cloud Explosion.*
[4] Llamarada.

Figura 10.2. Árbol de eventos (fuente:http://www.proteccioncivil.es/catalogo/carpeta02/carpeta22/guiatec/Metodos_cuantitativos/cuant_252.htm).

una línea temporal hacia adelante a través de una cadena causal de un modelo de riesgo. No requiere la premisa de un peligro conocido. Un árbol de eventos es un proceso de investigación inductivo.

2.1.4 Modelo en pajarita (Bowties models)

Se puede construir el modelo a partir de la combinación de un modelo de árbol de fallos y un árbol de eventos, por lo que integra los elementos y opciones que afectan a la probabilidad/frecuencia de un accidente con su resultado. La figura 10.3 muestra cómo un evento crítico puede tener varios precursores, así como varias consecuencias. Así, comprende los supuestos de causalidad múltiple y permite una mejor explicación gráfica.[6]

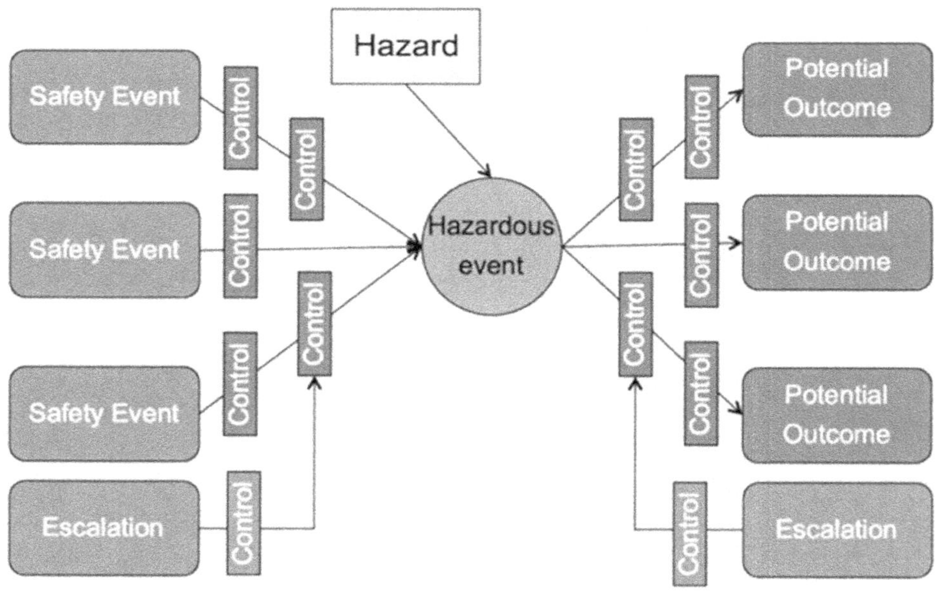

Figura 10.3. Modelo en pajarita (fuente: www.atcvantage.com).

---

[6] Véase sobre el particular la adopción del modelo Bowtie o en pajarita por una de las principales sociedades de clasificación, Germanisher Lloyd DNV-GL, en *Bowtie Technique for Hazard and Risk Management* (www.dnvba.com/my/training/Pages/Bowtie.aspx).

2.2 Modelos epidemiológicos: el modelo del queso suizo (modelo del efecto cumulativo)

El modelo del queso suizo de causalidad de los accidentes es un modelo utilizado en el análisis de riesgos y gestión de riesgos, usado en aviación, ingeniería, etc. Compara los sistemas humanos a varias rebanadas de queso suizo que se apilan. Fue propuesto originalmente por James T. Reason, de la Universidad de Manchester,[7] y goza de una amplia aceptación.

En el modelo de queso suizo, las defensas de una organización frente al accidente se modelan como una serie de barreras, representadas como rebanadas de queso. Los agujeros en las rebanadas representan debilidades en partes individuales del sistema y están variando continuamente en tamaño y posición a través de los cortes. El sistema produce fallos cuando un agujero en cada rebanada se alinea momentáneamente, lo que permite (en palabras de Reason) «una trayectoria de oportunidad de accidente», de manera que un peligro pasa a través de los agujeros en todas las rebanadas, lo que conduce a un fallo y a la causa del accidente. El problema no es, pues, que aparezca un fallo en el sistema, sino que concurran varios a la vez. El accidente del Spanair 5022 no ocurrió sólo porque se sobrecalentase la sonda del

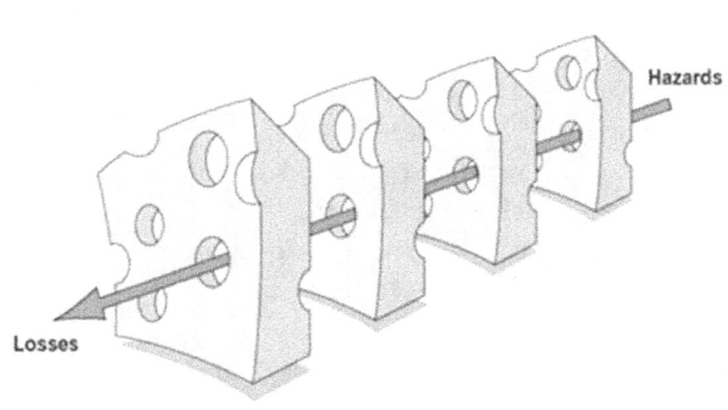

Figura 10.4. Modelo del Queso Suizo (fuente: Reason J. Human error: models and management).

---

[7] Véase Reason J.Js. en «Human error: models and management», *British Medical Journal*, 2000, 320 (7237).

medidor de temperatura, el mecánico quitase el fusible correspondiente, ese fusible alimentase un dispositivo de alarma, el piloto olvidase poner los flaps o la *check list* no se completase; cada uno de estos elementos por separado eran causas necesarias pero no suficientes. Fue al combinarse todos cuando ocurrió la tragedia.

Estos «agujeros en el queso» pueden ser de dos tipos: fallos activos, que son los cometidos por personas en contacto directo con el sistema, y que generalmente tienen un impacto de duración muy breve, y las condiciones latentes, que son problemas residentes en el sistema (generalmente ocultos), propios de su diseño.[8]

2.3 Modelos sistémicos

Frente a los modelos secuenciales, surgen los modelos sistémicos, entre ellos el marco socio-técnico de Rassmunsen y, de manera fundamental, el STAMP *(Systems-Theoretic Accident Model and Processes)*. Por su parte, desde la perspectiva del factor humano, el HFACS *(Human Factors Analysis and Classification System)*. Los modelos de análisis secuenciales y epidemiológicos de los accidentes no resultan aptos para entender las relaciones dinámicas y no lineales entre los componentes de los sistemas socio-técnico complejos. Son necesarios nuevos modelos de análisis de accidente, basados en la teoría de sistemas (modelos de análisis sistémico de accidentes), los cuales describen el comportamiento del sistema en su conjunto, en lugar de interesarse en el nivel básico centrado en la relación lineal la causa-efecto. En los sistemas complejos modernos, los seres humanos interactúan con la tecnología para obtener resultados como consecuencia de su colaboración; tales resultados no podrían ser alcanzados por cualquier persona o tecnología si funcionasen de manera aislada. Por otra parte, las técnicas de seguridad tradicionales para el análisis de riesgos, tales como el análisis de árbol de fallos o de eventos y probabilístico, no son suficientes para explicar la complejidad de los sistemas socio-técnicos modernos, incluso para entender la propia causalidad de los accidentes. En los modelos sistémicos se considera que el accidente surge de las interacciones entre los componentes del sistema y no se derivan de una única causa. Por lo tanto, en el nuevo modelo, el foco se pone en las limitaciones, los faltas de control y demás disfunciones del sistema o de sus procesos. Bajo los modelos sistémicos, los accidentes son el resultado de un inadecuado control o de una falta del mismo.

---

[8] Véase Reason, J., Hollnagel, E. and Paries, J.; 2006 en *Revisiting the «Swiss cheese» model of accidents*, EEC Note núm. 13/06, Brétigny-sur-Orge (Francia), Eurocontrol.

2.3.1 *Marco socio-técnico de Rasmussen. El modelo AcciMap*

La complejidad y los avances de la tecnología han dado lugar al desarrollo de sistemas para evaluar los riesgos desde el punto de vista socio-técnico, característicos de las organizaciones complejas que operan en entornos dinámicos. Estos factores han transformado el carácter dinámico de nuestra sociedad, siendo todavía el comportamiento humano parte esencial del funcionamiento de los sistemas. En entornos dinámicos y complejos no es posible establecer procedimientos para todas las condiciones y los requerimientos posibles, en particular, en el caso de sucesos de alto riesgo y situaciones de gran imprevisibilidad.

- **Modelo AcciMap**

  El enfoque fue desarrollado originalmente por Rasmunssen como parte de una iniciativa de estrategia de gestión de riesgos, pero su aplicación principal ha sido como instrumento de análisis de accidentes, específicamente para el análisis de las causas de los accidentes e incidentes que se producen en los complejos sistemas socio-técnicos.[9]

  El enfoque AcciMap implica la construcción de un diagrama causal de múltiples niveles en el que las diversas causas de un accidente están dispuestas de acuerdo a su lejanía causal del resultado (representado en la parte inferior del diagrama). Las causas más inmediatas se muestran en las secciones inferiores del diagrama, las causas más remotas se muestran en niveles cada vez más elevados, por lo que permiten modelar la gama completa de los factores que contribuyó al evento.

El formato exacto del diagrama varía en función de la finalidad del análisis, pero los niveles más bajos suelen representar los precursores inmediatos al evento, en relación con las actividades de los trabajadores y los eventos físicos, procesos y condiciones que contribuyeron al resultado. Los siguientes niveles más altos suelen representar los factores a nivel de organización de la empresa. Los niveles más altos generalmente incorporan factores causales a nivel gubernamental o de la sociedad, que son externas a la organización u organizaciones que participan en el evento. La compilación de los múltiples factores y sus interrelaciones, dispuestos en un único diagrama facilita a los analistas llegar a entender cómo y por qué se produjo el

---

[9] Véase Rasmussen, J; 1997 en «Risk management in a dynamic society: A modeling problem». Safety Science, 27 (2-3).

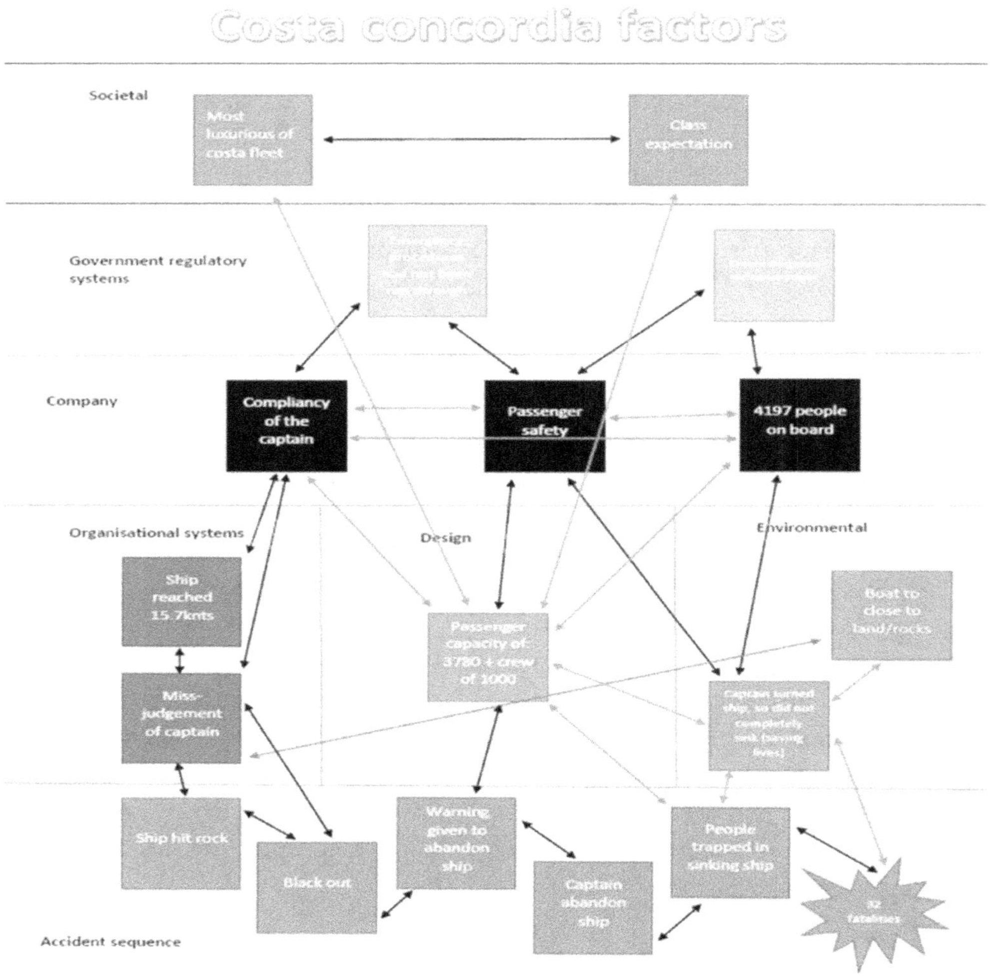

Figura 10.5. AcciMap del accidente del buque Costa Concordia (fuente: https://jessdow93.wordpress.com/).

evento, e identifica las áreas problemáticas que pueden ser abordadas para mejorar la seguridad del sistema. Un aspecto sumamente positivo del AcciMap es su aprovechamiento docente, ya que permite visualizar de forma sencilla las causas, concausas y relaciones previas dentro del sistema y subsistema.

2.3.2 Sistema de análisis y clasificación de factores humanos (HFACS)

El HFACS *(Human Factors Analysis and Classification System)* identifica las causas humanas de un accidente y proporciona un instrumento de gran ayuda en el proceso de investigación y el enfoque de los esfuerzos de formación y prevención. Fue desarrollado por los doctores Shappell y Wiegmann, del Instituto de Medicina de Aviación y de la Universidad de Illinois,[10] en respuesta a una tendencia que mostró que el error humano era un factor causal primario en el 80 % de los accidentes aéreos en la Infantería de Marina y la Marina de Estados Unidos.

El HFACS se basa en el modelo del «queso suizo» de Reason sobre el error humano y plantea cuatro niveles de errores activos y fallos latentes:

- Los actos inseguros.
- Las condiciones previas para que se den los actos inseguros.
- Una supervisión insegura o inadecuada.
- Las influencias de la organización.

Se trata de una comprensión integral del error humano, definiendo diecinueve categorías causales dentro de los cuatro niveles de fracaso humano enunciados. El HFACS facilita la identificación fiable y el análisis de errores humanos en los sistemas complejos, de alto riesgo, como la aviación, la asistencia sanitaria y las industrias de energía nuclear. El marco HFACS aborda exhaustivamente los numerosos fallos activos y latentes que influyen en el rendimiento del operador y causan el error.

HFACS permite a los profesionales de la seguridad identificar todos los factores que influyen en las causas de los errores humanos en entornos complejos. Supone un modelo evolucionado de la teoría del queso suizo, donde quizá uno de los aspectos más novedosos es el tratamiento de los aspectos organizativos, que se estructuran sobre tres factores:

- *Gestión de recursos.* Se relaciona con la toma de decisiones a nivel de organización en cuanto a la asignación y el mantenimiento de los activos de la organización (recursos humanos, presupuesto, equipo, instalaciones, etc.).

- *Clima organizacional.* Se refiere al ambiente de trabajo dentro de la organización (la estructura, las políticas, la cultura, etc.).

- *Proceso operativo.* Concierne a las decisiones organizativas y las reglas que rigen las actividades cotidianas dentro de una organización (operaciones, procedimientos de supervisión y control, etc.).

---

[10] Wiegmann, D. A., Shappell, S. A. (2003), «A human error approach to aviation accident analysis: The human factors analysis and classification system. Burlington», VT, Ashgate Publishing, Ltd.

Este sistema representa la aproximación más completa al factor humano y su conexión con los aspectos organizacionales, y también se utiliza en el ámbito marítimo.[11]

2.3.3 Proceso y modelo teórico-sistémico del accidente (STAMP)

Uno de los avances en el análisis de un modelo de accidentes es la referencia a la teoría de los sistemas. Basado en este enfoque, se ha desarrollado el STAMP *(Systems-Theoretic Accident Model and Processes)*, formulado por Leveson en su obra de referencia imprescindible:[12] *Engineering a Safer World. Systems Thinking Applied to Safety.*

Este enfoque considera que el accidente surge de las interacciones entre los componentes del sistema y no se derivan de una única causa. El reto en el uso de los análisis de seguridad es averiguar lo que salió mal con la operativa de los sistemas o el desarrollo de procesos cuando no se pudo impedir que el accidente se produjese.

Por lo tanto, en este modelo, el foco se pone en las limitaciones, las faltas de control y demás disfunciones del sistema o de sus procesos. Con mucho, es el modelo más sofisticado y muy vinculado al mundo de la aviación norteamericana, donde la ingeniería de sistemas y procesos está muy desarrollada. Aunque la ingeniería de sistemas esté mucho menos desarrollada en el ámbito marítimo, no hay ninguna duda que marcará los trabajos en el futuro.

2.3.4 Conclusión

Como hemos podido ver, pasamos de los modelos secuenciales lineales de un accidente producido por *el fallo,* a un accidente producido por *un conjunto de causas;* a un siniestro como *fallo de organización;* y en los modelos sistémicos esencialmente como *un control defectuoso o una ausencia de control.*

---

[11] Véase Griggs Forrest, J. en «A Human Factors Analysis and Classification System (HFACS) Examination of Commercial Vessel Accidents» (disponible en: http://hdl.handle.net/10945/17373).

[12] Véase Levenson, N.G. en *Engineering a Safer World; systems thinking applied to safety,* Ed. MIT Press 2012; Leveson, N. en «A new accident model for engineering safer systems», Safety Science (2004) 42 (4), pp. 237-270. La primera formulación de STAMP la realizó en este artículo del 2004, que cuenta con más de 757 citas: A «New Accident Model for Engineering Safer Systems» (sunnyday.mit.edu/accidents/safetyscience-single.pd). La autora, profesora de astronáutica en el MIT, ha trabajado para Boeing, Nasa, etc., y dispone de una web personal sumamente interesante (sunnyday.mit.edu/).

En el ámbito marítimo, la mayor parte de comisiones de investigación de accidentes marítimos, siguen utilizando los métodos secuenciales y epidemiológicos descritos (US Coast Guard, MAIB, GNV-DNL, etc.). Sin embargo, resulta ineludible un tránsito a modelos sistémicos: la automatización, la informática, la interdependencia del buque y su capitán con administraciones, naviera y otros operadores (DPA), gestores náuticos; y de manera fundamental la complejidad creciente de la relación hombre-máquina y su vinculación con los sistemas/procedimientos, permiten pronosticar para un futuro inmediato el empleo de metodologías sistémicas, aunque sea simplemente para poder determinar la causa primaria del accidente. Los modelos sistémicos, más implantados en la aviación, las plantas nucleares, etc., permiten analizar accidentes provocados por fenómenos emergentes que surgen debido a las complejas interacciones no lineales entre los componentes del sistema. Dentro de los modelos sistémicos, entre AcciMap, HFACS y STAMP se advierten relevantes diferencias, pues no dejan de ser técnicas instrumentales con metodologías singulares, que pueden llevar a resultados diversos. En la complejidad de nuestra época, los modelos lineales secuenciales van a resultar obsoletos para poder comprender los accidentes marítimos, por lo menos en relación con la actividad de transporte.[13] Particular importancia tiene desde la perspectiva humana la ingeniería de la resiliencia, uno de los campos con mayor potencialidad de futuro en los nuevos marcos socio-técnicos actuales. La ingeniería de la resiliencia aborda la necesidad de desarrollar sistemas que impidan activamente que se pierda el control. En ella, el fallo es la otra faceta de las adaptaciones necesarias para hacer frente a la complejidad del mundo real, más que una anomalía o disfunción como tal. La actuación de los individuos y las organizaciones debe adaptarse en cualquier momento al contexto y, puesto que los recursos y el tiempo son limitados, dichas adaptaciones son siempre estimativas y falibles. El éxito se vincula a la capacidad de las organizaciones, grupos e individuos para anticiparse a las formas cambiantes que adopta el riesgo antes de que se produzcan los fallos y el accidente. El fallo supone la ausencia, temporal o permanente de esa capacidad. La seguridad es algo que el sistema crea y no tanto algo que el sistema tiene *per se*. No es suficiente que los sistemas sean fiables; deben tener además la propiedad de la resiliencia entendida como capacidad para

[13] Véase Salmon, P., Cornelissen, M. en «Systems-based accident analysis methods: A comparison of Accimap, HFACS, and STAMP», Elsevier Safety Science, vol. 50, Issue 4, abril de 2012, pp. 1158–1170 (disponible en www.sciencedirect.com/.../pii/S0925753511002992); Underwood, P. y Waterson, P., 2013, «Systemic accident analysis: Examining the gap between research and practice», *Accident Analysis & Prevention*, 55, pp. 154-164.

recuperarse de las disfunciones.[14] Obviamente, supone un campo de conocimiento multidisciplinar al cual son aplicables los instrumentos de análisis comentados, pero que incorpora como sumamente valiosas las notas de adaptabilidad y capacidad de recuperación de los sistemas.

3   La investigación de los accidentes marítimos

Los primeros precedentes históricos los encontramos en Reino Unido, en el seno de la Cámara de los Comunes en 1836, donde se estableció una especie de corte de investigación para aclarar las causas de los siniestros marítimos e incluso depurar responsabilidades de los capitanes, suspendiéndoles sus licencias. Con ese precedente, posteriores desarrollos legislativos, como la Steam Navigation Act (1846) y la Merchant Shipping Act (1876), establecieron la investigación de los accidentes marítimos como instrumento básico de prevención de los mismos.[15]

Tras la creación de la OMI, diferentes convenios y normas de derecho uniforme formularon la obligación «legal» de investigación, de manera fundamental el artículo 94 de la Convención de las Naciones Unidas sobre el Derecho del Mar (UNCLOS) establece como obligación del Estado del pabellón: «Todo Estado efectuará una investigación en relación con cualquier accidente marítimo o cualquier incidente de navegación en alta mar…».

Sobre esa base, diferentes convenios han incorporado dicha obligación, como la regla 21, parte C, del capítulo I del Convenio SOLAS; artículo 23, Load Lines 66; artículos 8 y 12 del Convenio MARPOL 73/78; la regla 1/5 SCTW; etc.

La obligación de los estados sobre los informes que deben proporcionar a la OMI (regla 21 del SOLAS) ha sido la principal fuente de información, cuando menos estadística, del trabajo del Comité de Seguridad Marítima (MSC) y de sus subcomités, que ha permitido disponer de una información objetiva y fiable. Sobre la base de esa información los subcomités y el MSC han planteado propuestas de convenios u otros instrumentos legales a la Asamblea o al Consejo de la OMI.

Sin embargo, la heterogeneidad de esos informes entre los diferentes estados (mera comunicación formal del número siniestros, informe exhaustivo,

---

[14] De lectura imprescindible, Hollnagel E., Woods D., Levenson N. en *Ingeniería de la resiliencia*, Ed. Modus Laborandi, 2013.

[15] Véase Piniella Corbacho, F. en *Seguridad del transporte marítimo*, Ed. UCA Servicio de Publicaciones, 2009, pág. 475.

diferentes formatos, etc.), planteó la necesidad de disponer de un instrumento común que facilitase la cooperación entre ellos. Fruto de tal planteamiento es el Código para la investigación de siniestros y sucesos marítimos (Resolución A. 849 [20]). Este código establece un procedimiento, la emisión de informes y proporciona una definición de «siniestro marítimo», «siniestro muy grave» y «siniestros menos graves». Con carácter ilustrativo, define «siniestro muy grave: el sufrido por el buque con pérdida total de este, pérdida de vidas humanas o contaminación grave».

Los principios básicos de este código son:

- Definición del objeto de la investigación y de los principios que la rigen.
- Procedimientos de consultas y cooperación entre los estados con intereses en la investigación.
- El objeto de la investigación es la prevención de siniestros, no la atribución de responsabilidades en el marco de la investigación. Protección y un cierto grado de inmunidad a los participantes en la investigación. Prevenir el peligro de «auto inculpación».
- Creación de un modelo normalizado de «informe de la investigación».

El código indica, de manera expresa, que el objeto de la investigación es la prevención de siniestros análogos, en ningún caso la atribución de responsabilidades. La investigación en el seno del código se sitúa al margen de cualesquiera otros procedimientos administrativos, judicial penal, civil, etc., en relación o derivados del accidente. Esto no impide que una vez se hayan determinado las causas del siniestro los jueces y tribunales atribuyan responsabilidades jurídicas.[16]

3.1 *Estructura del informe (MSC/Circular 953 MEPC/Circular 372)*

Toda investigación concluye con un informe que debe contener los siguientes elementos:

- Resumen fáctico de hechos y circunstancias.
- Partes intervinientes: nacionalidades, identidad de navieras, propietarios, etc.

---

[16] Tener muy presente en este caso las Directrices sobre el trato justo de la gente de mar .Véase en la LNM, Disposición Adicional nuevo artículo 269 TRLPMM 2011. Véase en este estudio el capítulo 6, Factor humano.

- Especificaciones técnicas detalladas, tripulación, de obligaciones, etc.
- Descripción detallada del siniestro.
- Análisis y observaciones de todos los factores que intervienen en el siniestro.
- Formulación de observaciones sobre los elementos causales, que deben incluir tanto los factores mecánicos como humanos, con arreglo a las estipulaciones de la base de datos de OMI.
- Formulación de recomendaciones de prevención de siniestros análogos, si procede.

3.2 La investigación de accidentes en la UE

En el Libro blanco *(La política europea de transporte de cara al 2010: la hora de la verdad)* se reclama la necesidad de un organismo independiente en las investigaciones técnicas, las cuales se han de basar en el análisis de las causas y circunstancias de los accidentes e incidentes, y cuyos resultados se han de orientar hacia la prevención y minimización de riesgos y a la mejora de la legislación.

En el paquete legal Erika II se planteaba literalmente que EMSA debía «diseñar, con la Comisión y los estados miembros, una metodología común para la investigación de los accidentes marítimos y participación de la misma».[17]

En la actualidad, los principios y la metodología de la investigación se encuentran recogidos en la Directiva 2009/18CE del Parlamento Europeo y del Consejo de 23 de abril de 2009, «por la que se establecen los principios fundamentales que rigen la investigación de accidentes en el sector del transporte marítimo» (DOUE L 131de 28 de mayo), así como en el Reglamento 1286/2011 de la Comisión, de 9 de diciembre de 2011, por el que se adopta, con arreglo al artículo 5, apartado 4, de la Directiva 2009/18/CE del Parlamento Europeo y del Consejo «una metodología común para la investigación de siniestros e incidentes marítimos» (DOUE L328 de 10 de diciembre).

Existe el proyecto de una base de datos europea de siniestros marítimos, a la que los organismos de investigación de los estados miembros notificarán con formato normalizado los siniestros e incidentes marítimos.

---

[17] Conviene tener presentes, con carácter de precedente, la Directiva 1999/35/CE, sobre principios de investigación de accidentes e incidentes en los servicios regulares de transbordadores de carga rodada y naves de pasaje de gran velocidad, y la Directiva 2002/59/CE, relativa al establecimiento de un sistema comunitario de seguimiento y de información sobre el tráfico marítimo y que establecía el uso de sistemas registradores de datos de la travesía (VDR).

3.1 *España: la Comisión de Investigación de Accidentes e Incidentes Marítimos (CIAIM)*

El objetivo de la CIAIM es la investigación de accidentes marítimos, la formulación de las recomendaciones de seguridad para tratar de evitar que los accidentes vuelvan a suceder, y la publicación de los informes resultantes de la investigación de accidentes.

La actividad de la CIAIM está regulada en los artículos 265 y 307.n) del TRLPMM RD Leg. 2/2011 de 5 de septiembre y por el RD 800/2011, de 10 de junio. De acuerdo con esta normativa, las investigaciones de esta comisión van dirigidas a establecer las causas técnicas que produjeron el accidente, así como a formular recomendaciones que permitan la prevención de accidentes. En ningún caso las investigaciones persiguen la determinación de culpa o responsabilidad alguna.

En su trabajos, la CIAIM sigue las recomendaciones del Código para la investigación de siniestros y sucesos marítimos, adoptado por la OMI. Publica sus informes desde el año 2009 y elabora recomendaciones para toda la comunidad marítima: Administración, navieras, tripulaciones, etc. Dada su relevancia, destaca el *Informe sobre estabilidad de buques pesqueros* (2014).[18] Cabe destacar que la CIAIM no investiga todos los siniestros, sino aquellos que tienen una especial relevancia técnica. De sus informaciones, el análisis deductivo de la seguridad marítima en España enuncia dos grandes agujeros negros: la flota pesquera y los fallos operacionales.[19]

3.2 *La investigación de los accidentes marítimos en el derecho comparado*

3.2.1 *Reino Unido, la Maritime Accident Investigation Branch (MAIB)*

La MAIB (división de investigación de accidentes marítimos) fue creada en 1989 para el análisis y la investigación de todo tipo de accidentes marítimos sufridos por barcos británicos u ocurridos abordo de los mismos en todo el mundo, así como los accidentes de otros barcos en aguas territoriales de Reino Unido.

---

[18] Disponibles en la web de la CIAIM: www.fomento.gob.es/MFOM/LANG.../CIAIM/.../ESTAB_PE.htm.
[19] En el año 2014, fallecieron en España 24 personas en accidentes de pesqueros en sólo seis accidentes.

El objetivo de sus investigaciones sobre un accidente es averiguar las circunstancias y causas, con el fin de mejorar la seguridad de la vida en el mar y de evitar accidentes en el futuro. No se pretende adjudicar la responsabilidad ni tampoco, salvo en la medida en que sea necesario para conseguir el objetivo fundamental, determinar quién es el culpable.

En definitiva, se trata de una organización dedicada a la investigación y no a la administración o ejecución de la ley.

La MAIB es una organización independiente, que no forma parte del Ministerio de Transporte (Department for Transport, DfT), ni tampoco de la Agencia Marítima y de la Guardia Costera (Maritime and Coastguard Agency, MCA). El responsable máximo de la MAIB, el comisario de Accidentes Marítimos (Chief Inspector of Marine Accidents), se encuentra bajo las órdenes directas del secretario de Estado de Transporte (Secretary of State's Representative Salvage & Intervention, SOSREP).

El comisario dispone de cuatro equipos de investigadores de accidentes, cada uno de los cuales está compuesto por un inspector principal y cuatro inspectores. Todos poseen las necesarias cualificaciones profesionales y experiencia en las disciplinas náutica, de ingeniería, de arquitectura naval y de pesca de la industria marítima. Asimismo, el MAIB cuenta con personal administrativo que se encarga de los aspectos financieros, los contratos, los archivos, el análisis de datos y las publicaciones, y que proporciona apoyo general a los inspectores en todas y cada una de las fases de las pesquisas administrativas, los exámenes preliminares y las investigaciones completas.

Las facultades de los inspectores del MAIB y el marco para la notificación e investigación de accidentes se estipulan en la parte 11 de la Merchant Shipping Act 1995. El Merchant Shipping (Accident Reporting and Investigation) Regulations 2005, dispone el marco jurídico en vigor. Este reglamento, que constituye la base de la labor del MAIB, se aplica a buques mercantes, barcos de pesca y (salvo algunas excepciones) a embarcaciones de recreo. Define los accidentes, establece el objetivo de las investigaciones y determina los requisitos para dar parte de accidentes. Asimismo, incluye disposiciones sobre la solicitud, notificación y realización de investigaciones, pero concede amplia facultad discrecional a los inspectores, aspecto necesario dada la amplia variedad de casos. Existe un protocolo de intenciones firmado por la Health and Safety Executive (HSE), el MAIB y la MCA, sobre qué organización debe dirigir las investigaciones en las que comparten un interés común, sobre todo cuando hay una conexión barco-tierra en que quedan solapadas las competencias de los tres organismos.

3.2.2   Otras agencias de investigación europeas

- Division for Investigation of Maritime Accidents (autoridad marítima danesa).
- Accident Investigation Board of Finland
- Bureau d'enquêtes sur les événements de mer (BEAmer) (Francia).
- Marine Casualty Investigation Board (MCIB) (Irlanda).
- Italian Coast Guard (ITCG).
- Swedish Accident Investigation Board (SHK) (Suecia).

También resulta destacable, a pesar de no tener carácter institucional, el Marine Accident Investigators International Forum (MAIIF).

3.2.3   El caso nortemericano: el US Coast Guard y la National Transportation Safety Board

EEUU cuenta con dos organismos competentes en investigación de siniestros marítimos: el US Coast Guard (USCG), una rama de las fuerzas armadas que depende del US Departament of Homeland Security y la National Transportation Safety Board (NTSB), junta independiente dedicada a la investigación de siniestros en todos los medios de transporte.

El USCG es el organismo equivalente al MAIB de Reino Unido. Aunque no sea un organismo plenamente dedicado a la investigación de siniestros marítimos, es el encargado de revisar todos los siniestros y realizar las primeras indagaciones para, a continuación, abordar aquellos que conforme con sus regulaciones deban ser investigados. Más adelante, en el caso de un accidente de grandes proporciones, entraría en juego la labor de la NTSB.[20]

3.2.4   Marine Investigation for Safety and Law Enforcement (MISLE) (2001)

Por otro lado, el USCG dispone de una base de datos propia: el MISLE. Inicialmente pensado como un sistema de información sobre vertidos, ha ido evolucionando

---

[20] Para un estudio más exhaustivo del modelo norteamericano, véase Martí Rodrigo C., trabajo dirigido por el autor: *Régimen jurídico y metodología de investigación de siniestros marítimos*, 2008; disponible en repertorio OAI de la UPC: UPCommons (http://hdl.handle.net/2099.1/5068).

hasta cumplir con los requisitos del USCG sobre recogida de información, opciones de análisis e interpretación, y la dirección de la protección del medioambiente en los espacios marinos.[21]

3.3   Los incidentes marítimos

Otra línea de investigación, es el estudio de los cuasi accidentes, también llamados incidentes marítimos *(near missses),* entendidos como una secuencia de eventos o circunstancias que podrían haber dado lugar a una pérdida o daño. Esta pérdida o daño no se ha producido sólo por una rotura fortuita en la cadena de eventos o condiciones. La pérdida potencial puede referirse a daños personales, pérdidas materiales o daños al medio ambiente. La base teórica de la teoría de los incidentes y su carácter de precursores o antecedentes inmediatos de los accidentes se debe a W. H. Heinrich, que establecía una relación matemática de proporcionalidad entre el número de incidentes observados y el accidente. Se parte de la premisa conceptual de que los actos inseguros causan la mayor parte de los accidentes.[22]

El tratamiento de los mismos y su recopilación sistemática permiten descubrir los fallos del sistema de gestión de la seguridad, o cuando menos detectar actos inseguros. El propio sistema de gestión de la seguridad del buque o de la compañía debe incluir, de acuerdo con las previsiones del Código IGS, procedimientos que garanticen que se informe a la naviera sobre las no conformidades, los accidentes y otras situaciones de riesgo, con el objetivo de mejorar la eficacia del sistema.

La OMI, consciente de la relevancia de esta cuestión, se ha ocupado del tema en las circulares: MSC/Circular 1015, Información incidentes; y MSC-MEPC.7/Circular7, Orientaciones sobre la notificación de incidentes. Sobre la base de las previsiones del Código IGS (sección 9.ª), se anima a comunicar las situaciones de

---

[21] El MISLE almacena diversos tipos de información; por ejemplo, detalle de las características del buque, la carga, las identidades de las partes implicadas, información del puente de mando, los equipos y archivos del USCG relativos a las informaciones citadas. Todas ellas provienen de las investigaciones del USCG, ya sea de archivos conseguidos por los investigadores o archivos creados por alguna de las secciones de investigación del USCG. El MISLE, al contrario que el EMCIP europeo, es una organización activa que realiza juntas concernientes a la aplicación de la ley y observaciones, inspecciones e investigaciones marítimas, respuesta a incidentes relacionados con la contaminación marina y operaciones de búsqueda y rescate. Además, el MISLE gestiona el flujo de información que se genera alrededor de todas estas actividades.

[22] Véase Johnson, C., «Failure in safety critical systems: A handbook of incident and accident reporting», *Glasgow University Press,* 2003.

Figura 10.6. Pirámide del incidente.

peligro potencial de manera anónima, y a que los estados miembros establezcan procedimientos adecuados.[23]

La puesta en común dentro de la compañía naviera de esas pequeñas incidencias y su tratamiento (resbalones, caídas, pequeños vertidos, etc.) pueden ser un elemento clave de las políticas de prevención para todos los implicados en la seguridad: capitanes, DPA, departamento de flota y seguridad, etc.

De manera colectiva, se consideran unas bases de datos que proporcionan con el tratamiento adecuado elementos de prevención de actos inseguros y políticas preventivas de seguridad marítima. Siendo en Reino Unido donde han tenido más desarrollo, cabe citar como de referencia:

- MARS: The Mariners Alerting and Reporting Scheme, vinculado al Nautical Institute.[24]
- CHIRP: Confidential Human Incident Report, que cubre no sólo el ámbito marítimo, sino también el transporte aéreo.[25]

....

[23] Sobre una vertiente teórica, ver Zhixian W. en *The Use of Near misses in maritime safety management*, World Maritime University, Disponible en dlib.wmu.se/jspui/bitstream/123456789/.../21137.pdf.

[24] Véase www.nautinst.org/en/forums/mars.

[25] Véase www.chirp.co.uk.

– El US Coast Guard también dispone de un sistema de información anónima de incidentes, dentro del sistema general de comunicación de accidentes.[26]

3.4 *Conclusión*

Más allá de las recomendaciones y acciones correctoras que proporcionan las diversas comisiones de investigación,[27] los resultados de sus investigaciones proporcionan una información valiosísima, no sólo para el investigador, sino también en la identificación de peligros y el análisis de riesgos (HAZID). Se citan a continuación las bases de datos más relevantes:

– Lloyd's Maritime Information Services (LMIS) database.
– IMO's database -Marine Accident Reporting Scheme (MARS).

Bases de datos nacionales:

– Marine Accident Investigation Branch (MAIB), Reino Unido.
– Marine Incident Investigation Unit (MIIU), Australia,
– Marine Investigation for Safety and Law Enforcement (MISLE), EEUU.
– Marine Casualty Database (DAMA), Noruega.

4   La teoría de los riesgos *(models risks)*

4.1   *La teoría matemática del análisis de riesgos: el teorema de Bayes y la teoría del valor extremo*

El teorema de Bayes, que fue tachado de ser completamente acientífico hasta la década de 1980, es considerado en la actualidad como un teorema de gran fiabilidad, cuando se dispone de gran cantidad de datos. Algo similar sucede con la «teoría del valor extremo», desarrollada en la década de 1920, que fue considerada con

---

[26] Véase www.uscg.mil/d13/msuportland/inspections/io_report.asp.
[27] Tras los siniestros del *Braer* (1993) y el *Sea Empress* (1996), a partir del informe de Lord Donaldson al Parlamento *Command and Control* (1997), fue transformado totalmente el modelo de emergencias marítimas británico, creando la figura del SOSREP *(Secretary of State's Representative Salvage & Intervention)*.

escepticismo durante mucho tiempo. En cambio, en la actualidad se utiliza en áreas tan diversas como la planificación del riesgo financiero y la seguridad marítima. Además, es el elemento instrumental esencial de la «teoría de la decisión», en cuanto permite delimitar la incertidumbre a partir de información incompleta.

4.1.1   Teorema de Bayes

En la teoría de la probabilidad, el teorema de Thomas Bayes es un resultado enunciado que expresa la probabilidad condicional de un evento aleatorio A dado B en términos de la distribución de probabilidad condicional del evento B dado A y la distribución de probabilidad marginal de sólo A.

En términos más generales y menos matemáticos, el teorema de Bayes es de enorme relevancia puesto que vincula la probabilidad de A dado B con la probabilidad de B dado A.

Con base en la definición de probabilidad condicionada, obtenemos la fórmula de Bayes, También conocida como la regla de Bayes.

El teorema de Bayes es válido en todas las aplicaciones de la teoría de la probabilidad.

Sin embargo, hay una controversia sobre el tipo de probabilidades que emplea. En esencia, los seguidores de la estadística tradicional sólo admiten probabilidades basadas en experimentos repetibles y que tengan una confirmación empírica, mientras que los llamados estadísticos bayesianos permiten probabilidades subjetivas. El teorema puede servir entonces para indicar cómo debemos modificar nuestras probabilidades subjetivas cuando recibimos información adicional de un experimento. La estadística bayesiana está demostrando su utilidad en ciertas estimaciones basadas en el conocimiento subjetivo a priori, y el hecho de permitir revisar esas estimaciones en función de la evidencia empírica es lo que está abriendo nuevas formas de hacer conocimiento. Esta técnica estadística permite evaluar al mismo tiempo varios escenarios, incluso contradictorios, para hallar la opción de mayor probabilidad.

La estadística bayesiana, al contrario que la estadística de frecuencia que se fundamenta en la idea de cuantificar la probabilidad de un suceso a partir de la fre-

$$P(A_i|B) = \frac{P(B|A_i)P(A_i)}{\sum_{k=1}^{n} P(B|A_k)P(A_k)}$$

Figura 10.7. Teorema de Bayes.

cuencia relativa de aparición, parte de la noción de que la probabilidad representa el grado de creencia que otorgamos al suceso en cuestión. Durante la Segunda Guerra Mundial, esto se consideraba demasiado subjetivo y poco científico; sin embargo, se empleó por Alan Turing para descubrir el tráfico de los submarinos alemanes a partir del descifrado de Ultra, el sistema de cifrado de la armada alemana. Afortunadamente, los excelentes resultados que ha proporcionado esta aproximación bayesiana en innumerables problemas del mundo real han servido para constatar su supremacía sobre la aproximación basada en la frecuencia.

Las autoridades implicadas en la búsqueda del vuelo 447 de Air France se basaron en todo un sistema bayesiano para dar con la caja negra del airbus desaparecido en 2009. Tuvieron que transformar toda la información de corrientes marítimas, de fenómenos meteorológicos y de pasados accidentes para lograr dar con el aparato. En el caso del vuelo de Air France, se tenía la certeza de que el avión había caído en un radio de 40 millas de la última localización transmitida por el sistema de seguridad de la aeronave. Algo similar es el caso del *Malasyan Air Lines* MH 370, donde el radio de acción abarca más de 20.000 millas cuadradas de una remota zona del sur del océano Índico. Parece obvia la utilidad de las matemáticas bayesianas para las operaciones de búsqueda y rescate.

4.1.2 Teoría del valor extremo

La teoría del valor extremo consiste en un conjunto de técnicas estadísticas para la identificación y modelización de los máximos o mínimos de una variable aleatoria. La teoría de valores extremos está relacionada con aspectos probabilísticos y estadísticos relacionados con valores muy altos o muy bajos en una sucesión de variables aleatorias.

Los modelos fundamentales de esta teoría fueron definidos por Von Mises, Gnedenko o Fisher y Tippet (1928), cuyo teorema llevó al desarrollo de la distribución asintónica para modelizar máximos (o mínimos), denominada distribución generalizada del valor extremo (GEVD).

La esencia de la teoría del valor extremo radica en el concepto de «distribución», una fórmula matemática que da la frecuencia relativa de una cantidad particular. Los métodos de esta teoría también se están utilizando para resolver siniestros marítimos. En 1980, el buque *Derbyshire* se hundió en Japón, con sus cuarenta y cuatro tripulantes, a causa de un tifón. Durante años surgieron diferentes preguntas respecto a si el barco fue víctima de un diseño defectuoso o si la causa fue una deficiente navegación, conclusión a la que se llegó en 1997 en la investigación pública. Tres años después, una segunda investigación exoneró a la tripulación, después de que el profesor Tawn y la doctora Hefferman, de la Universidad de Lancaster, descubrieran la causa real: una ola inesperada y violenta que destrozó la escotilla de popa del barco. De resultas de la investigación se recomendó que se reforzaran sustancialmente las escotillas para afrontar tales sucesos.

4.2 La doctrina científica

El teorema de Bayes o de la probabilidad inversa está considerado como un teorema de gran fiabilidad. Las redes y las inferencias bayesianas son el método matemático más utilizado en el tratamiento del riesgo marítimo, por encima de las teorías del valor extremo, la simulación de Monte Carlo o las cadenas de Markov. Sin embargo, cada vez se utilizan más redes neuronales y lógica difusa *(fuzzy logic)*, pero sin proporcionar por ahora los resultados de las redes e inferencias bayesianas. La estadística bayesiana tiene tres características que la hacen sumamente interesante y atractiva: construcción axiomática, una sola regla de decisión y, sobre todo, ofrece una solución única para ciertos problemas.

La aplicación de las matemáticas bayesianas en el análisis del riesgo marítimo cuenta con multitud de adeptos, entre ellos la propia OMI. Es la escuela noruega la que más ha destacado en este campo, con una obra fundamental: *Maritime transportation: safety management and risk analysis* del profesor S. Kristiansen.[28]

Desde una perspectiva econométrica pero con influencias bayesianas, destacan los trabajos de la profesora Sabine Knapp, entre ellos *An integrated risk estimation methodology: Ship specific incident type risk; The Econometrics of Maritime Safety: Recommendations to Enhance Safety at Sea.*[29]

---

[28] Véase Kristiansen, S. en *Maritime transportation: safety management and risk analysis,* Ed. Routledge, 2004. El profesor Kristiansen dispone de una web personal (www.ntnu.edu/employees/svein.kristiansen). Es una referencia imprescindible en la gestión de riesgo, la gestión de la seguridad y análisis de siniestros a partir de redes bayesianas. En nuestro país y con carácter sumamente pedagógico, véase Bernardo J.M. en *Metodología Bayesiana para la toma de decisiones; aplicaciones en el control ambiental de actividades portuarias,* Universidad de Valencia, 2004 (http://www.puertos.es/es-es/medioambiente/Documents/pro14.pdf).

[29] La profesora Sabine Knapp, de la Erasmus School of Economics de Rotterdam, dispone de web personal (people.few.eur.nl/knapp) en la que aparecen en abierto gran parte de sus trabajos. A partir de modelos matemáticos establece vínculos estadísticos entre todos los actores de la actividad marítima: relación entre el control del Estado del puerto y los accidentes marítimos, modelización del riesgo, análisis sectoriales, etc.

Como hemos señalado, aunque con carácter experimental, se utilizan técnicas de lógica difusa o borrosa, que se basa en lo relativo de lo observado como posición diferencial. Este tipo de lógica toma dos valores aleatorios, pero contextualizados y referidos entre sí. Los sistemas basados en lógica difusa imitan la forma en que toman decisiones los humanos, con la ventaja de ser mucho más rápidos. Cabe destacar los excelentes resultados que brinda un sistema de control basado en la lógica difusa, que se pueden completar con redes neuronales. Sin embargo, respecto a la modelización de riesgos y como técnica instrumental en la toma de decisiones, mantenemos en el momento actual la superioridad de las inferencias bayesianas. En el ámbito específico de la aplicación de la lógica difusa a la seguridad marítima, destacan las aportaciones de los autores chinos.[30]

Las aportaciones de estos y otros autores, han influido poderosamente los trabajos de la comunidad marítima y de manera particular en la OMI, que valorando los nuevos avances en el análisis de riesgos, pero también sus limitaciones, los ha integrado en un instrumento mucho más completo y complejo: la evaluación formal de seguridad *(formal safety assessment)*.

5 La evaluación formal de seguridad (EFS)

Desarrollada originalmente en respuesta al desastre de la *Piper Alpha* en 1988 (plataforma petrolífera que explotó en el Mar del Norte causando la muerte de 167 personas), a partir del informe de Lord Carver presentado en el Parlamento, la MCA propuso a la OMI una aproximación más científica a la investigación de los accidentes marítimos. Fruto de ello fue la Resolución MSC 62, que dio lugar a la primera guía provisional de 1997 y, tras un periodo de evaluación, a las actuales guías de 5 de abril de 2002 y las sucesivas, en el proceso de creación de nuevas normas de la OMI. Se partía de una perspectiva previa al siniestro y con una mentalidad proactiva en la gestión de la seguridad marítima.[31] Tal planteamiento supuso

---

[30] Ver Sii, HS. Wang J, Ruxton T., en «Novel risk assessment techniques for maritime safety management system», *International Journal of Quality & Reliability Management*, 2001, emeraldinsight.com.; «Fuzzy logic approaches to safety assessment in maritime engineering applications», en *Journal of Marine Engineering & Technology*, 2004.

[31] Después de una guía provisional de 1997, se aprobó la guía actual: *Guidelines for formal safety assessment for use in the IMO Rule-Making Process* (MSC Circular 1023 and MEPC Circular 392, 5, abril de 2002). (MSC Circular 1023 and MEPC Circular 392, 5 abril de 2002). Dicha guía fue enmendada parcialmente en 2005: MSC/Circular1180-MEPC/Circular474, y en el año 2006: MSC-MEPC.2/Circular5. La última versión de 2013 se puede consultar en http://research.dnv.com/skj/IMO/MSCMEPC%202_Circ%2012%20FSA%20Guidelines%20Rev%20III.pdf.

Visión global de la exposición al riesgo, la sensibilidad y la vulnerabilidad

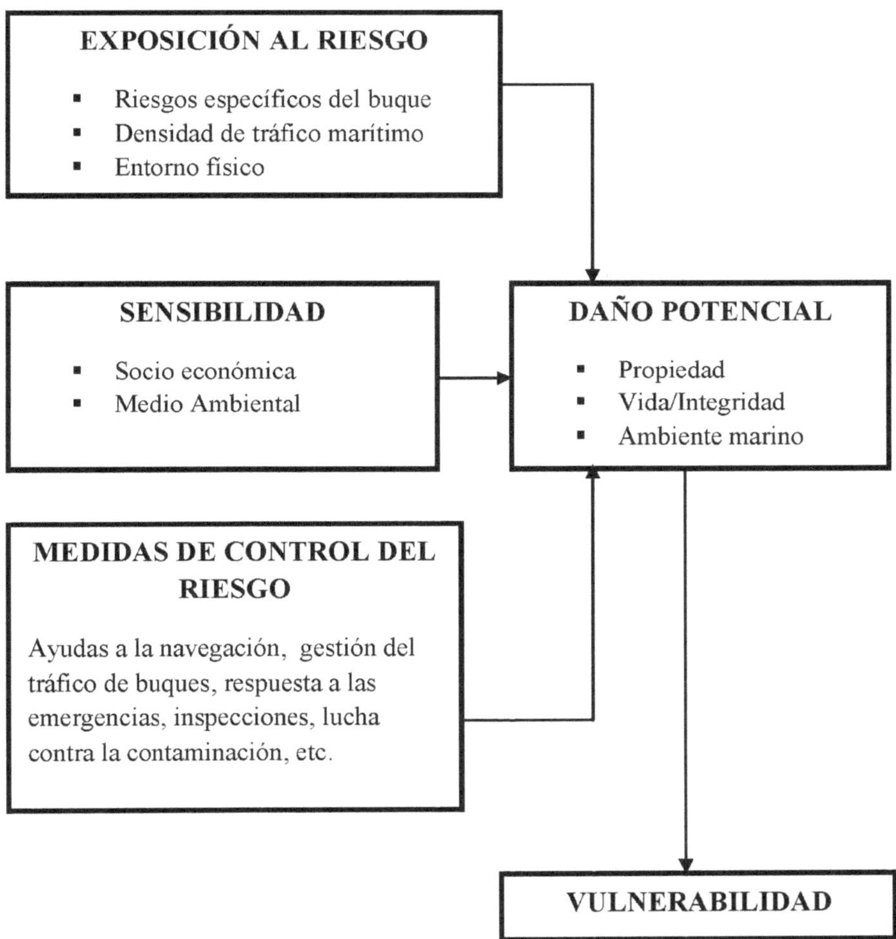

Figura 10.8. Relación entre riesgo, sensibilidad, control del riesgo y vulnerabilidad.

una nueva cultura de la seguridad marítima: la seguridad marítima se colocaba *ex ante* el siniestro y no *ex post*.

En el año 2005, el Comité de Seguridad Marítima de la OMI aprobó las enmiendas a las anteriormente citadas guías sobre el uso de la evaluación formal de seguridad (EFS) o *formal safety assessment* (FSA) en el proceso de creación de nuevas normas de la OMI.

La OMI describe la EFS como una metodología estructurada y sistemática, con el objetivo de reforzar la seguridad marítima, incluyendo la protección de la vida humana, salud, el medioambiente marino y la propiedad, mediante el uso del análisis de riesgos y la valoración del coste de sus beneficios. Además, la EFS es utilizada como herramienta de evaluación de las nuevas regulaciones de seguridad marítima y de protección del medioambiente marino o en la comparación entre reglas existentes y las posibles reglas mejoradas.

Utilizar la investigación de siniestros marítimos como único instrumento de prevención es una opción demasiado simple y reduccionista, que no encajaba en la mentalidad proactiva en la gestión de la seguridad marítima. La EFS toma razón expresa de los riesgos y su análisis en la gestión de la seguridad, e igualmente aprovecha la información derivada de los accidentes.

La EFS surge como un instrumento distinto de lucha contra la producción de siniestros marítimos. No se trata de corregir las causas de un siniestro en particular, que por otra parte es prácticamente imposible que se vuelva a repetir. La cuestión es evitar

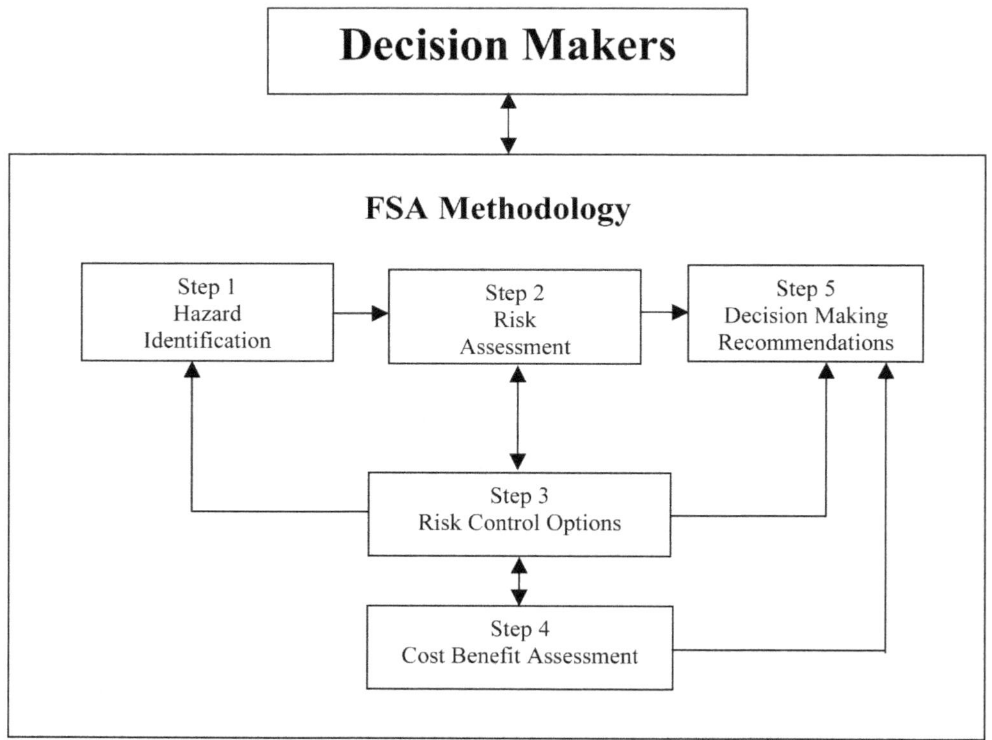

Figura 10.9. Diagrama de la evaluación formal de seguridad (fuente: OMI, MSC Circular 1023).

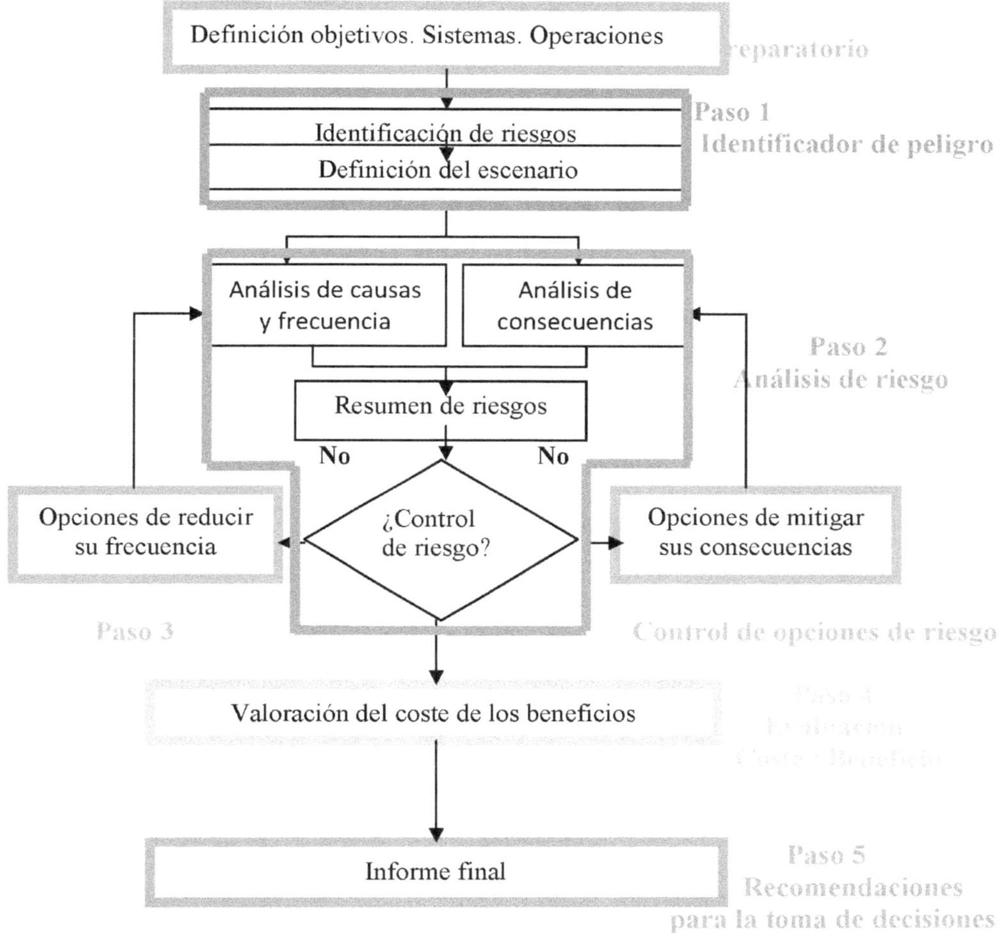

Figura 10.10. Diagrama completo de la evaluación formal de seguridad.

que esas causas no se lleguen a producir antes de que el siniestro pueda suceder. Además, permite una evaluación racional y trasparente en el proceso de creación de nuevas normas y reglas de seguridad marítima, incluyendo expresamente una valoración de coste o potenciales beneficios de la nueva normativa. Además, justifica de forma trasparente las medidas propuestas y permite su comparación con otras opciones posibles.

De acuerdo con la *Guía OMI* (MSC Circular 1023), «riesgo es la combinación de la frecuencia con la gravedad de la consecuencia».

El tratamiento del riesgo se efectúa, como hemos comentado anteriormente, a través de su análisis, evaluación del mismo y finalmente de la gestión. En relación a estos tres conceptos la OMI (Circ. 1023) nos ofrece las siguientes definiciones:

- *Análisis de riesgos (risk analysis):* es el uso sistemático de la información disponible para identificar los peligros y estimar el riesgo para las personas, los bienes o el medio ambiente.

- *Evaluación de riesgos (risk assessment)*: es revisar la aceptabilidad de riesgo que se ha analizado y evaluado, basándose en la comparación con los estándares o criterios que definen la tolerabilidad al riesgo.

- *Gestión de riesgos (risk management):* es la aplicación de la evaluación con la intención de informar el proceso de toma de decisiones con las medidas de reducción del riesgo adecuadas y su posible implementación.

La aplicación de la EFS se divide en las cinco fases que se exponen en la tabla 10.1.[32,33]

	Evaluación formal de seguridad		
	Fases		**Aproximación en curso**
1	Identificación de riesgos	¿Qué podría ir mal?	¿Qué fue mal?
2	Análisis de riesgos, frecuencias, posibilidades y consecuencias	¿Qué frecuencia? ¿Qué probabilidad? ¿Qué magnitud?	
3	Identificación de opciones de control del riesgo	¿Cómo se pueden mejorar las cosas?	¿Qué se debería haber hecho para mejorar la situación?
4	Evaluación del coste de los beneficios	¿Cuánto cuesta? ¿Cuánto se mejora?	
5	Recomendaciones	¿Qué acciones vale la pena iniciar?	¿Qué acciones se deben tomar?

Tabla 10.1. Explicación conceptual proceso de evaluación formal de seguridad.

[32] Puede verse una exposición completa del proceso en la publicación de la tesis doctoral de Kontovas, K. en *Formal Safety Assessment: Critical Review and Future Role,* trabajo sistemático sobre las guías OMI, disponible en http://www.martrans.org/cvkontovas2.htm, Laboratory for Maritime Transport, 2005, National Technical University of Athens.

[33] Véase en Royal Institution of Naval Architects todos los estudios sobre evaluación formal de seguridad por tipología de buques: www.rina.org.uk/article801.html. Igualmente SAFEDOR, disponible en http://www.safedor.org/resources/index.htm#iacs.

5.1   Fase preliminar

La IACS añade un paso más en el desarrollo de la evaluación formal de seguridad. Se trata de un paso preliminar en el que se definen los propósitos y objetivos del estudio de la EFS. Esta fase, entre otras tareas incluye:

- Un estudio del ámbito de aplicación: tamaño del buque, tipo, categorías de siniestros para el tipo de buque, condiciones operacionales, etc.
- Un estudio del sistema y las características específicas de operación del buque.
- Un estudio de los tipos de riesgo, es decir, riesgo para la vida humana, para el medio ambiente marino y para la propiedad.
- Una elaboración de criterios de aceptación de riesgo, es decir cuál es el límite de riesgo admisible y, finalmente, la recolección de otros datos que puedan ser necesarios para el estudio.

5.1.1   Fase 1: identificación de riesgos (identification of hazards)

Este primer paso tiene mucho que ver con la confección de un esquema o lista de ítems. Un equipo multidisciplinar de expertos se reúne e identifica de forma sistemática todos los riesgos potenciales y relevantes. El hecho de que en el equipo haya diferentes expertos multidisciplinares es beneficioso para el equipo, ya que amplía el alcance de la identificación de riesgos de una forma más variada y precisa. Este planteamiento metodológico, a modo de tormenta de ideas, puede ser ayudado con análisis bayesianos o de lógica difusa.[34]

Conviene advertir que en esta primera etapa de identificación del riesgo, resulta muy útil la información procedente de las bases de datos derivadas de la investigación de accidentes marítimos, anteriormente comentadas.

En esta primera fase también se realiza un análisis superficial de posibles escenarios desarrollados a partir de los riesgos identificados, las posibles causas del riesgo, las posibles acciones mitigantes o preventivas y la probabilidad de que se haga realidad el escenario o riesgo.

....

[34] G. N. Dourmas, N. V. Nikitakos M. A., Lambrou, *A methodology for rating and ranking hazards at formal safety assessment using fuzzy logic,* Archives of Transport , 2007, vol. 19. Disponible en http://www.gnedenko-forum.org/Journal/2008/RATA_2_2008.pdf#page=52.

En la literatura anglosajona se emplean las expresiones HAZID *(Hazard Identification)* y HAZOP *(Hazard Operarability)*, para el análisis funcional de operatividad (AFO), está última más centrada en los aspectos operativos y el chequeo de sistemas.

Finalmente, se ordenan los riesgos y escenarios y se establece un orden de prioridades.

5.1.2 *Fase 2: valoración del riesgo* (risk analysis)

Los riesgos y escenarios identificados y priorizados en la fase 1 son analizados en profundidad. Se consideran dos análisis distintos en esta fase 2.

En primer lugar, el análisis de causas y frecuencia del riesgo y, en segundo, un análisis de las posibles consecuencias del riesgo.

Para el análisis de causas y frecuencia del riesgo se suele utilizar el análisis en árbol de causas *(fault tree analysis)* ya comentado anteriormente. Consiste en tomar un fallo y hacer el desglose de posibles causas, como se puede observar en el ejemplo de la figura 10.11.

En un análisis real se efectuaría un listado completo de los posibles fallos del GPS y, a su vez, cada una de las causas debería ir provista de las causas que la han provocado. Más adelante correspondería hacer un análisis sobre la afectación del fallo del GPS en la integridad del buque.

El análisis de consecuencias se realiza según se representa en la figura 10.12.

Una vez realizados estos dos análisis, el riesgo ya ha sido establecido y debe ser valorado para responder a la pregunta final de esta fase.

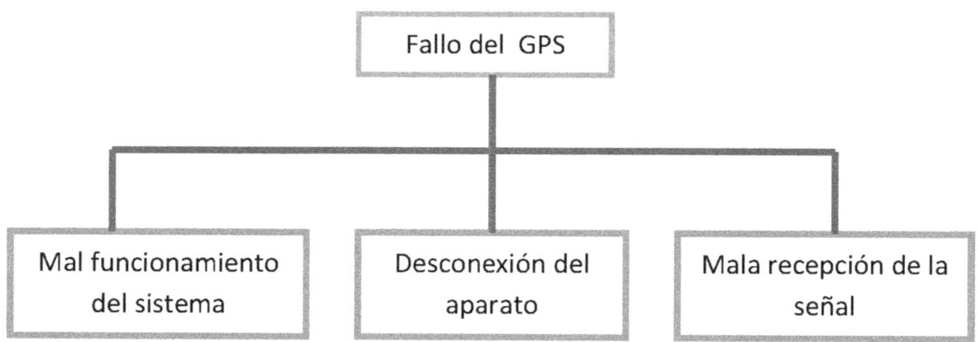

Figura 10.11. Ejemplo de análisis del fallo mediante un árbol de causas.

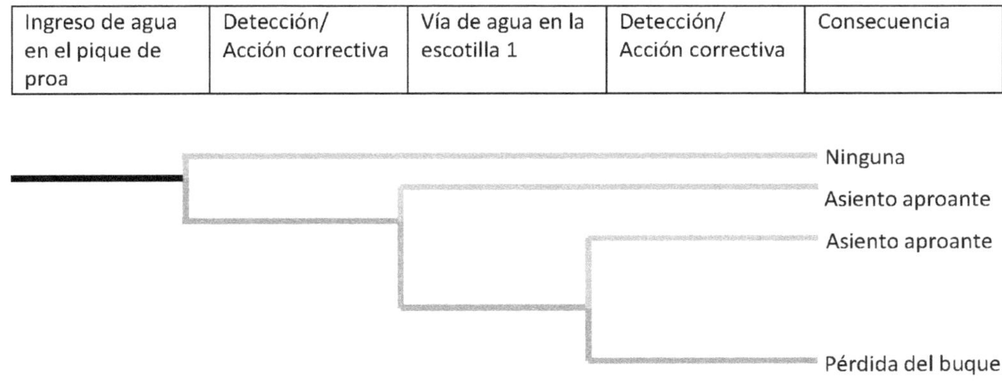

Figura 10.12. Análisis de consecuencias.

Con carácter ilustrativo, como una aplicación específica, el riesgo de personas es tratado como *riesgo individual* (RI). Hace referencia al riesgo de muerte, de lesión y de salud frágil experimentada por un individuo en una localización concreta. Sería, por ejemplo, el caso de un miembro de la tripulación o de un pasajero de a bordo de un navío, o incluso de terceras partes que podrían verse afectadas por un accidente del navío. Normalmente, el riesgo individual se concibe como el riesgo de muerte y está determinado por el individuo más expuesto o desprotegido. Este riesgo es específico en lo que a persona y ubicación se refiere:

$$\mathbf{RI}_{\text{para persona Y}} = \mathbf{F}_{\text{del suceso indeseado}} * \mathbf{P}_{\text{para persona Y}} * \mathbf{E}_{\text{de persona Y}}$$

Donde:

— **F** = frecuencia.
— **P** = probabilidad de la causalidad resultante.
— **E** = exposición fraccionaria a ese riesgo.

5.1.3 *Fase 3: opciones de control del riesgo* (risk control options)

El objetivo de este paso es la proposición de medidas para la prevención del inicio y progreso de un accidente. De acuerdo con la filosofía de la evaluación formal de seguridad, los esfuerzos se centrarán en la prevención y no en la mitigación de las consecuencias del siniestro (véase la figura 10.13).

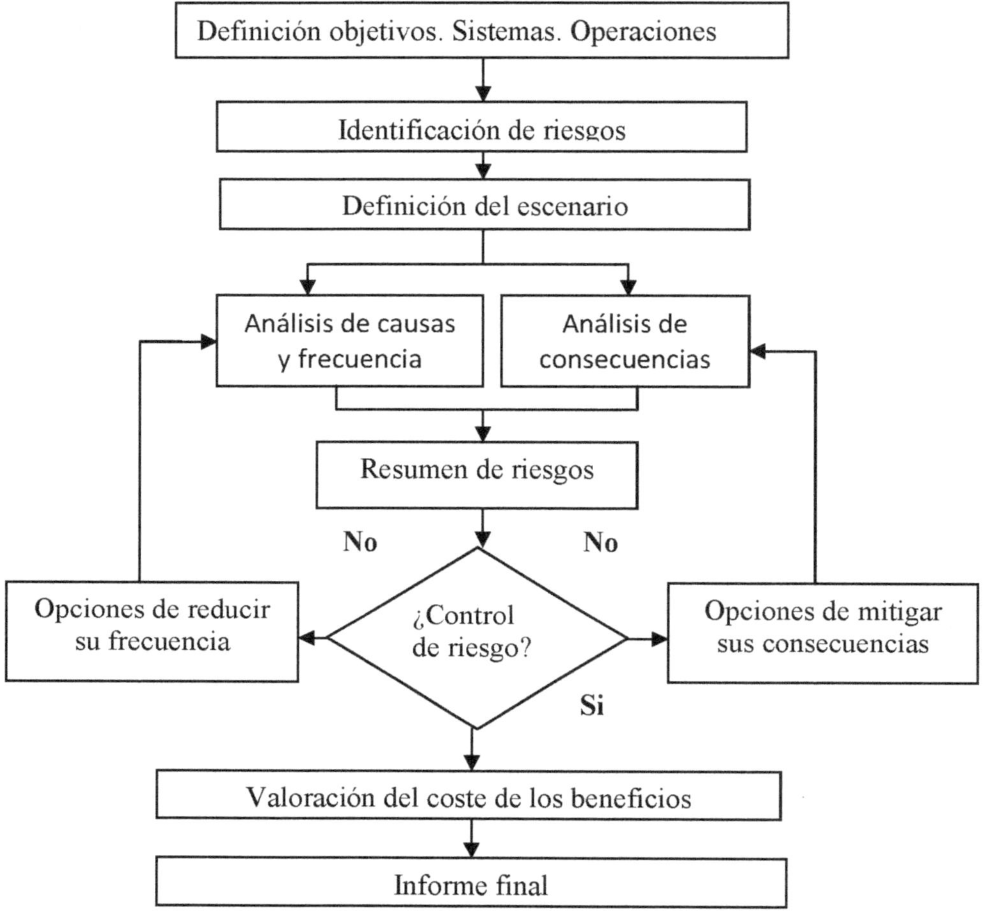

Figura 10.13. Flujo de información en la evaluación formal de seguridad.

5.1.4 *Fase 4: valoración del coste de los beneficios* (cost benefit analysis)

Consiste en la valoración por separado de los costes de implementación de una medida y sus beneficios; normalmente expresados estos costes en términos económicos:

- Inversiones.
- Costes relacionados con la operación.
- Educación, inspección y mantenimiento.
- Cumplimiento de nuevas regulaciones.
- Aplicación de nuevas regulaciones.

Los beneficios se pueden valorar en términos de costes o daños evitados:

- Reducción de la frecuencia de siniestros totales.
- Reducción de la frecuencia de heridos.
- Incremento de la vida útil del buque.
- Reducción de la contaminación del medioambiente marino.
- Reducción de incidentes.

5.1.5   Fase 5: recomendaciones en la toma de decisiones (decissión making recommendations)

En esta última fase se provee una selección de opciones para el control de riesgos con un coste razonable y efectivo, y se dan unas recomendaciones para disminuir el riesgo de la manera más lógica y practicable posible. El equilibrio entre opciones y sus costes está sometido al principio ALARP.

El principio ALARP *(As Low As Reasonably Practicable* o «tan bajo como sea razonablemente factible»), tiene sus orígenes en el derecho inglés, y en particular el Health and Safety at Work Act 1974, que requiere la provisión y mantenimiento de equipos y sistemas laborales para que sean seguros y sin riesgos para la salud «siempre y cuando sea razonablemente factible» (SFARP, del inglés *so far as is reasonably practicable)*. La definición de SFARP en este contexto conlleva al requerimiento de que los riesgos se deben reducir a un nivel que sea ALARP. Para que un riesgo sea considerado ALARP debe ser posible demostrar que el costo de continuar reduciendo ese riesgo es desproporcionado en comparación con el beneficio que se obtendría.

A la hora de determinar si un riesgo es ALARP, es necesario definir lo que significa razonablemente factible. Este estándar jurídico ha formado parte del derecho inglés desde el caso de «Edwards contra el Departamento Nacional del Carbón», en 1949.[35] El fallo de este caso fue que el riesgo debe ser insignificante en relación al sacrificio (dinero, tiempo, inconveniencia) necesario para evitarlo. Es decir, que los riesgos deben ser evitados a no ser que la diferencia entre el costo y el beneficio obtenido sea desproporcionada. Este punto de equilibrio ha sido incorporado a la metodología de la evaluación formal de seguridad.

....

[35] Véase *Edwards v. National Coal Board.* (1949) All ER 743 (CA).

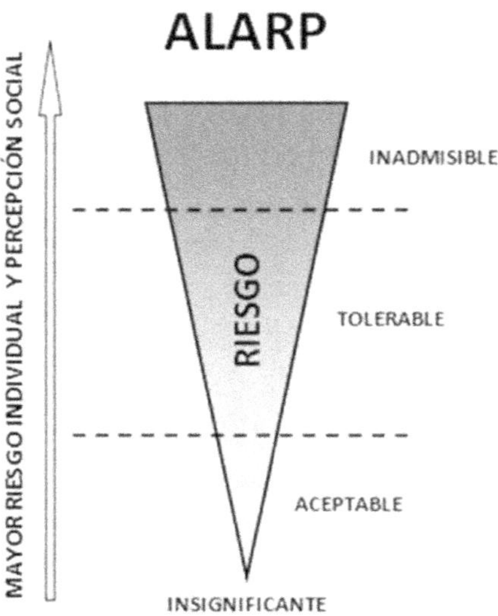

Figura 10.14. Esquema ALARP (As Low As Reasonably Practicable o «tan bajo como sea razonablemente factible») (fuente: Traducción Diagrama UK Health and Safety law).

Las figuras 10.15 y 10.16 representan unas tablas ALARP en forma de matriz y aplicación a distintos tipos de buques (OMI-MSC 72/16).

Estas opciones y recomendaciones vendrán recogidas en un informe que recogerá el alcance del análisis, las limitaciones asumidas, los resultados logrados y ofreciendo explicaciones que aclaren las conclusiones alcanzadas.

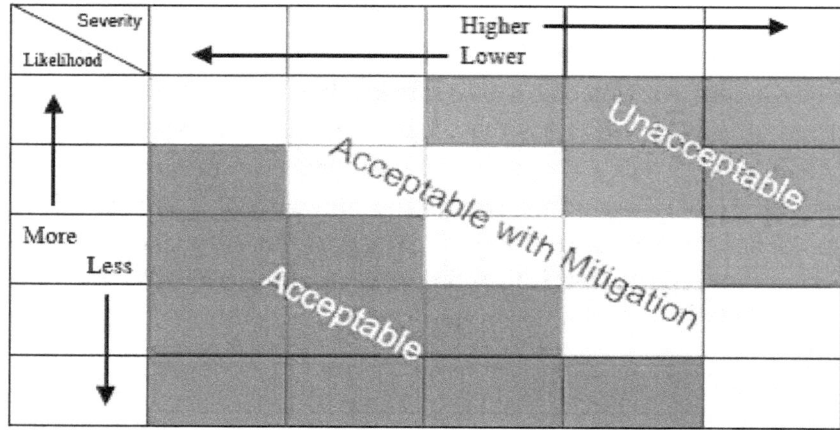

Figura 10.15. Matriz ALARP (fuente: UK Health and Safety law).

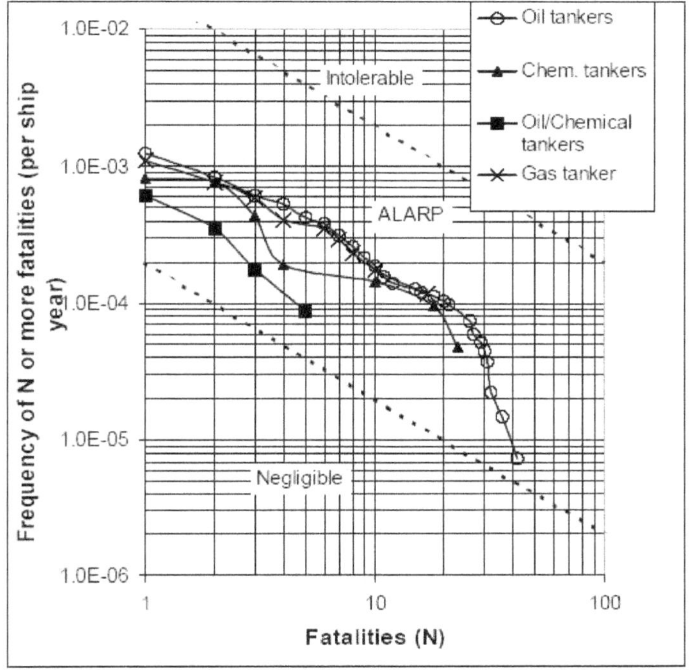

Figura 10.16. Matriz ALARP (fuente OMI - Circular MSC 72/16).

5.1.6 Juicio crítico de la EFS

La evaluación formal de seguridad (EFS), a pesar de su gran formalismo y de ser un proceso complejo, goza de una gran popularidad, y prácticamente todas las universidades marítimas y centros de investigación a escala mundial emprenden estudios EFS. Sin embargo, este no es un instrumento «mágico», es decir, no resuelve todos los problemas ni da respuestas a todas las preguntas. En el seno del CSM 79 se planteó la analogía con el radar, cuando se pensó que tras su implantación los abordajes desaparecerían. Conviene tener presente que, bien utilizado, es un buen instrumento de comparación de opciones posibles,[36] de debate racional y traspa-

---

[36] Como ejemplo de la EFS, la OMI decidió no contemplar la necesidad de una pista de aterrizaje de helicópteros en los buques de pasaje (Convenio SOLAS, cap. III, artículo 28,1). En igual sentido, ha de considerarse la propuesta sobre el doble casco para los buques graneleros. La EFS se ha proyectado inclusive en el transporte aéreo *(Safety Assessment Methodology, SAM, de Eurocontrol).*

rente en la creación de normas y en el debate legislativo, y desde luego aporta un criterio de proporcionalidad en la gestión de la seguridad. Un aspecto sumamente interesante es su influencia en el diseño y la construcción de buques a partir de la identificación de peligros por tipo de buque (HAZID), aspecto que ha revolucionado la ingeniería naval.[37]

6   Normas basadas en objetivos *(Goal Based Standards,* GBS)

Esta noción se introdujo en la OMI en la 89.ª reunión del Consejo en 2002, a través de una propuesta de dos estados miembros, Bahamas y Grecia (C 89/12/1). Esto sugiere que la OMI busca desempeñar un papel más activo en la normativa sobre la construcción de nuevos buques, una responsabilidad atribuida tradicionalmente a las sociedades de clasificación y los astilleros. Conviene recordar, sin embargo, que a pesar de compartir áreas comunes, supone otra orientación conceptual de los proyectos del buque basados en los riesgos (véase lo tratado en el capítulo 3, Resolución OMI MSC 85/5/3).

El planteamiento es que la OMI debe desarrollar estándares de construcción de buques que permitan diseños innovadores, pero al mismo tiempo garanticen que los buques se construyan de manera que, si se mantienen adecuadamente, puedan permanecer activos durante toda su vida económica (veinticinco años). Las normas también tendrían que asegurar que se pueda acceder fácilmente a todas las partes de un barco para facilitar la inspección adecuada y el mantenimiento.

Las normas basadas en objetivos no especifican la manera de conseguir el cumplimiento, sino que establecen unos objetivos que permiten vías alternativas para ello. La normativa preceptiva tiene inconvenientes suficientemente conocidos.[38] A los obligados en su aplicación sólo se les exige que cumplan las obligaciones legales para que se exoneren de su responsabilidad jurídica. Si posteriormente se demuestra que estas acciones son insuficientes para evitar un accidente, los responsables serían las normas y quienes las establecieron, y no quienes las cumplen. Por otra parte, las

---

[37] A partir de los trabajos de Safedor (http://www.safedor.org/), consorcio de investigación creado por los astilleros y las sociedades de clasificación en el marco del VI Programa Marco de la UE. Como obra de referencia imprescindible, véase por todos, Papanikolau, A. en *Risk-Based Ship Design Methods, tools and applications,* Ed. Springer, 2009. Véase sobre Safedor el capítulo 3.

[38] Véase Hoppe, H. (OMI) en «Normas basadas en objetivos (GBS, *Goal Based Standards):* un nuevo enfoque en la regulación internacional de la construcción de buques», *Boletín Informativo de Anave,* núm. 460, marzo 2007.

normas prescriptivas tienden a ser el producto de experiencias pasadas y, como tal, pueden llegar a ser más obsoletas con el paso del tiempo y, lo que es peor, originar riesgos innecesarios en sectores que son tecnológicamente vanguardistas.

Durante dos años, el asunto fue discutido ampliamente en el Comité de Seguridad Marítima (MSC), el Consejo y, finalmente, la Asamblea de la OMI que, en su vigésimo tercer período de sesiones, en 2003, incluyó el tema «nueva normas de construcción de naves basadas en objetivos» en el plan estratégico (A. 944 [23]) y el plan de trabajo a largo plazo (A. 943 [23]) de la organización.

6.1 *Principios básicos y metodología*

Después de discusiones en profundidad en el plenario y en el grupo de trabajo GBS durante el CSM 79 y el CSM 80; en mayo 2005, acordaron los principios básicos de las normas basadas en objetivos de la OMI con las siguientes características:

1. Serán normas amplias, que abarquen cuestiones de seguridad, ambientales o de protección, que los buques deberán cumplir durante su ciclo de vida.

2. Constituirán el nivel requerido, que debe alcanzarse mediante las prescripciones aplicadas por las sociedades de clasificación y otras organizaciones reconocidas, las administraciones y la OMI.

3. Deberán ser claras, demostrables, verificables, duraderas, aplicables y alcanzables, independientemente del proyecto y la tecnología del buque.

4. Suficientemente explícitas para no dar lugar a interpretaciones diversas.

Se entiende que estos principios básicos se desarrollaron para ser aplicables a todas las normas basadas en objetivos desarrolladas por la OMI y no sólo para las de construcción. Ello en previsión de que, en el futuro, la OMI podrá elaborar normas basadas en objetivos para otras áreas de seguridad como, por ejemplo, maquinaria, equipo, protección contra incendios, etc., así como zonas de protección en materia de seguridad y medio ambiente, y que todas ellas sigan los mismos principios. Se acordó continuar con el desarrollo de GBS utilizando un enfoque determinista, mientras que, al mismo tiempo, el uso de metodologías basadas en el riesgo de debía estudiar más a fondo en los próximos períodos de sesiones del comité. Existe la consciencia de que la seguridad estructural no puede considerarse de forma aislada, sino que debería formar parte de un marco global.[39]

Tras la deliberación sobre el tema, el Comité de Seguridad Marítima (CSM/MSC) 81 acordó limitar el alcance de su examen inicialmente a los buques graneleros y petroleros, y considerar la aplicación a otros tipos de buques y las zonas de seguridad en un momento posterior.

Para las normas basadas en objetivos para los buques petroleros y graneleros, se acordó, un sistema de cinco niveles:

* **I. Objetivos de seguridad**
  Objetivos de alto nivel que deben cumplir.

* **II. Requisitos funcionales**
  Criterios que deben satisfacer a fin de cumplir con los objetivos.

* **III. Criterios para la verificación del cumplimiento**
  Procedimientos para verificar que las normas y reglamentos para el diseño y construcción de buques se ajusten a los objetivos y requisitos funcionales.

* **IV. Directrices y procedimientos técnicos, incluyendo reglas de clasificación y normas internacionales**
  Los requisitos desarrollados por la OMI, las administraciones o las organizaciones reconocidas y aplicadas por las administraciones nacionales o las reconocidas que actúen en su nombre para el diseño y construcción de un barco, con el fin de que se ajusten a los objetivos y requisitos funcionales.

---

[39] Esta cuestión fue planteada con la industria de los cruceros (2002), en tal sentido Hoppe, muy en línea con las posiciones de este trabajo *(op. cit.)* afirma: «Tradicionalmente, los temas relacionados con protección contra incendios, ingeniería naval y otras disciplinas marítimas eran analizados, en la mayoría de los casos, de forma aislada unas de otras y, después de deliberaciones, se desarrollaban las normas prescriptivas de forma independiente para cada área específica de seguridad. Sin embargo, el nuevo enfoque normativo es por naturaleza «holístico» (global) y se dirige a objetivos como: «un buque debe proyectarse con una capacidad de supervivencia tal que, si ocurre un accidente, las personas puedan permanecer a bordo (en una zona segura) mientras el buque se dirige a puerto». El método de trabajo holístico puesto en práctica por el CSM y el deseo de conseguir objetivos globales en vez de un conjunto de normas prescriptivas aisladas, ha obligado a otros grupos de trabajo de la OMI a trabajar concertadamente para conseguir esta filosofía orientativa y los objetivos estratégicos mencionados».

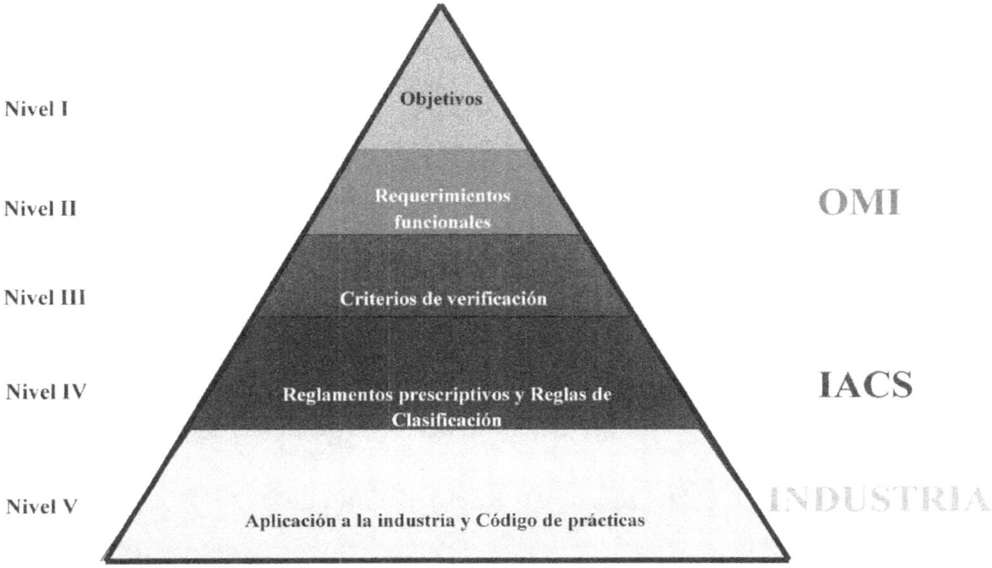

Figura 10.17. **Pirámide GBS.**

- **V. Prácticas y estándares de la industria**
  Estándares de la industria, códigos de prácticas y sistemas de seguridad y de calidad para la construcción naval, las operaciones del buque, el mantenimiento, la formación, la dotación de personal, etc., que pueden ser incorporados en o referencia a las normas y los reglamentos para el diseño y la construcción de un barco.

6.2 Situación actual

El GBS niveles I a III constituyen el esquema OMI GBS, que se convirtió en obligatorio el 1 de enero de 2012, bajo el Convenio SOLAS (nueva regla II-1/3-10), con posterioridad a la adopción de los siguientes instrumentos en el MSC 87 en mayo de 2010:

- La nueva regla II-1/ 3-10 «normas de construcción basadas en objetivos de buques graneleros y petroleros» (Resolución MSC. 290 [87]).

- Las normas internacionales basadas en objetivos de buques de construcción de graneleros y petroleros (resolución MSC. 287 [87]) (las normas).

- Directrices para la verificación de la conformidad con las normas de construcción de buques basadas en objetivos para graneleros y petroleros (resolución MSC. 296 [87]) (las directrices sobre verificación).

La regla II-1/3-10 establece que las normas basadas en objetivos sean aplicables a los petroleros y graneleros de 150 m de eslora en adelante, con el siguiente calendario:

- Contrato de construcción a partir del 1 de julio de 2016.

- En ausencia de un contrato de construcción, cuya quilla haya sido colocada o que está en una etapa similar de construcción a partir del 1 de julio de 2017.

- La entrega de los cuales será a partir del 1 de julio de 2020.

Las nuevas reglas también requieren que se proporcione un archivo de construcción del buque a la entrega de una nueva nave y llevarla a bordo del buque o disponer de ella en tierra.[40]

El MSC 89 en mayo de 2011, con el fin de proporcionar el proceso de elaboración, verificación, ejecución y seguimiento de las normas basadas en objetivos para apoyar el desarrollo normativo de la OMI, aprobó las directrices genéricas para elaborar normas basadas en objetivos de la OMI (MSC 1 / Circular1394).

6.3 *Verificación de la conformidad*

La verificación de la conformidad de las normas de construcción de buques de las organizaciones reconocidas individuales o administraciones marítimas nacionales con el GBS, se llevará a cabo por los equipos de auditoría de GBS internacional establecidos por el secretario general de la OMI, de conformidad con las directrices de verificación. Estas prevén que las organizaciones reconocidas o las administraciones marítimas nacionales presenten solicitudes para la verificación de sus normas de construcción de buques al secretario general de la OMI, quien remitirá estas solicitudes a los equipos de auditoría que se deban establecer para la verificación

---

[40] Véanse también las directrices para la información que deben incluirse en el expediente de construcción del buque (MSC.1, Circular 1343).

de la información presentada a través de una revisión independiente. Los informes finales de los equipos con las recomendaciones pertinentes serán enviados al Comité de Seguridad Marítima para su examen y aprobación.

Para un estudio de metodologías basadas en el riesgo, el MSC 90 estableció un grupo de correspondencia GBS y le encargó desarrollar un proyecto de directrices para la aprobación de los equivalentes y alternativas previstas en diversos instrumentos de la OMI, que debe basarse en las directrices para la aprobación de riesgo y diseño de los buques mediante anexo al documento MSC 86/5/3.

7   Relaciones EFS–GBS

Las relaciones y complementariedad entre la metodología de la evaluación formal de seguridad y las normas basadas en objetivos pueden analizarse en la tabla 10.2.

Normas basadas en objetivos	Metodología de la evaluación formal
Nivel I Objetivos	Fase 1. Estudio de identificación de peligros *(HAZID–Hazard Identification)* Fase 2. Análisis de riesgos
Nivel II Requerimientos funcionales)	Fase 2. Análisis de riesgo Fase 3. Opciones de control de riesgo *(Risk Control Options,* RCO)
Nivel III Verificación de cumplimiento	Fase 4. Valoración coste-beneficio Fase 5. Recomendaciones
Nivel IV Procedimientos y directrices técnicas, reglas de clasificación y estándares industriales	Fase 3. Opciones de control del riesgo *(Risk Control Options,* RCO) Fase 4. Valoración de coste- beneficio Fase 5. Recomendaciones
Nivel V Códigos de prácticas y sistemas de seguridad y de calidad para la construcción naval, las operaciones del buque, el mantenimiento, la formación, la dotación de personal, etc.	Fase 3. Opciones de control del riesgo *(Risk Control Options,* RCO) Fase 4. Valoración de coste-beneficio Fase 5. Recomendaciones

Tabla 10.2. Concordancias entre las normas basadas en objetivos (GBS) y la metodología de la evaluación formal (EFS).

Conclusiones

1

Conviene tener presente que en cualquier actividad humana el riesgo cero 0 no existe; de manera que la única decisión racional posible reside en la opción entre riesgos. En este sentido, la evaluación formal de seguridad es el instrumento de contraste científico más efectivo. La misma contempla: el análisis del riesgo *(risk analysis)*, la evaluación del riesgo *(risk assessment)* y, de manera principal, la gestión del riesgo *(risk management)*. Conviene no olvidar que la seguridad siempre es una opción de riesgo. Sin embargo, en todo momento debemos estar alerta: la posibilidad de un *cisne negro* siempre existe (un suceso altamente improbable).

2

Desde la aproximación clásica a la seguridad marítima, tendremos siempre una política de seguridad parcial. Cada nueva normativa intenta evitar la reincidencia de un suceso particular, pero no modifica la probabilidad del resto de sucesos posibles. Desde la perspectiva de la gestión proactiva de la seguridad marítima, no podemos acotar todos los riesgos, ni su determinación y cuantificación exacta, pero si podemos acotarlos y reducirlos a límites razonables. Los niveles de seguridad y su cuantificación se deben contrastar y referenciar en cuanto a su objetivación respecto a los otros modos de transporte: aéreo, carretera, ferroviario.

3

Consideramos que la seguridad marítima se debe abordar de una manera global, en un sentido holista. Sin embargo, la perspectiva tradicional en relación a la ingeniería naval, el cálculo estructural, la seguridad y demás aspectos, se han tratado en la mayoría de los casos de forma aislada, separadamente los unos de otros. Después de deliberaciones, se han desarrollado normas prescriptivas, de manera independiente, para cada área específica de la seguridad. No obstante, no creemos que esto hoy sea posible. Tenemos el convencimiento que el tratamiento de la seguridad marítima e inclusive de sus normativas reguladoras sólo es posible desde una perspectiva integral.

4

Existen riesgos emergentes. La realidad plantea nuevos riesgos para la seguridad. Entre otros, cabe destacar el gigantismo de los buques debido a las economías de escala (cruceros, portacontenedores de 21.000 TEU, etc.); los riesgos estructurales y telúricos, como las plataformas *off shore;* la piratería, el terrorismo y otros actos ilícitos y, por último, el elemento más delicado, el factor humano. El desarrollo de la tecnología ha «olvidado» a la persona como el centro de cualquier actividad. En atención a los nuevos riesgos emergentes, los análisis de riesgos deben ser dinámicos y actualizados, y prestar una especial atención a la técnica del HAZID.

5

La construcción y el diseño de los buques deben contemplar en el futuro la identificación de peligros y riesgos específicos por tipo de buque y atendiendo a su funcionalidad, incluyendo las operaciones críticas (HAZID y HAZOP). La base de datos del proyecto UE SAFEDOR proporciona para los buques tipo analizados una referencia imprescindible en relación a los HAZID para cualquier ingeniero o diseñador naval. La seguridad se inicia con el proyecto del buque y debe entenderse con un sentido finalista: un diseño para la seguridad, incluyendo los riesgos probables que va tener el buque a lo largo de su vida operativa.

6

Las normas basadas en objetivos (GBS) y las directrices de los proyectos de buques basados en los riesgos suponen nuevas vías que van a marcar el futuro de la ingeniería naval y potenciar el desarrollo tecnológico en las próximas décadas. En igual sentido, amplían y refuerzan el papel y los trabajos de las sociedades de clasificación.

7

No existe instrumento más eficaz en el control preventivo de la seguridad marítima que el control del Estado del puerto (PSC), muy por encima de otras inspecciones, entre ellas el control del Estado del pabellón (FSC). La realidad y los resultados de la evaluación matemática entre buques inspeccionados y siniestrados avalan esta convicción. Resulta mucho más relevante para la seguridad marítima, en términos generales, el PSC que las inspecciones privadas *(vetting)*, sin ser incompatible que los buques sujetos a este tipo de exámenes pasen sin problema la mayoría de los PSC. En la actualidad, el PSC es un instrumento esencial para la seguridad marítima.

8

La inspección priorizada THETIS, en el ámbito europeo, y la del US Coast Guard, en EEUU, parten de la consideración *targets factors* (factor de selección de objetivos), basados en perfiles de riesgo del buque o del operador.

9

Un elemento esencial de la gestión proactiva de la seguridad marítima es el Código IGS, el cual reafirma expresamente y de manera indubitada la autoridad del capitán y establece expresamente que la compañía determinará sus atribuciones en el ejercicio de las funciones siguientes (artículo 5):

- Implantar los principios de la compañía naviera sobre seguridad y protección ambiental.
- Fomentar entre la tripulación la aplicación de dichos principios.
- Impartir las órdenes e instrucciones pertinentes de manera clara y simple.
- Verificar que se cumplen las medidas prescritas.
- Revisar el sistema de gestión de la seguridad (SGS) e informar de sus deficiencias a la dirección de la compañía en tierra.

Más allá de los aspectos legales y documentales (quizá excesivos), el capitán debe «lograr» un equipo humano implicado y motivado en la seguridad del buque y sus principios. Si el SGS no se ve actualizado o funcional debe promover su modificación. En la realidad, se observa una preocupación más orientada al «cumplí y miento» documental, que a una auténtica gestión proactiva de la seguridad. La seguridad es una parte de la cultura de la empresa, y son precisamente sus líderes los que tienen un cierto poder sobre cómo funciona y sobre la toma de decisiones, en particular las que van a determinar si las prácticas y actitudes que muestra una organización representan una auténtica cultura de seguridad.

Las enseñanzas de E. Schakelton, recogidas en su obra *Escape from the Antarctic*, deberían ser de lectura obligada para todos los capitanes y patrones, y obligatoria en todas escuelas navales y facultades de náutica. No existe en toda la literatura mundial mejor teoría sobre el liderazgo humano que los principios de Schakelton, que se aplican en las mejores universidades y escuelas de negocios del mundo.

10

El ejercicio del mando conlleva la toma de decisiones, especialmente delicadas en situaciones críticas. En este sentido, resulta sumamente útil que el capitán conozca de manera previa los HAZID y HAZOP de su buque y esté familiarizado con los mismos. Cabe suponer que estén reflejados en el sistema de gestión de la seguridad (SGS) de a bordo. En cualquier caso, lo estén o no, el capitán debe conocerlos. El proceso de toma de decisiones va estrechamente ligado a la teoría de la decisión, donde las matemáticas bayesianas pueden ayudar extraordinariamente al capitán o al gestor de la emergencia marítima, en cuanto permite la toma de decisiones con información incompleta. La decisión que adopte sobre emergencias marítimas debe:

- Cuantificar la incertidumbre mediante el cálculo de probabilidades.
- Cuantificar las opciones mediante utilidades o ventajas.
- Elegir aquella alternativa que maximice la utilidad esperada (o minimice la pérdida esperada).
- Sustentarse en un juicio de razonabilidad.

Todos estos elementos deben estar contemplados en su decisión y ser acreditables objetivamente. Algunos de estos principios pueden parecer muy básicos y elementales, pero son justamente las cosas obvias las que muchas veces no se tienen en cuenta y conducen a decisiones erróneas.

11

El aspecto más controvertido en la aplicación del Código IGS en el tiempo trascurrido, es la figura de la persona designada en tierra (DPA). La diferente estructura y principios de cada compañía han planteado graves disfunciones sobre esta figura. Cabe esperar que los requerimientos de formación obligatorios corrijan estas disfunciones. Todas las personas implicadas en la gestión de la seguridad (auditores, inspectores, capitanes, DPA, etc.) deben tener una especial formación sobre el tratamiento del riesgo y sus técnicas (análisis, evaluación y gestión).

12

La utilización de indicadores de desempeño o de rendimiento (KPI) son un buen instrumento de objetivación del cumplimento de los objetivos de la compañía, incluyendo especialmente los aspectos de seguridad marítima. También son una buena herramienta la integración del Código IGS y las normas ISO (9001, 14001, 18001, 50001) en un sistema integral de gestión. Se advierte, sin embargo, como peligro latente, un falseamiento de los datos, de manera particular cuando se asocian a premios económicos *(bonus).*

13

Nada impide la utilización de la técnica instrumental del KPI como indicador objetivo público de seguridad (datos que se han de recoger: número de accidentes, muertos, heridos, emergencias, vertidos, detención de buques nacionales y deficiencias, etc.). Podría ser un instrumento relevante de fijación de objetivos y monitorización de la gestión pública de la seguridad.

14

Resulta básica la introducción de todos los implicados en la gestión de la seguridad marítima (auditores, inspectores, capitanes, responsables de emergencias, DPA, etc.) en los aspectos instrumentales del análisis de riesgos: árbol de fallos, árbol de eventos, modelo en pajarita o el cálculo probabilístico, tanto al probabilidad directa como la inversa o condicionada, etc. Sin ninguna duda, el profesional de la seguridad y protección marítima, por lo menos a nivel de gestión, va a tener un perfil de analista y gestor de riesgos, donde las matemáticas bayesianas juegan un papel clave, tanto en el análisis de riesgos, como en la toma de decisiones. La aplicación de la lógica difusa en el momento actual queda reservada para la investigación.

Por otra parte, en la doctrina científica son testimoniales la aplicación de las redes e inferencias bayesianas e igualmente la lógica difusa, optándose en la mayor parte de trabajos (tesis, artículos, etc.) por la estadística frecuentista. Esto debe ser reorientado de manera que en las facultades de náutica, escuelas de ingeniería y escuelas navales militares se introdujeran las matemáticas bayesianas desde los cursos iniciales. En igual sentido, los trabajos científicos se revalorizarían, ya que con la utilización de las inferencias bayesianas aumentaría exponencialmente su capacidad predictiva y de análisis. Su potencialidad practica es enorme: análisis de riesgos, toma de decisiones, operaciones de salvamento y rescate, etc. Para los sistemas de control, resulta preferible la aplicación de la lógica difusa.

15

El «olvido» hacia la persona se intenta llenar con desarrollos legislativos: la Convención de Trabajo Marítimo (2006) que entró en vigor en 2013; las enmiendas de Manila (2010) sobre la nueva formación de la gente de mar; en España, la Ley de Navegación Marítima que ha consagrado el criterio profesional del capitán (artículo 184) y el trato justo a la gente de mar. Todavía es prematuro, dado el tiempo transcurrido desde su entrada en vigor, sacar conclusiones de estos importantes instrumentos legales y formular un juicio sobre su eficacia. Sí resulta relevante la implicación de toda la comunidad marítima internacional en los objetivos y su cumplimiento, tanto de las organizaciones empresariales como sociales. Resulta enormemente positivo que la gente de mar haya pasado de ser un colectivo mayoritariamente desregulado, a disponer de un estatuto jurídico con garantías reales y prácticas de sus derechos.

16

Siguen vivos problemas clásicos, entre otros: la fatiga, las jornadas excesivas fuera de toda norma, el falseamiento demasiado frecuente de los registros, etc. El reforzamiento, en el derecho español de la figura legal del capitán y de su criterio profesional, la fijación realista de dotaciones mínimas de seguridad, el PSC y, de manera particular, la verificación y el cumplimento del sistema de gestión de la seguridad (SGS) de a bordo, pueden ser instrumentos eficaces en la prevención de la fatiga. Obviamente, se trata de una cuestión que requiere la implicación de todas las partes involucradas. No deben obviarse el entorno multicultural con bajo nivel de inglés en los eslabones inferiores, los nuevos requerimientos obligatorios, especialmente el ECDIS, etc. En igual sentido se ha de destacar la formación, aunque conviene advertirlo, a pesar de su evidencia, no acredita la experiencia. En el contexto actual, con barcos cada vez más grandes y sofisticados, se debe poner un especial énfasis en la formación y cualificación de las tripulaciones, no tiene ningún sentido ni racionalidad económica ahorrar en estos apartados.

17

Todos los aspectos relacionados con la protección tendrán en el futuro una mayor importancia y desarrollo. Son predicables ciertos aspectos instrumentales del tratamiento de la seguridad, especialmente el riesgo y la vulnerabilidad. Una vez identificadas las vulnerabilidades a través del análisis de riesgos de actos ilícitos, el Código PBIP ofrece una orientación para la elaboración, aprobación e implementación de planes de seguridad que eliminarán o atenuarán la exposición de esas vulnerabilidades a los riesgos vinculados a amenazas conocidas o percibidas. El PBIP no se debe considerar como una fuente única y absoluta respecto a la seguridad marítima y portuaria internacional, sino como un instrumento que contiene normas y prácticas que ofrecen a los gobiernos contratantes o a las autoridades designadas por estos una matriz para la formulación de sus programas y planes nacionales de seguridad, otorgándoles facultades para efectuar enmiendas y modificaciones a medida que las condiciones o las amenazas varíen con el tiempo. Lo cual es igualmente válido para el buque y la compañía naviera. Debe considerarse al Código PBIP como un instrumento dinámico que se adaptará conforme a la naturaleza cambiante de la navegación y los puertos, de sus operaciones e infraestructuras y, especialmente, a la tipología y entidad de las amenazas a que se vean expuestos.

18

La implantación de una autoridad marítima capaz, independiente y de carácter permanente, es un objetivo irrenunciable para cualquier país ribereño. En el caso de España, que cuenta con un importante litoral y una triste memoria de siniestros marítimos graves, es doblemente importante marcar una frontera explícita entre el espacio técnico y el político. El modelo de referencia para ello es el SOSREP británico, al que han seguido los demás modelos europeos, como el Centro de Emergencias Marítimas de Alemania (Havariekommando), por ejemplo. El modelo SOSREP destaca por una visión global de la emergencia marítima: búsqueda y rescate, salvamento, respuesta en la mar y respuesta en tierra. Consigue la integración/coordinación de los medios de respuesta para cada secuencia de la respuesta y la diligencia en la toma de decisiones. Es decir, un mando técnico único, tres criterios de activación, gestión circular retroalimentada y sin inferencia política durante las operaciones. El SOSREP británico lo integran sólo once personas, dos directivos y nueve empleados, para los supuestos de contaminación. El modelo español (Sistema Nacional de Respuesta, SNR 2012) se caracteriza por la visión parcial de la emergencia marítima, tan sólo limpieza del mar o de la costa, y no contempla necesidad alguna de colaboración operativa durante las previsibles fases de la emergencia; su estructura de mando «único» nace condicionada en su operatividad y diligencia: mando político, 23 asesores, 13 criterios de activación y gestión jerarquizada políticamente sin retroalimentación alguna. La gestión de las emergencias marítimas debe ser confiada a un reducido organismo técnico experto, estable e independiente, lejano de interferencias políticas, sumamente ejecutivo y contemplando una visión integral de la misma. En esta línea están todos los países de la UE. No podemos ser optimistas con el modelo español formado por un conjunto de planes y subplanes, gestionados por autoridades políticas y en un contexto clásico de dispersión competencial administrativa.

19

Los análisis de riesgos contenidos en los diferentes planes de contaminación y especialmente en el SNR 2012 (artículo 5, b), se deberían realizar bajo la metodología de la evaluación formal de seguridad (EFS). En igual sentido, para un Estado ribereño como España, es urgente desarrollar estudios EFS para los mayores puertos y zonas de densidad de tráfico. Esta metodología permitiría objetivar las medidas de prevención y la toma de decisiones en unos niveles similares a los países de nuestro entorno, de acuerdo con el estado del arte y las prácticas internacionales de seguridad marítima.

20

Gran parte de las reflexiones aquí enunciadas son aplicables a la contaminación marina. Cabe destacar que la singular eficacia de las normas reguladoras sobre contaminación marina, que han hecho descender de forma significativa el número de derrames accidentales y fortuitos. Mayores problemas se presentan en la cobertura de los daños por contaminación, los actuales esquemas CLC-FUND 92, pueden resultar insuficientes para los grandes siniestros, aspecto íntimamente ligado a la limitación de responsabilidad existente.

21

La investigación sobre seguridad se ha planteado de manera general sobre dos modelos que integran la teoría general de la seguridad: la teoría de los accidentes (*accident models*) y la teoría del análisis del riesgo *(risk analysis o risk models)*. La importancia de estos modelos teóricos, más allá de su valor conceptual, radica en la influencia que han tenido sobre las prácticas y metodologías en la investigación de accidentes marítimos. El valor comprensivo y las características de cada modelo van a determinar la capacidad de identificar y controlar los peligros y, por tanto, de prevenir los accidentes. Una de las principales diferencias entre los modelos sistémicos y los de análisis secuenciales de accidentes, consiste en que los primeros describen un proceso de accidente mediante una red compleja e interconectada de acontecimientos, mientras que los segundos describen el mismo proceso como una cadena simple de causas y efectos de eventos.

22

Los modelos de análisis secuenciales y epidemiológicos de los accidentes no resultan aptos para entender las relaciones dinámicas y no lineales entre los componentes de los actuales sistemas socio-técnico complejos. Son necesarios nuevos modelos de análisis de accidente basados en la teoría de sistemas (modelos sistémicos de accidentes), los cuales describen el comportamiento del sistema en su «conjunto», en lugar de interesarse en el nivel básico centrado en la relación lineal causa-efecto. En los sistemas complejos modernos, los seres humanos se relacionan con la tecnología para obtener resultados como consecuencia de su colaboración; tales resultados no podrían ser alcanzados por cualquier persona o de tecnología si funcionasen de manera aislada. Por otra parte, las técnicas de seguridad tradicionales para el análisis de riesgos, tales como el análisis de árbol de fallos o de eventos y probabilístico, no son suficientes para explicar la complejidad de los sistemas socio-técnicos actuales, incluso ni para entender la propia causalidad de los accidentes.

23

En el ámbito marítimo, la mayor parte de comisiones de investigación de accidentes marítimos, siguen utilizando los métodos secuenciales y epidemiológicos descritos (USCG, MAIB, GNV-DNL, etc.). Sin embargo, resulta ineludible un tránsito hacia modelos sistémicos. La automatización, la informática, la interdependencia del buque y su capitán con administraciones públicas, naviera, gestores náuticos y otros operadores (DPA); y de manera fundamental la complejidad creciente de la relación hombre-máquina y su vinculación con los sistemas y procedimientos, hace que no resulte difícil pronosticar para un futuro inmediato, el empleo de metodologías sistémicas, aunque sea simplemente para poder determinar la causa primaria del accidente. Los modelos sistémicos, más implantados en la aviación, las plantas nucleares, etc., permiten analizar accidentes provocados por fenómenos emergentes que surgen debido a las complejas interacciones no lineales entre los componentes del sistema. Dentro de los modelos sistémicos analizados (ACCIMAP, HFACS y STAMP), se advierten relevantes diferencias, ya que se trata de técnicas instrumentales con metodologías singulares que pueden llevar a resultados diversos. En la complejidad de nuestra época, los modelos lineales secuenciales van a resultar obsoletos para poder comprender los accidentes marítimos, por lo menos en relación con la actividad de transporte marítimo y las plataformas *off shore* y otras instalaciones industriales complejas.

24

En el análisis de riesgos del factor humano, predominan las metodologías probabilísticas. El comportamiento humano se considera como una variable aleatoria, ya que hay muchos factores que influyen sobre la conducta que no se pueden conocer y hacen difícil determinar con precisión de qué manera actuará una persona en un contexto determinado. Esta incertidumbre obliga, desde la perspectiva científica, a considerar el error humano en términos probabilísticos. Destacan la teoría del queso suizo de Reason y su forma más evolucionada, que toma en cuenta los aspectos organizacionales, el HFCAS *(Human Factors Analysis and Classification System)*. Sobre una fundamentación clásica, existe el análisis de la fiabilidad humana *(Human Reliability Analysis* o HRA), con dos modelos de HRA, básicamente: la evaluación del riesgo probabilístico *(Probabilistic Risk Assessment* o PRA) y la teoría cognitiva del control *(Cognitive Theory of Control),* centrada en el modo «fallos» del sistema y sus opciones de control. En el futuro, cabe prever un importante desarrollo de la ingeniería de la resiliencia en un contexto interdisciplinar, que pondrá el énfasis en las políticas de gestión proactiva de la seguridad de las organizaciones.

25

Más allá de las recomendaciones y acciones correctoras que proporcionan las diversas comisiones oficiales de investigación, los resultados de sus investigaciones proporcionan una información valiosísima, no sólo para el investigador, sino también para la identificación de peligros y el análisis de riesgos. Van a jugar un papel clave en la metodología de identificación de riesgos y peligros HAZID.

26

La evaluación formal de seguridad (EFS) se convierte en un instrumento fundamental, ya que recoge la información de los accidentes ocurridos, la modelización matemática proactiva de riesgos y permite la selección realista de la mejor opción posible y su formulación legal. Las redes e inferencias bayesianas y la teoría del valor extremo (distribución generalizada del valor extremo (GEVD) han acreditado su relevancia en la modelización matemática del riesgo y proporcionan resultados fiables. Igualmente, empiezan a ser estimables los resultados derivados de la aplicación de la lógica difusa *(fuzzy logic)*. La estadística bayesiana (con base en la probabilidad condicionada), al contrario que la estadística de frecuencia fundamentada en cuantificar la probabilidad de un suceso a partir de la frecuencia relativa de aparición, parte de la noción de que la probabilidad representa el grado de creencia que otorgamos al suceso en cuestión. Esta técnica estadística permite evaluar al mismo tiempo varios escenarios, incluso contradictorios, para hallar la opción de mayor probabilidad.

27

La EFS surge como un instrumento distinto de lucha contra la producción de siniestros marítimos. No se trata de corregir las causas de un siniestro en particular, que por otra parte es prácticamente imposible que se vuelva a repetir. Sino que se trata de evitar que esas causas no se lleguen a producir antes de que el siniestro pueda suceder. Además, permite una evaluación racional y trasparente en el proceso de creación de nuevas normas y reglas de seguridad marítima, incluyendo expresamente una valoración de coste o potenciales beneficios de la nueva normativa. Asimismo, justifica de manera trasparente las medidas propuestas y permite su comparación con otras opciones posibles.

28

La OMI describe la EFS como una metodología estructurada y sistemática, con el objetivo de reforzar la seguridad marítima, incluyendo la protección de la vida humana, la salud, el medioambiente marino y la propiedad, mediante el uso del análisis de riesgos y la valoración del coste de sus beneficios. Además, la EFS es utilizado como instrumento de evaluación de las nuevas regulaciones de seguridad marítima y de protección del medioambiente marino, o en la comparación entre reglas existentes y las posibles reglas mejoradas. Todo ello con el objetivo de obtener un balance entre cuestiones técnicas y operacionales, que incluyen el factor humano, la seguridad marítima y la protección del medio ambiente marino.

29

La EFS, a pesar de su gran formalismo y de ser un proceso complejo, goza de una gran popularidad, ya que prácticamente todas las universidades marítimas y centros de investigación a escala mundial emprenden estudios utilizando esta metodología. Sin embargo, la EFS no es un instrumento «mágico», no resuelve todos los problemas ni da respuestas a todas las preguntas. En el seno de la OMI (CSM 79) se planteó la analogía con el radar, cuando se pensó que tras el radar los abordajes desaparecerían. Conviene tener presente que la EFS es un buen instrumento de comparación de opciones posibles, de debate racional y trasparente en la creación de normas y en el debate legislativo, ya que aporta un criterio de proporcionalidad en la gestión de la seguridad.

30

Todas las normativas presentes y futuras de seguridad internacionales (ya lo están en su gran mayoría) y las nacionales de relevancia, deben ser evaluadas bajo la técnica de la evaluación formal de seguridad. En materia de normativa de seguridad, no basta la ratificación automática de los convenios u otras normas de derecho uniforme, debe existir un juicio previo de ponderación finalista de ventajas e inconvenientes.

Abreviaturas

A/A Always Afloat
ABS American Bureau of Shipping
ADM Anuario de Derecho Marítimo
ADR Articles Dangereux de Route
ALARP As Low As Reasonably Practicable
AMFE análisis modal de fallos y efectos
AIS Automatic Identification System
ARPA Automatic Radar Plotting Aid
BOE Boletín Oficial del Estado
CAP Condition Assessment Program
CAS Condition Assessment Scheme
CDI Chemical Distribution Institute
CE Comisión Europea
CEDEX Centro de Estudios y Experimentación de Obras Públicas
CEPIC Centro Permanente de Información y Coordinación
CIAIM Comisión Permanente de Investigación de Accidentes e Incidentes Marítimos
CIQ Código internacional de quimiqueros
CGR Código de graneleros químicos
CGS certificado de gestión de la seguridad
CLASS sociedades de clasificación
CLC Convenio internacional sobre responsabilidad civil por daños debidos a la contaminación por hidrocarburos
CHIRP Confidential Human Incident Report

CLC Convenio de responsabilidad civil por hidrocarburos
CMI Comité Marítimo Internacional
CNPIC Centro Nacional para la Protección de las Infraestructuras
CNS Comisión Nacional de Salvamento
CO2 dióxido de carbono
COLREG Collission Regulation
C-PAT Customs-Trade Partnership Against Terrorism
CPPM Comité Protección Medio Marino de la OMI
CSI *Container Security Iniciative*
CSM Comité Seguridad Marítima de la OMI
CSO Company Security Officer / Maritime Security Shipowner Officer
DAMA Marine Casualty Database Norway
DEG derecho especial de giro
DGMM Dirección General de la Marina Mercante
DOC Document of Compliance
DOCE Diario Oficial Comunidad Europea
DOUE Diario Oficial Unión Europea
DNV Der Norske Veritas
DPA persona designada *(Designated Person Ashore)*
DPM declaración de protección marítima
DST dispositivo de separación de trafico

DUA documento único administrativo

DUE documento unificado de escala

DWT *Dead Weight Tonnage*

ECAS zona de control de emisiones

ECDIS Electronic Chart Display & Information System

EEDI índice de eficiencia energética de diseño

EFS evaluación formal de seguridad

EMSA European Maritime Safety Agency

EPIP evaluaciones de protección de los puertos

EPB evaluación de protección del buque

ESPO European Sea Ports Organization

EU European Union

ETV Emergency Tow Vessel

IOPP Certificado internacional de prevención de la contaminación por hidrocarburos

ISSC International Ship Security Certificate

FIDAC Fondo Internacional de Compensación por Daños de Hidrocarburos

FMEA Failure Mode and Effects Analysis

FSA Formal Safety Assessment

FSC Flag State Control

FSE Fuerzas de seguridad del Estado

FUND Convenio internacional para la constitución de un fondo internacional de indemnización de daños causados por la contaminación de hidrocarburos de 1992

FTA Fault Tree Analysis

GBS Goal-Based Standards

GEVD distribución generalizada del valor extremo

GL Germanisher Lloyd

GMDSS sistema global de seguridad y socorro marítimos

GPS sistema de posicionamiento global

GT Gross Tonnage

HARDER proyecto de armonización de reglas y diseño racional

HAZID identificación de peligros y riesgos *(Hazard Identification)*

HAZOP identificación de peligros y riesgos operativos / análisis funcional de operatividad *(Hazard Operability)*

HC hidrocaburos

HEAP The Human Element Analysing Process

HFCAS Human Factors Analysis and Classification System

HFO Heavy Fuel Oil

HNS Hazardous and Noxious Substances

HRA Human Reliability Analysis

HSC Convention of High Seas (1958)

HTW Human Element, Training and Watchkeeping - IMO

IACS International Association of Classification Societies

IC Interim Certificate

IFO Intermediate Fuel Oil

IGS Código internacional de gestión de la seguridad

ILO International Labour Organization (OIT)

IMDG Código internacional de mercancías peligrosas

IMO International Maritime Organization

IPHA International Ports and Harbours Association

ISM International Safety Management Code

ISPS International Ships and Ports Security Code

ISO International Standard Organization

ISU International Salvage Union

ITOPF International Tankers Owners Pollution Federation

ITF International Transport Workers Federation

ITS International Tug and Salvage

IUMI International Marine Insurances Union

KPI Key Perfomance Indicators

LCCM lucha contra la contaminación marina

LMIS Lloyd's Maritime Information Services

LL Load Lines Conevtion (1966)

LLCM Convention on Limitation of Liability for Maritime Claims

LNM Ley de navegación marítima (2014)

LNG gas natural licuado (buque gasero)

LOF Llody's Open Form

LORAN Long Range Identification

LRIT Long Range Identification Tracking System

MAIB Marine Accident Investigation Branch

MARPOL Marine Pollution Convention

MARS The Mariners Alerting and Reporting Scheme

MBM medidas basadas en el mercado

MCA Marine and Coast Guard Agency

MEHRA Marine Environmental High Risk Area

MEPC Marine Environment Pollution Committee

MISLE Marine Investigation for Safety and Law Enforcement

MIU Maritime Intelligence Unit

MLC Maritime Labour Convention (2006)

MMPP mercancías peligrosas

MPCU Marine Pollution Control Unit

MRCC Mission Rescue Coordination

MSC Maritime Safety Committee

MSM Minimum Safe Manning

NEP sustancias y objetos no especificados en otra parte (IMDG)

NOAA National Oceanic and Atmospheric Administration

NO x óxidos de nitrógeno

OCPM oficial de protección de compañía marítima

OCIMF Oil Companies International Forum

OEA operador económico autorizado

OMI Organización Marítima Internacional

OIT Organización Internacional del Trabajo

OPA Oil Pollution Act 90 USA

OPIP oficial de protección de instalación portuaria

OPB oficial de protección del buque

OPCR Convenio internacional sobre cooperación, preparación y lucha contra la contaminación por hidrocarburos (1990)

OPR organización de protección reconocida

OPRC Oil Pollution Response Convention

OR organización reconocida

OR organismo rector (PNC 2001)

OSHAS 18001 Occupational Health and Safety Management System

OSPAR Convención para la protección del medio ambiente marino del Atlántico del Nordeste

PBIP Código de protección de buques e instalaciones portuarias

PI poderes de intervención

PI Perfomance Indicators

P&I clubs de protección e indemnización

PIM Plan interior marítimo

PMN Plan marítimo nacional

PNC Plan nacional de contingencias (2001)

PNS Plan nacional de salvamento

PRA Probabilistic Risk Assessment

PPB plan de protección del buque

PPP plan de protección del puerto

PPIP plan de protección de instalación portuaria

PRISMA programa de información de seguridad marítima

PSC Port State Control

PSSA Particular Sensitive Sea Area

RAE Real Academia Española

RCO Risk Control Options

RD real decreto

REMPEC Regional Marine Pollution Emergency Response Centre for the Mediterranean Sea

RID Règlement International sur les Déchets Dangereux

RINA Registro Italiano Navale

RIPA Reglamento internacional para prevenir los abordajes en el mar

RO/RO buques de carga rodada

RO/PAX buques de pasaje con carga rodada

SAR Search and Rescue

SASEMAR   Sociedad Estatal de Salvamento y Seguridad Maritima

SCTW 78/95-2010   Convenio internacional sobre normas de formación, titulación y guardia de la gente de mar

SEEMP   plan de gestión de la eficiencia energética del buque

SIA   sistema de identificación automática de buques

SIRE   Ship Inspection Report Program

SMC   Safety Management Certificate

SMS   Safety Management System - Manual de gestión de la seguridad

SCOPIC   Special Compensation Protection and Indeminty Clauses

SCU   Salvage Control Unit

SSN   Safesea Net EU

SCTW   Convenio internacional sobre normas de formación, titulación y guardia de la gente de mar

SMC   Safety Management Certificate

SMS   Safety Management System

SNPP   sustancias nocivas y potencialmente peligrosas

SNR   Sistema nacional de respuesta (2012)

SOLAS   Safety of Life at Sea Convention

SOSREP   Secretary of State Representative Salvage & Intervention UK

SO x   óxido de azufre

SPI   Shipping Perfomance Indexes

SSO   Ship Security Officer

STAMP   Systems-Theoretic Accident Model and Processes

STC   sentencia del tribunal constitucional

TEU   Twenty Equivalent Unit

THERP   Technique for Human Error Rate Prediction

THETIS   The Hybrid European Targeting and Inspection System

TRLPMM   Texto refundido de la Ley de puertos y de la marina mercante 2011

TNS   toneladas

TSPP   Tankers Safety Prevention Polution

UE   Unión Europea

ULTRA   sistema encriptado de comunicaciones marinas alemán

UNCLOS   United Nations Convention on The Law of Sea

UNCROS   United Nations Convention on Conditions for the Registration of the Ships

UNCTAD   United Nations Conference on Trade and Development

UNCITRAL   Comisión de las Naciones Unidas para el Derecho Mercantil Internacional

UNEP   United Nations Environment Programe

USCG   US Coast Guard

VDR   Voyage Data Recorder

Bibliografía

Las consultas a las obras referenciadas y especialmente los documentos o publicaciones electrónicos se han efectuado en el periodo 2014-2015.

Abecassis, en «Some considerations in the event of a casualty to an oil tanker», *LMCLQ (Lloyd's Maritime and Commercial Quaterly Law)*, 1979.

Alcantara, J. M., en «La Responsabilidad marítima ante el nuevo siglo: del principio de libertad contractual al de la seguridad marítima», *RDMA,* enero 1999, págs. 6-52.

Alcoba Gonzalez, J., *La brújula de Shackleton: enseñanzas de un explorador polar,* Ed. Alianza Editorial, Madrid, 2014.

Almendro, M., Rodrigo de Larrucea J. *(Dir.),* en *Esquemas regionales de Port State Control,* págs. 114 y ss. En (upcommons.upc. edu/.../Esquemas%20regionales%20de%20 Port%20State%20Control).

Alvariño Castro, R., Azpiroz Azpiroz, J.J., Meizoso Fernandez, M., en *El Proyecto básico del buque mercante,* Ed. Col. Ing. Navales, Madrid, 1997.

Arroyo Martínez, I. en «The Application of C.L.C. to Urquiola case», *LMCLQ (Lloyd's Maritime and Commercial Quaterly Law),* 1977, págs. 337-343 y ss.

Australian Quarantine & Inspection Service 1993, *Ballast Water Management. Ballast Water* Research Series Report, núm. 4, AGPS, Canberra.

Bartolome Lamarca, I., Rodrigo de Larrucea, J., en *Sistema de gestión de aguas de lastre.* Disponible en Upcommons: (upcommons. upc.edu/.../Iguazel%20Bartolome%20 PFC%20Diciembre%2).

Bernardo, J.M., en *Metodología bayesiana para la toma de decisiones; aplicaciones en el control ambiental de actividades portuarias,* Universidad de Valencia, 2004. Disponible en http://www.puertos.es/es-es/medioambiente/Documents/pro14.pdf.)

Cleland Davis S., R. King, W., en *System, analysis and project management,* Ed. McGraw-Hill Book Co, 1975.

D. A., & Shappell, SA, *A human error approach to aviation accident analysis: The hu-*

man factors analysis and classification system. Burlington, VT: Ashgate Publishing, Ltd., 2003.

Franco García, M.A.; en «La Protección civil en la mar: el sistema español de respuesta ante la contaminación marina accidental», *Revista Aragonesa de Administración Pública*, núm. 43-44, Zaragoza, 2014, pp. 112-177.

Gabaldón J.L., Ruiz Soroa, J.M., en *Manual de derecho de la navegación marítima*, Ed. Marcial Pons, Madrid, 2005.

Gerhard, S. *et al.; Safety and shipping 1912-2012, from Titanic to Costa Concordia, an insurer's perspective from Allianz Global Corporate & Specialty AG.*, Ed. Carlyfields, con la colaboración de Seafarers International Research Centre (SIRC), Cardiff University, 2014.

Gonzalez Forti, J., Martínez de Oses X., en *Metodología para la implementación de un sistema de indicadores clave de rendimiento para el transporte marítimo.* Disponible en upcommons.upc.edu/pfc/bitstream/.../ KPI%20TREBALL%20gravar.pd.

Griggs, Forrest, J., en *A Human Factors Analysis and Classification System (HFACS) Examination of Commercial Vessel Accidents.* Disponible en http://hdl.handle.net/10945/17373).

Hawking, S., en *Una breve historia del tiempo,* Ed. Grijalbo, 1988.

Havold, J.I., en *Culture in maritime safety - Maritime Policy & Management,* 2000, Taylor & Francis.

Heinrich, H.W., *Industrial accident prevention: a scientific approach,* McGraw-Hill, 1931.

Hill, M.C., «La contaminación por hidrocarburos, medidas correctoras», *Revista General de Derecho,* 1992.

Hollnagel, E., *Barriers and accident prevention,* Aldershot: Ashgate Publishing Limited, 2004.

Hollnagel, E., Speziali, J., en «Study on developments in accident investigation methods: A survey of the state-of-the-art», *SKI Report,* 2008:50, Sophia Antipolis, Francia, École des Mines de París, 2008.

Hollnagel, E., Woods, D., Levenson, N.G., en *Ingeniería de la resiliencia,* Ed. Modus Laborandi, 2013.

Hoppe, H. (OMI), «Normas basadas en objetivos (GBS, Goal-Based Standards): un nuevo enfoque en la regulación internacional de la construcción de buques», *Boletín Informativo de Anave,* núm 460, marzo 2007.

Iglesias Baniela, S., Louzán Lago, F., Melón Rodríguez, E., en «El factor humano y su influencia en la seguridad marítima», *Revista Medicina Marítima,* junio 2005, vol. V, núm. 1.

IME en *La Integración de procesos en la construcción naval,* Ed. Instituto Marítimo Español, Madrid, 2006.

De Juana Gamo, J., López Pulidor, Pacha Vicente, E.; en *La estabilidad de buques en la organización marítima internacional y la contribución de España,* 2006, disponible en (canal.etsin. upm.es/publicaciones/artículos/PULIDO_ ETAL_06.pdf).

Johnson, C., en *Failure in safety critical systems: A handbook of incident and accident reporting. Glasgow,* Glasgow University Press, 2003.

Knapp, S., *The Econometrics of Maritime Safety: Recommendations to Enhance Safety at Sea. S,* 2007, repub.eur.nl. Disponible en: http://hdl.handle.net/1765/7913 ISBN: 978-905892-127-7.

– *An integrated risk estimation methodology: Ship specific incident type risk.* Disponible en people.few.eur.nl/knapp.

Kontovas, K., *Formal Safety Assessment: Critical Review and Future Role,* Laboratory for Maritime Transport, 2005, NTUA. Disponible en http://www.martrans.org/ cvkontovas2.htm.

Kristiansen, S. en *Maritime Transportation: Safety Management and Risk Analysis,* Ed. Routledge, 2004.

Levenson, N.G., en *Engineering a Safer World: systems thinking applied to safety,* MIT Press, 2012.

— «A new accident model for engineering safer systems», *Safety Science,* 42 (4), pp. 237-270, 2004.

Martí Rodrigo, C., trabajo dirigido por el autor, Rodrigo de Larrucea, J., *Régimen jurídico y metodología de investigación de siniestros marítimos* (2008), Disponible en repertorio OAI de la UPC: UPCommons (http://hdl.handle.net/2099.1/5068).

Martín Osante, J. M., en «La Normativa Comunitaria en materia de seguridad marítima. Sociedades de Clasificación y Transporte de petróleo», *ADM* XVIII, 2001, págs. 163-260.

Martínez Oropesa, C., en «Enfoques de modelización de accidentes en sistemas socio técnicos complejos», *El Hombre y la Máquina,* núm. 37, julio-diciembre 2011, *MCA.*

MCA: *National Contingency Plan for marine pollution from shipping and offshore installations,* 2014. Disponible en UK, Gov. (https://www.gov.uk/.../national-contingency-plan-fo).

Míguez González, M., Caamaño Sobrino, P., Díaz Casás, V., Martínez López, A. en *Implicaciones de la Resolución IMO MSC 194 (80) en el diseño de buques ro-pax.* Disponible en www.gii.udc.es/.../Implicaciones_MSC_194_80_RO-PAX_miguez_sobri.

Morín, E. *et al., Educar en la era planetaria. El pensamiento complejo como método de aprendizaje en el error y la incertidumbre humana,* 2002, Unesco, Universidad de Valladolid.

Naucher periódico digital, entrevista a Jaime Rodrigo de Larrucea por Juan Zamora. Disponible en www.naucher.com/.../jaime-rodrigo...salvamento-marítimo.../_n:1823/, marzo 2014.

Ordas Jiménez, S.; Bazán García, I., Santalices Fernandez, R.; en *La protección de los sectores marítimo y portuario,* Ed. UPC, Barcelona, 2012.

Olabarrieta, B. en «Compromiso con la seguridad: el programa PRISMA ayuda a tomar decisiones para abrigar buques en apuros», *Revista del Ministerio de Fomento,* núm. 604, p. 65, 2011.

Olivencia, M.; en «Responsabilidad por contaminación marina», *Consejo General del Poder Judicial,* Madrid, 1993

Papanikolau A., *Risk-Based Ship Design Methods, Tools and Applications,* Ed. Springer, 2009.

Pery Junquera, P., en «El Derecho y la Seguridad de la Vida Humana en el Mar», *REDM,* 1965, pág. 367 y ss.

Piniella Corbacho, F. en *Seguridad del transporte marítimo,* Ed. UCA, Servicio de Publicaciones, Cádiz 2009.

Pontavice, E. Du, en «La evolución del Derecho del Mar y del Derecho Marítimo», *ADM,* vol .I, pág. 67 y ss.

Rasmussen, J., en «Risk management in a dynamic society: A modeling problema», *Safety Science,* 27 (2-3), 1997.

Reason, J.Js. «Human error: models and management», *British Medical Journal, (2000) 320* (7237).

Reason, Js., Hollnagel, E., And Paries, J., en *Revisiting the «Swiss cheese» model of accidents.* EEC Note No. 13/06. Brétigny-sur-Orge, Francia, Eurocontrol, 2006.

Reyero, J.A., en *Las sociedades de clasificación,* ed. Gobierno Vasco, Vitoria, 2010.

Risto Jalonen, K.S., en *Safety performance indicators for maritime safety management,* Helsinki University of Technology, Espoo 2009.

Rodrigo de Larrucea, J., en «Reflexiones sobre seguridad marítima: Del Titanic al Costa Concordia (1912-2012)»; *Transporte XXI,* núm. 438, 1 mayo 2012.

— *Hacia una teoría general de la seguridad marítima,* colección Real Academia de Doctores-Fundación ESERP, Barcelona, 2014.

— *Régimen jurídico de la seguridad marítima: notas introductorias* (Upcommons 2009; http://hdl.handle.net/2117/2817).

— en repertorio OAI UPCommons: *El Convenio de trabajo marítimo: principios y estructura* (http://hdl.handle.net/2117/13612); *España y la ratificación de la Convención sobre trabajo marítimo* (http://hdl.handle.net/2117/8440).

— en repertorio OAI Upcommons: *Las enmiendas de Manila 2010 al Convenio STCW: Un nuevo perfil formativo para la gente de mar* (http://hdl.handle.net/2117/18234).

— en repertorio OAI Upcommons: *Seguridad marítima en buques tanques* (http://hdl.handle.net/2117/3020).

— en repertorio OAI Upcommons: *Esquemas legales de seguridad marítima*; (http://hdl.handle.net/2117/13907).

— en repertorio OAI Upcommons: *Ballast Tank Water Convention* (Upcommons 2010, https://upcommons.upc.edu/.../Ballast%20 Water%20Convention_esp.do).

— en repertorio OAI Upcommons: *Las enmiendas de Manila 2010 al Convenio STCW: un nuevo perfil formativo para la gente de mar 78/95* (http://hdl.handle.net/2117/18234).

— en repertorio OAI Upcommons: *El convenio internacional de Hong Kong para la seguridad y gestión medioambientalmente racional del reciclado de buques Hong Kong 2009* (http://hdl.handle.net/2117/9231)

— en repertorio OAI Upcommons: *Seguridad en buques de pasaje* (http://hdl.handle.net/2117/2769).

— en repertorio OAI Upcommons: *Seguridad en buques de pasaje y transbordo rodado (ro-pax)* (http://hdl.handle.net/2117/2513).

— en repertorio OAI Upcommons: *El nuevo programa de Port State Control (programa Thetis): La armonización y coordinación de la inspección de buques en Europa* (http://hdl.handle.net/2117/11069).

— en repertorio OAI Upcommons: Últimos desarrollos en materia de seguridad aplicable a los buques de pasaje y a los buques de pasaje con transporte rodado. Especial referencia al paquete «Erika III» (http://hdl.handle.net/2117/13056).

Salmon, P., Cornelissen, M., en *Systems-based accident analysis methods: A comparison of AcciMap, HFACS, and STAMP,* Elsevier Safety Science, Volume 50, Issue 4, abril 2012, pp. 1158–1170 (disponible en www.sciencedirect.com/.../pii/S0925753511002992).

Shackleton, E.; en *Escape from Antartic,* Ed. Pengouin Classics, 2007.

SII HS, J Wang, Ruxton, T., «Novel risk assessment techniques for maritime safety management system», *International Journal of Quality & Reliability Management,* 2001, emeraldinsight.com.

— «Fuzzy logic approaches to safety assessment in maritime engineering applications», en *Journal of Marine Engineering & Technology,* 2004.

Suárez de Vivero, J .L., en *Atlas of maritime spatial planning,* Universidad de Sevilla, 2011.

Stopford, M., en *Maritime Economics,* 2.ª ed. Routledge, Londres, 1997, Wiegmann.

Taleb, N.N., en *El cisne negro: el impacto de lo altamente improbable;* Ed. Paidós, 2011.

Underwood, P., Waterson, P., «Systemic accident analysis: Examining the gap between research and practice», *Accident Analysis & Prevention,* 55, pp. 154-164, 2013.

Vacas, L., Rodrigo de Larrucea, J., *Análisis de la nueva normativa OMI sobre eficiencia energética (EEDI/SEEMP).* Disponible en Upcommons upcommons.upc.edu/pfc/bitstream/2099.1/.../ Vacas_Forns_Luis_TFC.pd.

Vangheluwe, J., Mees. C., Janssen, en *Monitoring program on air pollution from sea-going vessels (MOPSEA)*. Disponible en (www.belspo.be/belspo/.../publ/.../rappEV43_en.pd).

Vázquez Álvarez, A., *Apuntes de la asignatura de proyectos del buque,* Universidad de Cantabria, 2014.

Watson, D.G.M., *Practical Ship Design,* vol. I., Ed. Elsevier Ocean Eng. Book Series, Oxford, 1998.

Zamora Roselló, M.ª R., en *Régimen jurídico de la seguridad marítima,* ed. Netbiblo, Coruña, 2009.

Zaragoza Soto, S., en «Impacto de los riesgos emergentes en la seguridad marítima», *Cuadernos de Estrategia,* 2008, pág. 12; Ministerio de Defensa.

Zhixian W., *The Use of Near misses in maritime safety management,* World Maritime University. (Disponible en abierto: dlib.wmu.se/jspui/bitstream/123456789/.../21137.pd.).

Lean Services. Certification Manual
Luis Socconini

Lean Six Sigma Management System for Leaders
Luis Socconini, Carlo Reato

Lean Company. Más allá de la manufactura
Luis Socconini

Lean Energy 4.0. Guía de Implementación
Luis Socconini, Juan Pablo Martín

Lean Manufacturing. Paso a paso
Luis Socconini

Lean Six Sigma. Sistema de gestión para liderar empresas
Luis Socconini, Carlo Reato

Cómo hacer de la cadena de suministro un centro de valor
Angel Caja Corral

Cadena de suministro 4.0
Alberto Tundidor, Eva Hernández, Cristina Peña, Javier Martínez, Javier Campos, Carlos Hernández

El crédito documentario y el mensaje SWIFT
Luis Sánchez Cañizares

La investigación en seguridad. Del Titanic a la ingeniería de la resiliencia
Jaime Rodrigo de Larrucea

Manual del comercio electrónico
Eva María Hernández Ramos, Luis Carlos Hernández Barrueco

Sales and operations planning. S&OP in 14 steps
Cristina Peña Andrés

Economías transformadoras de Barcelona
Ruben Suriñach Padilla

Planificación de ventas y operaciones. S&OP en 14 claves
Cristina Peña Andrés

Cómo participar en ferias comerciales
Cristina Peña Andrés

Manual de prevención de riesgos laborales
Blas Gómez

La economia social y solidaria en Barcelona
Ivan Miró, Anna Fernàndez

Negociación para el comercio internacional
Cristina Peña Andrés

Manual del manipulador de alimentos
Blas Gómez

Manual de seguridad en el trabajo
Marge Books

Cómo innovar en las pymes. Manual de mejora a través de la innovación
Alberto Tundidor Díaz

Incoterms 2020. Manual de gestión
Alfonso Cabrera Cánovas

Manual de estrategia de operaciones
Ángel Caja Corral

La Industria 4.0 en la sociedad digital
Antoni Garrell Guiu, Llorenç Guilera Agüera

Cerebro, inteligencias y mapas mentales
Zoraida G. de Montes, Laura Montes G.

Manual de gestión aduanera. Normativas del comercio internacional y modelos de integración económica
Pedro Coll

Guía documental para exportar e importar. Los 12 documentos clave
Alberto García Trius

Mass customization. Las claves de la personalización masiva
Blas Gómez Gómez

Crédito documentario. Guía para el éxito en su gestión
Cristina Peña Andrés, Amelia de Andrés Leal

Guía práctica de las reglas Incoterms® 2020
David Soler

Certificación Lean Six Sigma Green Belt para la excelencia en los negocios
Lean Six Sigma Institute, SC

Lean Six Sigma Yellow Belt. Manual de certificación
Lean Six Sigma Institute, SC

Negociación intercultural. Estrategias y técnicas de negociación internacional
Domingo Cabeza, Pelayo Corella, Carlos Jiménez

Regímenes aduaneros económicos y procesos logísticos en el comercio internacional
Pedro Coll

Inglés náutico normalizado para las comunicaciones marítimas
José Manuel Díaz Pérez

Shipping & Commercial Case Law
Albert Badia

Gestión financiera del comercio internacional
Josep M.º Casadejús

València, 558 – 08026 Barcelona – Tel. +34·931 429 486 – marge@margebooks.com – www.margebooks.com

9 788416 171002